本书为研究阐释党的十九大精神国家社会科学基金重大专项课题“新时代企业家精神培育的双螺旋驱动机制、路径及对策研究”（18VSJ084）的研究成果
本书得到首都经济贸易大学出版资助

U0879586

# 新时代企业家精神培育的双螺旋驱动机制与路径研究

Research on the Double-helix Driving Mechanism and Path of Cultivating Entrepreneurship in the New Era

高闯　关鑫 等◎著

经济管理出版社
ECONOMY & MANAGEMENT PUBLISHING HOUSE

**图书在版编目（CIP）数据**

新时代企业家精神培育的双螺旋驱动机制与路径研究/高闯，关鑫著．—北京：经济管理出版社，2023.10

ISBN 978-7-5096-9401-5

Ⅰ.①新…　Ⅱ.①高…②关…　Ⅲ.①企业家—企业—精神—研究　Ⅳ.①F279.23

中国国家版本馆 CIP 数据核字(2023)第 204947 号

责任编辑：胡　茜
助理编辑：杜奕彤
责任印制：黄章平
责任校对：陈　颖

出版发行：经济管理出版社
（北京市海淀区北蜂窝 8 号中雅大厦 A 座 11 层　100038）
网　　址：www.E-mp.com.cn
电　　话：(010) 51915602
印　　刷：唐山玺诚印务有限公司
经　　销：新华书店
开　　本：720mm×1000mm/16
印　　张：17.25
字　　数：347 千字
版　　次：2023 年 12 月第 1 版　　2023 年 12 月第 1 次印刷
书　　号：ISBN 978-7-5096-9401-5
定　　价：98.00 元

**·版权所有　翻印必究·**
凡购本社图书，如有印装错误，由本社发行部负责调换。
联系地址：北京市海淀区北蜂窝 8 号中雅大厦 11 层
电话：(010) 68022974　　邮编：100038

# 目　录

第一章　绪论 …… 1

第二章　新时代中国企业家精神的内涵与特质 …… 11

第一节　我国企业家精神的内涵 …… 11

一、国内关于企业家精神的研究 …… 11

二、新时代企业家精神内涵研究关注的重点 …… 14

第二节　新时代企业家精神内涵的扎根研究 …… 15

一、样本选取 …… 16

二、资料分析与编码 …… 18

第三节　新时代企业家精神内涵释义与讨论 …… 27

一、新时代企业家精神的内涵 …… 27

二、新时代企业家精神的形成路径模型 …… 28

第三章　我国企业家精神的演化规律与驱动因素 …… 30

第一节　我国企业家精神的演化规律与关键特征 …… 30

一、我国企业家精神的演化规律 …… 30

二、我国企业家精神演化的关键特征 …… 31

第二节　企业家精神培育的驱动因素 …… 43

一、企业家精神形成的影响因素：制度视角 …… 43

二、企业家精神形成的影响因素：市场视角 …… 48

三、企业家精神机制研究：综合视角 …………………………… 51
四、文献评述 ………………………………………………… 53

第四章　我国企业家精神形成的路径及机制研究 …………… 55

第一节　企业家精神形成的“制度—市场”双螺旋机制 ……… 55
一、数据来源 ………………………………………………… 55
二、研究方法 ………………………………………………… 56
三、讨论 ……………………………………………………… 59
四、小结 ……………………………………………………… 62
第二节　企业家精神形成的“机会—形成—扩散”机制 ……… 63
一、数据来源 ………………………………………………… 63
二、研究方法 ………………………………………………… 63
三、讨论 ……………………………………………………… 67
四、小结 ……………………………………………………… 75
第三节　企业家精神形成的“资源—态度—机会”模型：
基于个体层面 ………………………………………… 77
一、理论背景与研究假设 …………………………………… 78
二、研究设计 ………………………………………………… 83
三、实证分析 ………………………………………………… 85
四、讨论 ……………………………………………………… 93

第五章　企业家精神的行为分析框架与实验研究 …………… 96

第一节　企业家精神及行为研究综述 ……………………… 96
一、企业家精神的概念及研究综述 ………………………… 96
二、企业家精神的行为研究综述…………………………… 100
三、文献评述和启示………………………………………… 103
第二节　企业家精神行为分析框架的构建………………… 104
一、企业家精神的研究范式转变…………………………… 104
二、企业家精神的结构维度………………………………… 105

三、企业家精神的制度影响因素 …… 108
第三节 企业家个体异质性偏好特征的实验研究 …… 109
一、企业家精神行为实验框架设计 …… 109
二、企业家个体效用函数构建 …… 111
三、单期实验步骤 …… 113
四、设计偏好及信念相关变量 …… 114
五、研究假设 …… 118
第四节 实验研究的结果及讨论 …… 121
一、变量选取 …… 121
二、谁更愿意选择成为企业家 …… 122
三、谁更适合成为企业家 …… 123

**第六章 弘扬企业家精神政策效果评估 …… 126**

第一节 企业家精神政策的作用机制 …… 126
一、企业家精神政策对创新创业的直接作用效果 …… 126
二、企业家精神政策对创新创业的间接作用效果 …… 128
第二节 企业家精神政策效果评估的指标体系设计 …… 130
一、企业家精神政策效果评估指标选取的原则 …… 130
二、企业家精神政策效果评估指标体系的功能 …… 132
三、企业家精神政策效果评估指标体系的构建思路 …… 132
四、企业家精神政策效果评估指标的选取 …… 134
第三节 企业家精神政策效果评估模型的构建 …… 138
一、利用 AHP 层次分析法进行模型构建及权重设置 …… 138
二、利用熵值法设置指标权重 …… 140
三、综合权重结果 …… 142
第四节 企业家精神政策效果评估的指标体系构建 …… 143
一、AHP 层次分析法下的指标权重结果及检验 …… 143
二、熵值法下的指标权重结果 …… 145
三、企业家精神政策效果评估的指标体系构建 …… 147

第五节　企业家精神政策的效果评估结果…………………………… 148
一、企业家精神政策效果的总体水平分析…………………………… 148
二、企业家精神政策的创业效果…………………………………… 150
三、企业家精神政策的创新效果…………………………………… 159

**第七章　新发展阶段培养企业家精神的对策**…………………………… 170

第一节　新发展阶段制度环境的变化…………………………………… 170
一、百年未有之大变局……………………………………………… 170
二、新发展理念……………………………………………………… 171
三、“六稳”“六保”精准施策 ……………………………………… 175
第二节　新发展阶段市场环境的变化…………………………………… 176
一、新发展格局……………………………………………………… 176
二、新营商环境……………………………………………………… 179
三、新发展动能……………………………………………………… 184
第三节　培育和弘扬企业家精神的对策…………………………………… 188
一、做好顶层设计，营造有利于企业家精神培育和弘扬的社会文化环境…………………………………………………… 188
二、加强理论学习，提高企业家政治站位，增强家国情怀、忧患意识和责任担当……………………………………………… 189
三、加强企业家合法权益保护，激发其冒险精神和创新精神…… 189
四、推进国家创新体制机制改革，引领企业家开展绿色创新和持续追求卓越…………………………………………………… 190
五、推进依法治国、依法治企，强化企业家的法律意识和职业操守…………………………………………………………… 190

**参考文献**………………………………………………………………… 192

**附录　《改变世界》34 位企业家的访谈内容**…………………………… 221

**后记**……………………………………………………………………… 267

# 第一章　绪论

## 一

习近平总书记在党的二十大报告中明确指出，“完善中国特色现代企业制度，弘扬企业家精神，加快建设世界一流企业”，为我国企业在新发展阶段指明了前行的方向和目标。由此也可以看出，弘扬企业家精神具有极为重要的时代意义。党的十九大报告就已经明确提出了“激发和保护企业家精神”的重要思想和要求，2017 年 9 月 8 日，中共中央、国务院颁布了首部聚焦企业家精神的文件《关于营造企业家健康成长环境弘扬优秀企业家精神更好发挥企业家作用的意见》。这些重要报告和文件为新时代弘扬和保护企业家精神提供了重要的指导方向和实践意见。

企业家是经济活动的重要主体和驱动力量，企业家精神是市场活动的灵魂。近年来，我国创新创业浪潮日益兴盛，企业数量急剧增加，企业家群体不断壮大。弘扬和保护优秀企业家精神，进一步激发企业家的冒险精神和创造才能，对中国经济高质量发展、构建新经济发展格局、实现经济社会持续健康发展具有非常重要的意义。

经过文献梳理、政策解读和深入调查，本书提炼出如下问题：改革开放以后一大批优秀企业家在市场竞争中迅速成长，其中，优秀的企业家精神是如何伴随着经济社会的演进逐渐萌生并发展壮大的，与经济发展的关系如何，对经济发展产生了多大贡献？中国特色社会主义市场经济的发展已经进入新时代，社会主要矛盾也已经发生变化，新的时代是否对企业家精神的内涵提出了新的要求？制度因素作为转型经济体中企业发展的重要影响因素，在激发企业家精神的过程中起了什么作用？如何通过制度因素和市场因素激发和保护企业家精神？如何正确评估弘扬和保护企业家精神的政策效果？如何深入揭示私营企业在发展过程中存在的问题并给出相应的政策建议？在新时代背景下，如何加强企业家与企业家精神的培养？上述问题构成我们的研究诉求，亟须从理论上、政策上和实践中做出解释和回答。

## 二

本书以习近平总书记关于激发和保护企业家精神的重要讲话与中央关于营造企业家成长环境、弘扬企业家精神的重要文件为指导，秉承学术性和应用性相结合的原则，在以下方面进行深入研究，一些内容和观点具有一定的创新，对于进一步弘扬和保护企业家精神、推动企业发展和企业家成长具有积极作用和重要贡献。

### （一）新时代企业家精神的内涵和要素系统研究

企业家精神需要与新时代的要求相契合，随着我国社会主要矛盾的转变，企业家精神内涵也在变化。因此，新时代企业家精神的内涵包括哪些内容成为亟待研究的重要问题。目前，我国新时代企业家精神内涵的研究尚处于起步阶段。2017 年，中共中央、国务院发布《关于营造企业家健康成长环境弘扬优秀企业家精神更好发挥企业家作用的意见》，明确了企业家精神内涵和企业家精神环境营造的政策取向。这些政策取向如何在学理上进行诠释，如何进一步在实践中落实、落地？本书在探索新时代对企业家精神要求的基础上，进一步分解和细化企业家精神的构成要素系统，并仔细解读各要素之间的相互关系，构建企业家精神的概念性基础。

本书选取《改变世界·中国杰出企业家管理思想访谈录》（简称《改变世界》）中的 34 位企业家作为样本对象。这 34 位企业家是中国企业家中的佼佼者，他们为国家、为社会做出了巨大的贡献，是新时代研究企业家精神的宝贵财富。本书通过扎根研究，得出新时代企业家精神的内涵包括经营才能、自我概念和社会认知三大内容：经营才能是企业家基于企业内部条件及企业发展潜力制定经营战略和计划的能力与对企业各种生产经营活动进行管理的能力的总和。经营才能体现为企业家的个人经营能力和素质，包括创新意愿和能力、风险偏好和承担、机会识别和利用及管理思维和能力四个范畴。自我概念是企业家对自身存在的体验，是一个认知体系，由态度、情感、信仰和价值观等组成，贯穿整个行动过程，并把个体表现出来的各种特定习惯、能力、思想、观点等组织起来。自我概念是把个性统一成连贯综合系统的有机过程，包括坚持不懈、个人愿景和追求卓越三个范畴。社会认知指企业家如何理解与思考其他人，根据环境中的社会信息对他人或事物进行推论，是企业家根据自身过去的经验通过思维活动对有关线索进行分析的结果。社会认知是企业家行为的基础，包括责任担当、忧患意识和家国情怀三个范畴。

其中，创新意愿和能力与风险偏好和承担是企业家进行经营活动的两项前置才能，机会识别和利用与管理思维和能力是企业家进行经营活动的两项重要才能，坚持不懈、个人愿景和追求卓越是企业家认知自我和组织的三个关键点，责任担当、忧患意识和家国情怀是企业家理解和思考社会的三个关键点。

本书主要采用扎根理论对新时代企业家精神内涵与构成要素进行探索分析。扎根理论为资料的分析提供了一套规范适用的操作程序，建立了开放式编码、主轴编码、选择性编码三个编码程序，通过对编码内容的分析比较，建构理论。扎根理论的编码强调对事件的不断比较，发现事件之间相同和相异的地方，有助于研究者摒除偏见，从新的数据中发现新观点、新概念，并细致地描述这些新发现。

（二）企业家精神形成的“制度—市场”双螺旋驱动机制和演化轨迹

已有研究主要关注企业家精神类型、企业家精神的影响因素及实践作用，一定程度上忽略了企业家精神变化与中国情境变化的相关性。本书拓展制度理论、转型市场中的合法性理论，基于中国改革开放 40 多年的历史演化过程，运用聚类分析方法，从制度和市场视角，揭示企业家精神发展的阶段。

本书研究梳理了 96 份与企业家精神相关的中央政策文件，结合关键历史事件，采用扎根理论研究方法，将中国企业家精神发展过程划分为五个阶段。然后，利用 Python 筛选出 1978 年以来与企业家精神相关的 8000 余条《人民日报》刊发的新闻并进行阅读，最终以 644 条新闻为基础开展聚类分析，进一步证明了我国企业家精神发展的五个阶段，并提炼出不同时期制度、市场和企业家精神的特点，揭示出我国改革开放 40 多年来企业家精神的动态变化轨迹，每个阶段都具有典型的企业家精神特征。

我国改革开放 40 多年来企业家精神动态变化的五个阶段包括：①第一阶段为 1978~1991 年，制度与市场合法性机制表现为用制度激活市场，这一阶段企业家精神尤其强调敢于创业的精神、勇于承担不确定性的冒险精神和

“做实业、抓质量”。②第二阶段为1992~1998年，这一阶段企业家精神尤其强调敢于冒险与勇于承担不确定的精神和与政府密切联系，其制度与市场合法性机制表现为用制度规范市场。③第三阶段为1999~2007年，伴随着中国加入世贸组织，全球化成为趋势，创新创业与机会识别和互联网红利成为企业家的典型追求，而制度与市场合法性机制表现为市场发展寻求制度保障。④第四阶段为2008~2016年，制度与市场产生协同创新作用，企业家精神则表现为更强的创业创新精神、机会识别能力，并开始关注社会责任。⑤2017年企业家精神的演变进入第五阶段，开始重塑市场与制度，表现为创新创业精神、责任担当精神、工匠精神、爱国精神、诚信精神、敬业精神，具有新时代的特点。

从企业家精神的动态变化轨迹中可以看出，双螺旋意味着制度和市场并不会脱离彼此而独立存在，而是相互影响，产生螺旋关系，帮助企业家精神建立合法地位。具体表现为，在第一阶段，市场经济发展缓慢，生命力不足，政府通过强有力的制度拉动市场发展，建立市场规则。在制度的拉动下，市场表现出强调质量的特点，并引导企业家“做实业、抓质量”。在第二阶段，社会主义市场经济初期环境波动剧烈、不确定性高，于是政府以顶层设计者的身份利用制度手段对市场进行规范。在这个过程中，企业家密切关注法律法规，不仅按规办事，更希望在与政府的互动中，推动企业发展。进入第三阶段，经济开始回暖，市场以互联网为载体得到进一步发展，为了确保市场发展的速度和质量，制度从强制拉动向引导和保障转变，为企业家们带来丰厚的互联网红利。在第四阶段，虽然金融危机剧烈地冲击着中国市场，但危机在一定程度上隐藏着巨大的机遇和发展空间，在市场发展的过程中，制度试图和市场实现协同创新，这为企业家们开展创新活动打开市场需求。此外，企业家们不仅履行经济责任，还将社会责任放在企业发展的重要位置上。在第五阶段的新时代背景下，企业家精神在改革开放40多年的历程中确立的合法性地位得到推广，并实现对市场和制度的重塑。总之，制度和市场相互影响、盘旋上升，最终确定了不同阶段成功企业家的精神特点，建立企业家精神的合法性地位，将不符合环境的企业家淘汰出局。

### （三）企业家精神培育的“机会—解锁—扩散”模型和“资源—态度—机会”模型

本书结合企业家精神本质特征、市场与制度因素、时间动态边界，采用扎根理论研究方法，得到企业家精神“机会—解锁—扩散”模型，进一步论证了制度与市场双螺旋机制的作用路径。本书发现，企业家精神形成与扩散主要包括三个阶段：①机会窗口存在与匹配阶段：机会窗口隐藏在初始的制度和市场环境中，不同的企业家将自身不同的特性与机会窗口进行匹配。②机会解锁阶段：若匹配失败则放弃机会，若匹配成功则进入包括机会识别、机会评估、机会利用在内的机会解锁阶段。③企业家精神形成与扩散阶段：通过机会解锁，个人企业家精神初步形成，并在横向和纵向上朝着社会层面扩散和反馈，最终形成一个有机的企业家精神系统。

本书聚焦个体层，探索个体创业资源如何在个体创业精神和个体机会识别的影响下形成企业家精神，提出并验证了“资源—态度—机会”三者互动的个体层企业家精神形成模型。本书基于全球创业观察 2015 年调查数据，通过 11 万大数据样本的链式中介分析发现：创业资源对企业家精神存在正向作用，风险规避和机会识别在创业资源对企业家精神的影响中存在链式中介作用，进一步阐明了企业家精神的“资源—态度—机会”个体层动态机制。

（四）企业家精神的行为分析框架与实验研究

以往针对企业家精神的研究大都基于经济学的最优化理论进行，也没有脱离经济分析的古典路线，即将企业家精神视为一种企业资源，基于资源配置理论和一系列分析工具进行讨论。使用经典企业理论模型研究企业家精神的问题在于其将企业家精神作为模型中的一个程序化部件，将企业家精神视为由模型体系之外的某种未知方式外生给定，无法回答企业家精神来源为何这一根本问题。因此我们需要重新寻找企业家精神的研究视角，结合新时代特征及实践要求，探究企业家精神的驱动因素及其作用机理，以此来寻找激发企业家精神的有效途径。

目前针对企业家的偏好研究存在两方面问题：一方面是基于高阶理论进行企业家偏好研究，即假定个体人口学特征能够反映个体风险偏好结构，并没有按照规范的行为研究方法对企业家的风险偏好特征进行深入探讨；另一方面是企业家在决定是否成为一名企业家以及进行企业创新决策行为时很可能受到社会偏好、时间偏好以及信念特征的影响，但是目前还没有专门从这两类偏好以及个体信念角度入手研究企业家行为的文献，本书对此进行了初步尝试。

本书在行为经济学框架下，从企业家行为的角度关注企业家精神。一般而言，偏好是行为主体选择采取某一行动的理由，信念是其在行动中对行为和行为结果之间关系的理解，这说明决策主体的行为将受到自身偏好和信念的制约。在这一研究框架下，企业家个体偏好为其决策行为提供动力和目的，企业家个体信念为其决策行为提供逻辑和依据。本书通过采用行为研究框架为企业家精神的研究提供了新的思路，能够较好地解释企业家行为背后的偏好及信念因素。三者关系可以概括为：

$$\left.\begin{matrix}\text{偏好}\\\text{信念}\end{matrix}\right\}\text{行为}$$

本书把企业家精神定义为企业家个体异于非企业家个体的异质性偏好与信念，同时企业家决策行为成为企业家精神的外在表现。研究通过建立“企业家个体偏好及信念—企业家精神特定方面—企业家行为—行为结果”的思路建立针对企业家精神的行为经济学研究框架。

企业家精神主要通过企业家决策行为来体现，目前学者主要使用调查或访谈的方法对企业家决策过程进行研究，但调查和访谈的方式往往涉及事后数据的收集，要求受访者回忆已经发生的事情并进行评价，这可能导致回忆偏见和修正主义，而行为实验研究方法有助于克服这些弱点。本书使用行为实验方法来刻画企业家决策过程中的行为进路，考察经济行为当事人的个体特征对行为决策的影响，为企业家精神的相关理论研究提供新的经验支持。

具体而言，本书主要应用基于局域网（隔离被试）的实验室实验方法开展研究。研究所采用的是计算机局域网实验室实验，在实验室中通过恰当的实验设计形成符合企业家决策的环境，执行实验并收集被试行为决策信息，最后基于行为进路对企业家的决策行为特点进行分析。本书在进行实验数据计量分析的基础上，采用行为进路的分析方法分析决策主体的行为表现，比较考察了不同的决策主体在同一设置下的行为差异。

（五）企业家精神政策的效果评估研究

本书立足于中共中央、国务院发布的《关于营造企业家健康成长环境弘扬优秀企业家精神更好发挥企业家作用的意见》等国家政策，从实践层面进一步揭示了企业家精神政策的效果，梳理、明晰了企业家精神政策的作用机理。本书从企业家精神政策的直接作用效果和间接作用效果入手，从宏观层面阐述了企业家精神政策对就业、经济增长的影响，个体经济及民营经济在社会经济发展过程中起到了重要的推动作用，同时揭示金融发展、市场开放度等营商环境的间接作用机理。其中，企业家精神被看作知识溢出的传导机制。

本书结合 AHP 层次分析法及熵值法构建了企业家精神政策效果的评估指标体系。企业家精神政策效果评估的指标体系是一种非定量或者半定量的体系，各种现有的分析工具在设计指标的时候都遇到难以量化、过于主观的问题。因此，在模糊评价法、回归分析法、聚类分析法等方法的基础上，本书结合主题特征和内在诉求，采用了综合评价权重法。通过专家打分、熵值比较等，较为客观、真实地反映评估指标对企业家精神政策效果的重要性和体现程度。本书选取创新和创业两个一级指标，个体经济、民营经济、创新投入、创新产出四个二级指标，以及个体工商户数、个体就业人员占比、私营企业户数、私营企业就业人员占比、R&D 人员全时当量、R&D 经费投入强度、专利申请授权量占比、技术市场成交额八个三级指标。

本书更侧重企业家精神政策的动态效果、长效机制及区域发展的研究。本书从《中国统计年鉴》《中国科技统计年鉴》及各地方统计年鉴中获得公开数据，对 1998~2017 年我国企业家精神政策的效果进行动态评估，得到了具有学术价值的研究结论。在创业层面上，我国正在从生存型创业向发展型创业转变，阶段性政策效果凸显。在创新层面上，越发重视创新投入和产出，创新效果具有发展的可持续性。从区域上看，近年来中部地区企业家精神政策的效果凸显。从总体上看，我国企业家精神政策产生了一定的推动和激励作用，但仍存在一定问题。

（六）新发展阶段培养企业家精神的对策

党的十九届五中全会是在"两个一百年"历史交汇点上召开的一次具有全局性、历史性意义的重要会议，并审议通过了《中共中央关于制定国民经济和社会发展第十四个五年规划和二〇三五年远景目标的建议》，标志着我国开始进入新发展阶段。目前，企业家精神形成的制度环境和市场环境都发生了新的变化，因此，培养企业家精神需要基于新发展理念、新发展格局和新发展动能等关键要素展开。

本书系统梳理了新发展阶段制度环境的主要变化及其对企业家精神提出的新要求，具体如下：①百年未有之大变局给企业的发展带来前所未有的挑战。当前国际格局和国际体系正在调整，全球治理体系正在发生深刻变革，国际力量对比正在发生近代以来最具革命性的变化，世界范围呈现出影响人类历史进程的重大态势。新一轮科技革命和产业革命加快重塑世界，经济全球化深入发展促使全球治理加快变革，世界多极化深入发展使国际力量对比变得更加平衡，大国战略博弈推动国际体系深刻变革。我国企业家要不断拓展国际视野，增强全局意识和忧患意识，不断引领、推动和适应全球范围内深层次的制度变革。②新发展理念对企业发展提出了更高的要求。新发展理念的核心是"创新、协调、绿色、开放、共享"，要求企业必须坚持走创新发展、协调发展、绿色发展、开放发展和共享发展的道路。企业要以创新为发展的核心驱动力，不断加大对重大颠覆性技术的探索与研究，在专精特新领域深耕细作，解决技术“卡脖子”问题，推进我国经济高质量发展。企业要处理好与利益相关者的关系，建设和谐的共生生态，实现互利共赢。企业要通过创新实现绿色发展，助力国家实现“双碳目标”。③“六稳”“六保”精准施策，要求企业履行更多的社会责任，为民纾困，为国解忧。不仅需要进一步激发企业家的冒险精神、创新精神、使命担当，更要守住企业家的底线思维和责任意识。

同时，本书也系统梳理了新发展阶段市场环境的主要变化及其对企业家精神提出的新要求，具体如下：①新发展阶段，要加快形成以国内大循环为主体、国内国际双循环相互促进的新发展格局。以国内大循环为主体，是要让生产、分配、流通、消费更多依托国内市场，这不仅是基于国际经济形势发生深刻变化的事实做出的战略调整，也是中国经济自身发展的必然要求。②新发展阶段，我国营商环境持续改善，为企业发展和企业家精神培育创造了更多有利条件。2019 年，国务院正式发布了《优化营商环境条例》，加快推进“放管服”改革，实施减税降费，加大金融机构对民营企业和小微企业的支持力度，降低融资成本，不断推进建设高标准市场体系，促进公平竞争。在全社会营造优化营商环境的浓厚氛围，有利于提振市场主体信心，让企业家安心经营、放心投资、专心创业，大大激发了企业家的冒险精神和创新精神，同时，构建起良好的市场秩序，也有效地促进了企业依法合规经营，增强了企业家的法律意识和合规意识。③新发展阶段，数字经济成为我国经济发展的新引擎，其发展速度之快、辐射范围之广、影响程度之深前所未有，正推动生产方式、生活方式和治理方式变革，成为重组全球要素资源、重塑全球经济结构、改变全球竞争格局的关键力量。“十四五”时期，我国数字经济转向深化应用、规范发展、普惠共享的新阶段，企业家和企业唯有坚持不断创新，才能抓住数字化转型的重大契机，实现高质量发展。

面对新发展阶段制度环境和市场环境的新变化和新要求，本书给出了未来一段时期培育企业家精神的对策建议：做好顶层设计，营造有利于企业家精神培育和弘扬的社会文化环境；加强理论学习，提高企业家政治站位，增强其家国情怀、忧患意识和责任担当；加强企业家合法权益保护，激发其冒险精神和创新精神；推进国家创新体制机制改革，引领企业家开展绿色创新和持续追求卓越；推进依法治国、依法治企，强化企业家的法律意识和职业操守。

## 三

本书的研究是对企业家精神研究的有益尝试，对于推进企业家精神的理论研究、政策制定和实践具有重要的学术价值和应用价值。

本书采用实验研究方法分析企业家个体的异质性偏好特征，探究企业家精神在创新、社会责任等方面的行为驱动因素，试图回答谁更愿意选择成为企业家，谁更适合成为企业家的科学命题，也为企业家精神的深入研究从行为经济学角度提供了证据。本书建立的企业家精神行为分析范式是突破原有经典范式的一次有益尝试。

本书运用扎根理论阐释了新时代企业家精神的内涵、要素及其关系，凝练出新时代企业家精神包括经营才能、自我概念和社会认知三大类别和要素系统，为新时代企业家精神的评价与培育提供了概念性基础。

本书从动态性、持续性出发，探究改革开放以来中国情境下企业家精神的演化过程，为企业家精神分析提供了新的历史—制度视角，有助于克服当前有关企业企业家精神研究以前置因素、事后效应为主，忽视不同历史阶段下企业家精神异同的偏颇。

本书拓展制度理论、转型市场中的合法性理论，运用聚类分析方法，创造性地开发出企业家精神形成的制度与市场双螺旋驱动机制，有助于克服以往研究主要基于制度理论或经验分析，强调制度因素对企业家精神形成的影响，一定程度上忽略市场作为企业家行为重要背景的缺憾。

本书结合企业家精神本质特征、市场与制度因素、时间动态边界，采用扎根理论研究方法，创造性地开发出企业家精神“机会—解锁—扩散”的形成与扩散机制，进一步论证了制度与市场双螺旋机制的作用路径。同时，证明风险规避和机会识别在创业资源与企业家精神的关系中存在链式中介作用，揭示出企业家精神形成的“资源—态度—机会”个体层动态机制。

本书从实践层面进一步揭示了企业家精神政策的效果，梳理、构建了企业家精神政策的作用机理路径。采用 AHP 层次分析法和熵值法构建了企业家精神政策效果的评估指标体系，从宏观层面阐述企业家精神政策对就业、经济增长的影响，个体经济及民营经济在社会经济发展过程中所起到的重要推动作用，同时揭示出金融发展、市场开放度等营商环境的间接作用机理。

党中央一直关注、重视并强调企业家精神在经济社会发展中的重要作用，从政策层面鼓励企业家成长、推动企业家创新实践。本书的研究在政策层面，能够为进一步营造健康的企业家成长环境，培养优秀的新时代企业家，激发、弘扬和保护企业家精神，增强市场主体活力提供有益的建议；在实践层面，不仅有助于揭示和发现阻碍企业家精神发挥的问题、原因，而且能够为企业家强化自我修炼、提高自身素养，进一步发挥聪明才智，大胆改革、勇于创新实践起到重要推动作用。

# 第二章　新时代中国企业家精神的内涵与特质

## 第一节　我国企业家精神的内涵

### 一、国内关于企业家精神的研究

国内关于企业家精神的研究起步较晚，在内涵界定上也未达成共识。中国知网数据库收录的最早研究企业家精神的文献是发表在《上海经济研究》的前身《经济学术资料》1983 年第 5 期上的一篇介绍性文章，直到 1998 年年度收录相关论文才达到 10 篇。1985 年，慰祖在《外国经济与管理》上发表了《成就、权力激励论与企业家精神》一文，成为国内最早研究企业家精神的学者。此后，国内学者在我国不同时代背景下定义的企业家精神的内涵逐渐丰富，但是，由于企业家精神的内涵具有广泛性、不稳定性和多层次性，因此学界目前就企业家精神仍没有形成一个准确而全面的定义。表 2-1 对国内已有相关研究进行了系统的整理。

**表 2-1　国内学者关于企业家精神内涵的界定**

| 文献 | 企业家精神的内涵 |
|---|---|
| 陈佳贵（1989） | 企业家精神至少可以表现为创新精神、实干精神、开拓精神、拼搏精神和奉献精神五种精神 |
| 邢以群（1993） | 企业家精神主要表现为创新精神、竞争意识与拼搏精神、人才意识、效益观念、忧患意识和风险精神 |

续表

| 文献 | 企业家精神的内涵 |
|---|---|
| 汪丁丁（1997） | 企业家精神包括三个主要成分：一是创新精神；二是敬业精神；三是合作精神。在中国的传统文化中，企业家精神还包含了“济世”的精神。中国企业家的责任就在于“经邦济世”“义以天下”，他们的人生理想就是“修身、齐家、治国、平天下” |
| 田凯（1998） | 企业家精神应主要包括创新精神、冒险精神、拼搏精神、合作精神、人才意识、效益观念、忧患意识和奉献精神、节俭与节制精神 |
| 叶勤（2000） | 企业家精神由对成就和个人财富的高度欲望，对自己的前途和命运的高度自信，富于创新、追求卓越的雄心和敢于冒险并承担风险和失败的精神构成 |
| 高波（2007） | 企业家精神包含了创新精神、敬业精神和合作精神，其实质是以价值观体系扩展和创新为核心的文化资本积累 |
| 鲁兴启（2001） | 企业家精神的实质是一种变革和创新精神 |
| 薛红志等（2003） | 企业家精神是企业家行为的高度抽象概括，企业家行为（一般指创业行为）则是企业家精神的外在表现。根据企业家的创业动机可以把企业家精神大致分为机会拉动型企业家精神和贫穷推动型企业家精神两类 |
| 吕勇斌和李丽（2004） | 企业家精神的内涵可归纳为创新精神、合作精神、敬业精神和济世精神 |
| 张玉利（2004） | 企业家精神是将一系列独特的资源集中在一起从事开采机会的过程 |
| 付桂生和郭锦墉（2004） | 企业家精神既不等同于企业家素质，也不等同于企业家能力，它是一种精神现象，是企业家在激烈的市场竞争和优胜劣汰的无情压力下形成的独特心理态度、价值观念、思维方式和精神素质，它主导着企业家的各种行为。主要表现在以下几个方面：一是创新精神；二是竞争意识与拼搏精神；三是人才意识；四是效益观念；五是忧患意识和奉献精神 |
| 王坤和荣兆梓（2005） | 一个完整的企业家精神理论必须由企业家精神要素、创新和竞争优势三个部分构成 |
| 贺新峰和杨昌明（2005） | 企业家精神的本质特征主要是自治、创新、冒险、预见性，其中创新意识是企业家精神的灵魂和精髓 |
| 庄子银（2005） | 企业家精神的核心就是持续技术创新和模仿，企业家是风险的承担者 |
| 时鹏程和许磊（2006） | 构建了企业家精神的三个层次，分别为个体层次的企业家精神、组织层次的企业家精神和社会层次的企业家精神 |
| 万良杰和李晓翠（2006） | 企业家精神是指人们竞相成为企业家的一种创业和创新的能力，集中表现为在资源不足的情况下，善于识别和把握潜在机会、获取资源并创造价值的综合素质。其本质：企业家的创业行为必须体现创新、承担风险的偏好，并做到超前认知与快速行动 |
| 鲁兴启和王琴（2006） | 企业家精神的实质是一种创新精神 |

续表

| 文献 | 企业家精神的内涵 |
|---|---|
| 贾良定和周三多（2006） | 企业家精神由知识素养（理论精神）、创新能力（实践精神）和伦理品质（自由精神）三个层面构成 |
| 陈伟和赵富洋（2008） | 企业家精神是一个企业生存的支柱，也是自主创新的重要基础，它包括创新精神、竞争精神、敏锐的洞察力、宽容与合作精神、包容精神以及正确的经济价值观 |
| 吴传清和张庆（2008） | 企业家精神反映了企业家的经营能力、个人魅力和领导水平，其内涵应该包括学习精神、冒险精神、诚信精神、合作精神、服务精神以及创新精神等多方面的内容，其中创新意识则是企业家精神的灵魂和精髓 |
| 陈忠卫和郝喜玲（2008） | 创新、冒风险、获取资源的能力是企业家精神的基本要旨 |
| 蔡华（2009） | 企业家精神包含创新精神、学习精神、合作精神、敬业精神、责任精神五个维度 |
| 钱海燕等（2009） | 企业家精神包括创新性、冒险性和前摄性 |
| 沙彦飞（2010） | 企业家是指具体的一个人或一群人，而企业家精神应该是企业家群体内涵的抽象。企业家精神主要包括冒险精神、进取精神、合作精神、创新精神 |
| 周评（2011） | 企业家的社会责任包含在企业的生产经营活动之中，企业家做好自己企业的产品和服务与企业家承担社会责任本质上是一致的，二者是同核扩展的关系 |
| 乐国林和毛淑珍（2011） | 从创新精神、冒险与创业精神和组织与伦理精神三方面定义了企业家精神 |
| 宋铁波和曾萍（2011） | 企业家精神就是组织中企业家群体在长期的生产经营活动中形成的以企业家自身特有的个人素质为基础，以创新精神与合作精神为核心的且能持续传承的一种综合精神品质 |
| 宋来胜和苏楠（2013） | 企业家精神是指企业家创新与创业精神的统一 |
| 方虹（2012） | 企业家精神是指具有企业家素质的人或所属组织机构，在一定的创新意识和进取态度之上，敢于承担风险和挑战不确定性，以其敏锐的洞察力发现投资机会，发挥个人特性或团队合作精神，为个人或组织机构获取竞争优势和实现效益最大化过程中不可或缺的要素。这个定义明确了至少有两个要素是企业家精神不可或缺的：一是创新进取；二是敢于冒险 |
| 尹宗成和李向军（2012） | 将企业家精神划分为创业精神与创新精神两大类 |
| 唐国华（2014） | 企业家精神是企业家为了追逐利润，在市场的不确定性中敏锐地发现套利机会，并勇于承担风险，通过创业或创新重新组织资源或生产要素的特殊才能 |
| 汪川等（2014） | 企业家精神指企业家组织建立、经营和管理企业的综合才能的表述方式，它是一种重要而特殊的无形生产要素 |

续表

| 文献 | 企业家精神的内涵 |
| --- | --- |
| 黄菁菁和原毅军（2014） | 企业家精神分为创业精神和创新精神，而创业精神又包括市场导向的创业精神与创业冒险精神 |
| 毛良虎和王磊磊（2015） | 企业家精神包括创新精神、开创精神和冒险精神 |
| 李巍和丁超（2016） | 企业家精神是一种赋予现有资源新价值的革新意识与行为，既包括企业家在创造经济价值过程中体现出的创新精神，又涵盖企业家在不确定的环境中进行创新性活动的冒险精神 |
| 宋志平（2017） | 企业家精神主要包括创新精神、坚守精神、兼济天下精神 |
| 刘志彪和王建国（2018） | 企业家精神既是一种无形的资源，也是一种决策和行动能力，它是一个国家产业竞争优势的主要来源。企业家精神内涵主要表现为四种独特能力：一是企业家的认知能力；二是企业家的发现能力；三是企业家的实现机遇能力；四是企业家的协调知识能力 |
| 毛一翔（2018） | 将企业家精神的内涵定义为创新能力、进取意识、工匠精神、国际视野和爱国情怀 |
| 李梦琳（2018） | 企业家精神并不是一个新的名词，而是由“企业家”引申而来。企业家精神可以理解为一种追求成功的勇士气质，把企业当成自己王国的荣誉感，兼济苍生的情怀和社会责任。企业家精神具体包括创新、诚信、合作和学习几方面 |

资料来源：根据相关资料整理所得。

## 二、新时代企业家精神内涵研究关注的重点

通过梳理国内学者对企业家精神内涵的界定，本书总结概括出企业家精神内涵的基本要素，将企业家精神内涵提炼为23个关键词，如表2-2所示。

**表2-2　企业家精神内涵的关键词**

| | | |
| --- | --- | --- |
| 创新 | 冒险 | 自信 |
| 坚韧 | 信任 | 乐观 |
| 领导力 | 超前行动 | 敏感性 |
| 合作 | 竞争 | 诚信敬业 |
| 适应调整能力 | 风险承担 | 整合和配置资源 |
| 容忍精神 | 职业认同 | 学习能力 |
| 成功的渴望 | 人文情怀 | 创造价值 |
| 爱国情怀 | 社会责任 | |

从已有文献看，对于企业家精神内涵维度的划分主要基于成功企业家特质、知识技能与所要完成的关键任务的角度进行。本书结合已有文献和《关于营造企业家健康成长环境弘扬优秀企业家精神更好发挥企业家作用的意见》，明确了新时代企业家精神内涵研究所需要关注的重点问题，具体如下：

问题一：企业家对待创新的态度和观点是什么？是否有过重要的创新决策？企业是否开展过创新活动，取得了何种成果？创新活动对企业的成长和发展起到了何种推动作用？

问题二：在经营过程中是否做过高风险性的经营决策？做出该决策的原因是什么？在决策前是否了解该项决策的风险性？做出该项决策是否受到阻碍？坚持该高风险性决策的理由是什么？

问题三：选择创业的动机是什么？是为了获得更好的生活条件，还是由于发现了商机？认为怎样才算做到了职业成功？

问题四：影响企业家经营的职业胜任力包括哪些因素？哪一种或几种能力是企业家必须具有的能力？这些能力在企业家经营过程中起到了何种作用？

问题五：企业在经营过程中是否遭遇过较大的危机？作为企业的主要决策者是以何种态度并采取何种措施应对危机的？取得了怎样的效果，以及对企业的后续发展产生了何种影响？

问题六：企业经营过程中关注的重点是什么？其为何是企业关注的重点？对企业产生了什么影响？

问题七：现在的企业和过去是否存在不同？如果存在，那不同是什么？面对这些变化，是否采用了和过去不同的经营策略？对于自身职业发展和行业前景是如何认识和思考的？

问题八：当今中国企业面临的主要问题是什么？面对这些问题，企业家的态度如何？

基于上述问题，本章对新时代企业家精神内涵进行了扎根研究。

## 第二节　新时代企业家精神内涵的扎根研究

本节的研究是对新时代企业家精神内涵及其构成要素的质性研究，主要采用扎根理论对新时代企业家精神内涵及其构成要素进行初步的探索分析。

扎根理论（Grounded Theory，GT）的研究方法起源于 Glaser 和 Strauss 两

人19世纪60年代在一所医院里对医务人员处理即将离世的患者的一项实地观察。它是一种定性研究方法，宗旨是在经验资料的基础上建立理论，即在系统性收集资料的基础上寻找反映事物现象本质的核心概念，然后通过这些概念之间的联系建构相关的社会理论。扎根理论一定要有经验证据的支持，但是它的主要特点不在其经验性，而在于它从经验事实中抽象出了新的概念和思想。扎根理论为资料分析提供了一套规范适用的操作程序，建立了开放式编码、主轴编码、选择性编码三个编码程序，然后根据对编码内容的分析比较，建构理论。扎根理论的编码强调对事件的不断比较，发现事件之间相同和相异的地方，有助于研究者摒除偏见，从新的数据中发现新观点、新概念，并细致地描述这些新发现。

## 一、样本选取

本节的研究选取《改变世界·中国杰出企业家管理思想访谈录》中访谈的34位企业家。《改变世界》是由复旦大学东方管理研究院联合复旦管理学奖励基金会和上海第一财经传媒有限公司开展的“中国杰出企业家管理思想访谈录”项目。为了方便统计，对这34位企业家进行编号：E1～E34。《改变世界》访谈的34位企业家是中国企业家中的佼佼者，具有先进的经营理念和卓越的管理手段，在时代的潮流中带领企业劈波斩浪，为国家、为社会做出了巨大的贡献，他们是新时代企业家精神研究的宝贵财富。表2-3是这34位企业家的具体情况。

表2-3 样本企业家的基本情况

| 编号 | 姓名 | 现（曾）在公司及职务 | 编号 | 姓名 | 现（曾）在公司及职务 |
|---|---|---|---|---|---|
| E1 | 张瑞敏 | 海尔集团董事局主席、首席执行官 | E6 | 刘永好 | 新希望集团董事长 |
| E2 | 雷军 | 小米科技董事长、首席执行官 | E7 | 王正华 | 春秋国旅董事长 |
| E3 | 宗庆后 | 娃哈哈集团董事长 | E8 | 柳传志 | 曾任联想控股股份有限公司董事长 |
| E4 | 茅忠群 | 方太集团董事长 | E9 | 董明珠 | 珠海格力电器股份有限公司董事长 |
| E5 | 茅理翔 | 方太集团名誉董事长 | E10 | 李东生 | TCL集团股份有限公司董事长 |

续表

| 编号 | 姓名 | 现（曾）在公司及职务 | 编号 | 姓名 | 现（曾）在公司及职务 |
|---|---|---|---|---|---|
| E11 | 张朝阳 | 搜狐公司董事局主席兼首席执行官 | E23 | 季克良 | 曾任中国贵州茅台酒有限责任公司（集团）名誉董事长 |
| E12 | 刘永行 | 东方希望集团董事长 | E24 | 徐少春 | 金蝶国际软件集团创始人、董事会主席 |
| E13 | 沈南鹏 | 红杉资本中国基金创始人、执行合伙人 | E25 | 郑元豹 | 人民控股集团董事局主席 |
| E14 | 刘强东 | 京东商城创始人 | E26 | 柴永森 | 双星集团党委书记、董事长、总经理 |
| E15 | 宋志平 | 中国建材集团有限公司董事长 | E27 | 梁建章 | 携程集团联合创始人、执行董事局主席 |
| E16 | 罗康瑞 | 瑞安集团董事局主席 | E28 | 傅光明 | 福建圣农集团创始人、福建圣农发展股份有限公司董事长 |
| E17 | 姜建清 | 中国—中东欧金融控股有限公司董事长，曾任中国工商银行董事长 | E29 | 刘积仁 | 东软集团董事长 |
| E18 | 张磊 | 高瓴资本创始人 | E30 | 刘庆峰 | 科大讯飞董事长 |
| E19 | 王基铭 | 曾任中国石油化工股份有限公司总裁 | E31 | 冷友斌 | 飞鹤乳业董事长 |
| E20 | 汪建 | 华大基因董事长 | E32 | 杨寿海 | 红太阳集团董事长兼总裁 |
| E21 | 施振荣 | 宏碁集团创始人、董事长 | E33 | 宋郑还 | 好孩子集团创始人、董事局主席 |
| E22 | 王传福 | 比亚迪集团董事长 | E34 | 蒋锡培 | 远东控股集团创始人、董事局主席、党委书记 |

在正式开始扎根研究之前，要收集访谈者及其所在公司的基本资料。访谈对象基本信息包括姓名、性别、出生年月、学历；访谈对象所在公司信息包括公司股权性质、访谈者是否为公司创始人、公司成立时间（见表 2-4）。《改变世界》视频资料中每位企业家的访谈时长约为 30 分钟，我们将视频资料整理成文字资料，并根据本章的研究内容关注重点问题。

**表 2-4 样本企业家及公司的分布特征**

| 个人特征 | | | | 公司特征 | | | |
|---|---|---|---|---|---|---|---|
| 项目 | 选项 | 数量 | 所占百分比 | 项目 | 选项 | 数量 | 所占百分比 |
| 年龄 | 45~50 岁 | 3 | 9% | 是否为国有企业 | 是 | 6 | 17% |
| | 51~55 岁 | 6 | 17% | | 否 | 28 | 83% |
| | 56~59 岁 | 4 | 12% | 是否为创始人 | 是 | 25 | 74% |
| | 60~65 岁 | 5 | 15% | | 否 | 9 | 26% |
| | 66~70 岁 | 5 | 15% | 若是创始人，公司创立时间 | 1978 年以前 | 2 | 8% |
| | 71~75 岁 | 5 | 15% | | 1978~1991 年 | 8 | 32% |
| | 76 岁及以上 | 6 | 17% | | 1992~1998 年 | 8 | 32% |
| 学历 | 大专及以下 | 3 | 9% | | 1999~2009 年 | 6 | 24% |
| | 本科 | 10 | 29% | | 2010 年至今 | 1 | 4% |
| | 硕士 | 14 | 41% | | 合计 | 25 | |
| | 博士 | 7 | 21% | | | | |

## 二、资料分析与编码

### （一）开放式编码

开放式编码主要是对原始资料逐字逐句编码，将收集到的资料打散，然后通过分类、持续的求同性和求异性比较归纳出能够描述现象的概念，再将归纳出的概念进一步范畴化的过程。具体程序是：贴标签（定义现象）、概念化、范畴化，并挖掘范畴的性质和维度，以确保现象到概念再到范畴的抽象科学、连贯并贴近真实内涵。本节通过如下步骤对访谈资料进行开放式编码：

（1）贴标签。先将访谈的 E1~E31 企业家的原始访谈资料整理成文字稿，然后对文字稿进行初步筛选，剔除与本次访谈目的无关的资料，将其中能反映研究主题的叙述提取出来，并用“i-n”指代每位企业家的每个句子（分析单元），即对现象“贴标签”。

（2）概念化。在贴标签的基础上，将资料分解为独立的事例、想法、事件和行动，用“an”表示对现象“i-n”的概念化。

（3）范畴化。在对资料进行概念化的基础上，通过不断的求同性和求异性比较对凝练出的概念进行归类，形成范畴，当范畴趋于饱和时再对其进行命名。用“An”表示经归类形成的范畴。

表 2-5 节选了部分编码的内容，更多企业家访谈资料记录见附录。

**表 2-5 开放式编码（节选）**

<table>
<tr><th rowspan="2">资料记录</th><th colspan="3">开放式编码</th></tr>
<tr><th>贴标签</th><th>概念化</th><th>范畴化</th></tr>
<tr><td>正如克雷曼先生所说，管理没有最终的答案，只有永远的追求。我们现在的追求就是颠覆传统的管理模式，建立互联网时代企业模式。（1-1）</td><td>1-1 要有颠覆传统的管理模式</td><td rowspan="10">a1 对管理创新的追求（1-1）<br>a2 对商品质量严格把关（1-11）<br>a3 及时发现时代机会（2-12）<br>a4 希望打造好的中国产业（2-19）<br>a5 对中国品牌发展的期待（9-24）<br>a6 坚持创新（7-8；18-1）<br>a7 不排斥高风险的选择（10-5；12-1）</td><td rowspan="10">A1 创新的愿望追求（a1；a6）<br>A2 风险态度（a7）<br>A3 市场洞察力（a3）<br>A4 精益求精（a2）<br>A5 创造中国好品牌（a4；a5）</td></tr>
<tr><td>当时砸冰箱是因为大家觉得可以将其作为处理品处理掉。我们认为如果这种观念不改变，今天处理 76 台，明天一定会出现 760 台。一流的设备也一定会生产出三流的产品。（1-11）</td><td>1-11 对不合格商品严肃处理</td></tr>
<tr><td>下一个台风口是什么，2006 年我推断是移动互联网，将会是世界级的机会，比 PC 互联网大十倍以上……我觉得至少还能持续 20 年以上，这个创新源源不断，包括智能设备。（2-12）</td><td>2-12 认识到移动互联网是世界级的机会</td></tr>
<tr><td>如果用十年的时间，小米有二三十个单品成为了世界第一，我觉得小米就能够带领中国的整个产业改变世界对我们的印象。（2-19）</td><td>2-19 带领中国的产业改变世界对我们的印象</td></tr>
<tr><td>任何东西都要去创造，不要去模仿别人。（7-8）</td><td>7-8 任何东西都要创造</td></tr>
<tr><td>我们创造了很多新的技术，现在应该很自豪，在国际上都是独一无二的。我觉得坚守这样一个精神，不仅是格力，中国应该有更多的企业能够崛起。中国缺的不是产品，是品牌，我们要走向世界一个格力是远远不够的。（9-24）</td><td>9-24 中国应该有更多的好企业，打造中国品牌</td></tr>
<tr><td>其实对跨国并购这两个项目的风险评估是 50 对 50 的，风险是比较大的……最后呢，多数意见还是干。（10-5）</td><td>10-5 评估的风险有 50%也做了</td></tr>
<tr><td>（重工业）我提出这种想法之后，没有人赞同我，但是我仍要做，那就分家了。（12-1）</td><td>12-1 没有人赞同也要坚持做</td></tr>
<tr><td>我们工厂一滴水都没有排掉，全部循环使用。这一环节的废料，我们用到下一个环节。（12-11）</td><td>12-11 废水废料全部循环使用</td></tr>
<tr><td>人生苦短，要做就做大的，就要把它做成永恒的。永恒是不可能的，再牛也要不断创新。（18-1）</td><td>18-1 再牛也要不断创新</td></tr>
</table>

在开放式编码阶段，我们从31份访谈资料中共提取出具有代表性的578个现象，并对这578个现象进行定义（贴标签），然后将这578个现象（标签）概念化，即分解为89个独立的事例、想法、事件和行动。通过对这89个概念进行求同性和求异性比较归类，最终得到了30个基本范畴，具体如表2-6所示。

**表2-6 开放式编码中企业家精神范畴**

| 编号 | 基本范畴 | 编号 | 基本范畴 |
|---|---|---|---|
| A1 | 创新的愿望追求 | A16 | 职业认同 |
| A2 | 风险态度 | A17 | 反思精神 |
| A3 | 市场洞察力 | A18 | 企业责任 |
| A4 | 精益求精 | A19 | 经营中国好企业 |
| A5 | 创造中国好品牌 | A20 | 管理的创新 |
| A6 | 合作能力 | A21 | 创新的积极情绪 |
| A7 | 容忍精神 | A22 | 成就动机 |
| A8 | 工匠精神 | A23 | 英雄主义 |
| A9 | 技术的创新 | A24 | 领导才能 |
| A10 | 抗风险力 | A25 | 价值创造 |
| A11 | 资源配置 | A26 | 打造中国好产品 |
| A12 | 时代远见 | A27 | 超前行动力 |
| A13 | 社会贡献 | A28 | 坚韧品格 |
| A14 | 适应学习 | A29 | 诚信敬业 |
| A15 | 冒险精神 | A30 | 居安思危 |

### （二）主轴编码

在开放式编码结束后，进行主轴编码。主轴编码（Axial Coding）是对开放式编码中形成的概念和类别加以类聚，实际上，这两种编码并不具有绝对的次序性，因为在开放式编码中已经开始联结某些概念了。主轴编码的主要任务是发现和建立"概念类别"（Conceptual Categories）之间的各种关系，是关联类别与次类别的过程，这样就可以对现象形成更精确全面的解释。本书的主题是探讨新时代企业家精神的内涵和形成机制，通过分析原始资料和开放式编码形成的范畴，发现企业家精神的形成符合"认知→策略→结果"这一经典的理论框架。依据该框架，将开放式编码形成的范畴进一步归纳出创新意愿和能力、风险偏好和承担、机会识别和利用、管理思维和能力、个人愿景、坚持不懈、追求卓越、忧患意识、责任担当、家国情怀十个主范畴，主轴编码过程如表 2-7 所示。

**表 2-7 主轴编码过程**

| 逻辑主线 | | | 主范畴 |
|---|---|---|---|
| 认知 | 策略 | 结果 | |
| A1 创新的愿望追求 | A21 创新的积极情绪 | A20 管理的创新<br>A9 技术的创新 | AA1 创新意愿和能力 |
| A15 冒险精神 | A10 抗风险力 | A2 风险态度 | AA2 风险偏好和承担 |
| A3 市场洞察力 | — | A27 超前行动力 | AA3 机会识别和利用 |
| A11 资源配置 | A6 合作能力 | A24 领导才能 | AA4 管理思维和能力 |
| A28 坚韧品格 | A7 容忍精神 | A14 适应学习 | AA5 个人愿景 |
| A29 诚信敬业 | A8 工匠精神 | A4 精益求精 | AA6 坚持不懈 |
| A22 成就动机 | A16 职业认同 | A25 价值创造 | AA7 追求卓越 |
| A17 反思精神 | A12 时代远见 | A30 居安思危 | AA8 忧患意识 |
| A18 企业责任 | A23 英雄主义 | A13 社会贡献 | AA9 责任担当 |
| A26 打造中国好产品 | A19 经营中国好企业 | A5 创造中国好品牌 | AA10 家国情怀 |

1. 创新意愿和能力

创新是一项重要的企业家精神因素，是指以现有的思维模式，利用现有的知识和物质，在特定的环境中，本着理想化需要原则或为满足社会需求，而改进或创造新的事物、方法、元素、路径、环境的行为，具有三层含义：第一，更新；第二，创造新的东西；第三，改变。从访谈的内容可以看出，大多数企业家对创新有着强烈的追求，如 E9 表示"我们提出的核心就是创新，这一直没有变过"，E14 也表示"未来京东全面技术化，我们所有的产品将全部建立在技术的基础上，技术主要有两个，一个是自动化，另一个是人工智能"等。除了对创新的追求外，多数企业家对未来的创新发展持有积极的观点，如 E16 表示"我从来没有认为是赌的，我非常有信心一定会成功"，E18 认为"21 世纪是属于中国的世纪……整个世界有几个国家像中国人民这么努力，这么拥抱创新、拥抱变化"。在创新的选择方面，一部分企业家倾向于管理创新，如 E4 认为"企业也是一个组织，儒家思想既然能够用来治理一个国家，用它来治理企业，应该也没有太大的问题"；一部分企业家更倾向于技术创新，如 E9

表示“我们这么大一个国家，如果不能用技术去改变世界，那我们存在的价值跟别人的价值比差得太远了”。对于大多数企业家来说，具有创新的想法意愿和对创新创造的追求，并且具有积极乐观的创新情绪，投身于创新实践，就会得到管理创新或技术创新的结果。

2. 风险偏好和承担

风险是指在某一特定环境下，在某一特定时间段内，某种损失发生的可能性。风险由风险因素、风险事故和风险损失等要素组成。换句话说，在某一个特定时间段内，人们所期望达到的目标与实际出现的结果之间产生的距离就是风险。风险本身是不确定的，同时其带来的损失也是不确定的。多数企业家都表现出一定的冒险精神，如 E12 提及“我提出这种想法之后，没有人赞同我，但是我仍要做”。冒险不是蛮干，也需要具有抗风险的能力，如 E14 表示“很多老员工反对很强烈，有一些老员工因此走了，但是对我来讲从来没有真正所谓的压力”，E17 也表示“如果亏损几十亿甚至几百亿我可能睡不着觉，当你面对这么大的窟窿的时候，你就不会睡不着觉了”。在冒险精神和抗风险能力的同时作用下，企业家们大都表现出较高的风险偏好，如 E8 表示“当时并购（联想与 IBM）的时候……都认为太冒险……反复权衡了解了以后，我相信搏一把是有五成胜算的”，E16 也说：“要拍板的时候我向财务董事询问，我们做这个项目，失败以后我会不会破产，他说那肯定不会，我说那好，我们做吧。”企业家们具有较强烈的冒险精神，并且在自身的心态、能力、财富、社会资源等的共同作用下具有一定的抗风险力，其风险态度呈现出较高的风险偏好特征。

3. 机会识别和利用

机会，这里主要指的是市场机会，是市场上存在的尚未满足或尚未完全满足的显性或隐性的需求。对于一个企业来说，众多的市场机会中仅有很小一部分具有实际意义，能否识别出市场机会并加以利用，是企业能否发展的关键。优秀的企业家具有较强的市场洞察力，他们更加敏感，更善于发现和捕捉市场机会，如 E11 表示“我在读博和做博士后的时候就看到了互联网的到来，同时也受到美国主流媒体宣传的影响，我是想做互联网的”。企业家更善于利用机会，拥有先动性，能够在发现机会以后及时投入，具有超前行动力，如 E2 说：“小米之所以发展这么顺利……不是我雷军多厉害，也不是小米公司多厉害，而是我们就在台风口。”市场是风云变幻的，企业家能否以敏锐的市场洞察力，捕捉到潜在的市场机会，并且加以利用，这是一个企业能否跟上时代、能否快速适应甚至引领时代发展的关键。

4. 管理思维和能力

管理思维是指与管理行为相伴而生的思考活动，也就是管理者在管理过程中的思考活动，管理思维形成管理观念，影响管理态度和行为。管理能力对组织目标的实现和管理效能的提高起着决定性的作用。在访谈中，企业家们展现了优秀的资源配置能力，如 E12 表示“我们希望做的是一个产业集群，从上游到中游到下游，有很多个企业。上一个企业生产的产品，是下一个企业的原料。上一个企业产生的废品，是下一个企业的原料，没有废品”。同时，企业家具有合作的思想和能力，如 E9 认为“大家要达成共识，不是敌人，那为什么不能成为朋友呢”，E16 表示“做企业的人，看得见别人的需要，才能实现共赢”。优秀的资源配置能力及合作的思想和能力使企业家在管理企业时表现出卓越的领导才能，做一个企业的领头人，既要能指路，又要带头走在最前面。资源整合能力是一项重要的管理才能，也是经营企业的一项基本才能，要求企业家对有限的、相对稀缺的资源进行合理配置，以便用最少的资源耗费，生产出最适用的商品，获取最佳的效益。合作能力是个人与个人、群体与群体之间为达到共同目的相互配合的一种行动，好的合作可以达到“1+1>2”的效果。企业家的合作既包括其代表一家企业与其他企业家的合作，也包括其在企业内部和其他人员的合作。企业家是一个企业的领头人，指引着企业的发展方向，优秀的领导才能是一个企业健康发展走向未来的重要因素。

5. 个人愿景

个人愿景是个人内心最渴望达成的事情，它是一个特定的结果，一种期望的未来或意象。大多数企业家都强烈渴望自我价值的实现，高标准要求自己力求取得成功，如 E11 说：“我这个西北人对赚钱始终不是特别感兴趣，但是对做成一件事情很感兴趣。”E18 也说：“我选择了一条与众不同的道路，这对我来说意义非凡。”出于这种强烈的成功动机，他们选择成为企业家，在实现自我价值的同时借助于企业生产产品、提供更好的服务，回馈社会。个人愿景是企业家们拥有自我实现和自我成就的愿望和动机，选择成为企业家达成个人成就，并渴望通过努力为社会、为国家创造价值。

6. 坚持不懈

企业家能否成功取决于其对企业战略决策能否坚持不懈、坚定不移地执行。不能坚持，企业将很难形成自己强劲的执行力。从访谈中可以看出，大多数企业家都具有坚韧的品格，遇见事情不退缩，如 E7 认为“要想做成一件事情，第一要想明白，第二要持之以恒，既然选择了这个目标，就不要轻易放弃”，E17 表示“做银行家像跑马拉松，你不能指望跑一百米一千米甚至一万米的时候掌声就响起来”。但是，很多时候并不是只靠坚韧就够的，面对困境需要有容忍精神，即小不忍则乱大谋，也表现为怀柔精神。当然，面对变化还要有适应调整的能力，如E14认为“中国的市场很特殊……不可以照搬任何一位管理大师的管理模式，只有靠自己十几年的思考钻研总结，不断地优化管理模式”，E18认为“企业家要具有学习精神，而且能够打造学习型组织，好的企业家经常承认有自己不懂的东西，但是愿意去学”。坚持不懈就是企业家具备坚韧的品质，在面对危机时具有怀柔精神和忍耐力，同时在坚持立场的前提下能够通过调整和学习来解决问题。

7. 追求卓越

追求卓越是用积极的行动达到非常优秀的状态。卓越不是一个标准，而是一种境界，是优秀中的最优。追求卓越是将自身的优势、能力发挥到极致的一种状态。一个追求卓越的企业家具有多方面的品质。第一就是诚信敬业，这是企业家对自身工作的基本要求，既是待人诚信真诚、一诺千金，也是因为对一件事情、一份职业的热爱而产生的全身心投入的工作态度。例如，E3说：“这么多年我比较讲诚信，他们也比较信任我，这个联销体我就可以当作我自己的企业去管理。”第二就是工匠精神，这是企业家的自我要求，如E1表示“当时砸冰箱是因为大家觉得可以将其作为处理品处理掉”，E9表示“我不是为了我这一代人，我真正是要把格力打造成一个百年的企业”。第三就是精益求精，对产品和工艺有着极致的追求。例如，E2表示“我们每家每户用的插线板都有各种问题，我想要不我用2000万元人民币做个艺术品插线板试试，而且还卖得超便宜”。追求卓越就是企业家诚信经营、爱岗敬业，具有工匠精神，对待产品和服务从不敷衍，精益求精。

8. 忧患意识

忧患意识不仅是一种反思和警觉，也是一种情怀和担当，是“居安思危，有备无患”，这是中华民族历经几千年磨难而形成的精神特质和生存智慧。忧患意识可以帮助企业家防范风险，化危为机。从访谈资料可以看出，企业家都善于对过去的经历进行反思，发现不足之处，如E10认为“鹰的重生，就是我们要在困境中崛起。一个是反思找到问题，另一个是坚定信心，我们要重新站起来”。同时，企业家具备远大的见识，能够判断出时代的变化和发展，如E13表示“既然这个能改变美国的生活方式，那一定会改变我们中国人工作、学习、生活的方式”。另外，企业家处在相对平稳的环境中时也会考虑危险的可能性，随时有应对意外事件发生的思想准备，如E8表示“既要有底线，我不做苟且之事，但是我还要有追求，向那个方面去努力”。忧患意识是对自身进行反思、总结经验，对未来发展有独到的战略眼光，保持警惕性，不放松、不懈怠。

9. 责任担当

责任是一种压力，责任担当就是选择承受责任带来的压力，是面对困难敢于迎难而上、面对危机敢于挺身而出、面对失误敢于承担责任的担当精神。企业家大多有先天的英雄主义，具有英勇、坚强、首创和自我牺牲的品质，如E4说："当时我父亲和我说点火枪比较困难，让我毕业以后回来共同创业，我很快就决定回来了。"对于企业，企业家表现出了责任担当，如对员工负责，E4发问，"为什么只有中高层能享受这种福利，基层员工就轮不到"。在此基础上，企业家产生了强大的社会责任感，也希望可以为国家、为社会贡献一份力量，如E3表示"企业如果不履行社会责任也搞不好，企业最终要报效国家"，E12指出在建设基地时"有的地方建高一点，要能让动物穿过去，不影响生态"。责任担当是企业家拥有英雄主义精神，对企业的员工、股东、客户等相关者有责任意识，对社会发展拥有担当精神。

10. 家国情怀

家国情怀是中华优秀传统文化的基本内涵，是使命，更是担当，是企业家对祖国的一种认同，并促使其发展的思想和理念。怀揣着家国情怀，很多企业家都希望可以打造中国好产品，让国人使用优质的产品，也让世界相信中国造，如E2表示"不希望国货在中国人眼里、在世界的眼里是低价劣质的产品"。怀揣着家国情怀，企业家希望把企业做大做强，成为被国人认可、被世界认可的好企业，如E8表示"如果联想成为了这样一个公司，大家认可的公司，其实我心里会很快乐"，E11也谈道："既然我在一个商业机构，那我就要创造一个最优秀的商业机构，这是我的责任。"怀揣家国情怀，企业家希望能够创造中国好品牌，立足于市场打造强势品牌，拥有在海外市场也叫得响亮的中国品牌，如E9认为"不仅是格力，中国应该有更多的企业崛起。中国缺的不是产品，是品牌，我们要走向世界一个格力是远远不够的"，E15认为"之前中国是世界的工厂，今后世界是中国的工厂"。家国情怀是企业家希望可以生产出优质的商品、提供优质的服务，将企业打造成拥有好口碑的企业，将中国品牌推向世界。

（三）选择性编码

选择性编码（Selective Coding），也就是发现核心类别，并理出核心范畴的故事线。核心类别的发现过程，就是对所有已发现的概念类别进行系统分析，然后归纳和精炼类别的过程。一个研究的核心类别代表该研究的主题，与其他类别相比，它具有统领性，可以联结其他类别，建立一种关系（概念之间的联结)，并形成一个完整的解释架构。它能够将大部分的研究结果囊括在一个比较宽泛的理论范围内，就像是一个渔网的拉线，可以把所有其他的类别串成一个整体拎起来，起到提纲挈领的作用。选择性编码就是一个对主编码进行统整与精炼，明确核心范畴并形成一个具有分析力、能联结其他类别的完整框架。通过对所有范畴反复进行比较分析，我们发现使用“新时代企业家精神形成机制”这一核心范畴能够统领其他范畴和解释本书的核心问题。

通过分析可以发现，十个主范畴中的创新意愿和能力、风险偏好和承担、机会识别和利用及管理思维和能力四个方面是明显的个人能力范畴，本书将这种归属于完成经营目标或者任务所体现出来的综合素质归纳为经营才能；追求卓越、个人愿景、坚持不懈三个主范畴都表现出对自身的认识，体现了被访谈者自身的感受，本书将这种表现自身了解和感受的精神归纳为自我概念；家国情怀、责任担当、忧患意识三个主范畴都表现出企业家对社会应负的责任，都体现了被访谈者高于个人目标的社会义务，本书将这种追求对社会有利的长期目标的精神归纳为社会认知（见表 2-8）。

**表 2-8　新时代企业家精神的内涵**

| 内涵 | 维度 |
|---|---|
| 经营才能 | 创新意愿和能力 |
| | 风险偏好和承担 |
| | 机会识别和利用 |
| | 管理思维和能力 |
| 自我概念 | 坚持不懈 |
| | 个人愿景 |
| | 追求卓越 |
| 社会认知 | 责任担当 |
| | 忧患意识 |
| | 家国情怀 |

### （四）饱和度检验

通过对 31 份访谈资料进行开放式编码、主轴编码以及选择性编码，得到了 30 个基本范畴、10 个主范畴以及 3 个核心范畴。

本章的研究以扎根理论为基础，通过对访谈资料进行编码分析，得出了企业家精神的评价标准。由于是基于访谈获取的资料进行归纳性分析，因此，获取的资料是否充分会对研究结论产生直接影响。为了保证访谈结果的充分可靠，使用扎根理论创始人 Glaser 和 Strauss 提出的“理论饱和度”概念作为检验的标准，即当研究者不能再从访谈或其他方面发现新的类别时，研究者就可以停止对资料的收集，进入理论构建阶段。在完成对 31 份访谈资料的归纳分析之后，对 E32 ~ E34 三位企业家的访谈资料依照上述编码的程序和标准进行归类分析，结果没有发现新的关键词，得到的结果仍然反映了“新时代企业家精神形成机制的理论模型”的主线，没有析出新的范畴和关系。因此，可以认为核心范畴已达到饱和。据此，可以认为收集到的访谈资料达到了理论饱和度的要求。

## 第三节　新时代企业家精神内涵释义与讨论

### 一、新时代企业家精神的内涵

通过前文分析可以看出，经营才能、自我概念和社会认知三大类别概括了新时代企业家精神的内涵。具体阐释如下：

（1）经营才能。

经营才能是企业家基于企业内部条件及企业发展潜力制定经营战略和计划的能力与对企业各种生产经营活动进行管理的能力的总和。经营才能体现为企业家的个人经营能力和素质，包括创新意愿和能力、风险偏好和承担、机会识别和利用及管理思维和能力四个范畴。

（2）自我概念。

自我概念是企业家对自身存在的体验，是一个认知体系，由态度、情感、信仰和价值观等组成，贯穿整个行动过程，并把个体表现出来的各种特定习惯、能力、思想、观点等组织起来。自我概念是把个性统一成连贯综合系统的有机过程，包括坚持不懈、个人愿景和追求卓越三个范畴。

（3）社会认知。

社会认知指企业家如何理解与思考其他人，根据环境中的社会信息对他人或事物进行推论，是企业家根据自身过去的经验通过思维活动对有关线索进行分析的结果。社会认知是企业家行为的基础，包括责任担当、忧患意识和家国情怀三个范畴。

## 二、新时代企业家精神的形成路径模型

对比分析企业家精神内涵的主范畴、核心范畴，我们可获知企业家精神内涵所包含的要素及各要素间的逻辑关系。

### （一）创新意愿和能力与风险偏好和承担是企业家进行经营活动的两项前置才能

创新精神是企业家精神的重要内容，新时代背景下，企业家应坚持创新的思维方式、愿意进行创新活动、具备创新能力，以应对更加多变的环境，增强企业的核心竞争力。冒险精神和风险承担一直是理论界和实务界强调的企业家精神的重要内容，当今时代发展愈加迅猛、不确定性增加，更要求企业家具备风险偏好和承担的能力。创新意愿和能力与风险偏好和承担这两种能力相辅相成，用创新应对风险，用创新承担风险，这是新时代下企业家精神形成的首要条件和前置因素。

### （二）机会识别和利用与管理思维和能力是企业家进行经营活动的两项重要才能

企业家的经营才能是企业有效开展生产经营活动的前提和基础。首先，机会识别和利用，是寻找、识别市场机会并加以利用的过程，是企业家最重要的经营才能之一。以敏锐的洞察力创造性地发现机会是生产经营的起点，快速反应、预见性地抓住机会是生产经营的开端。一个好的机会可能会使企业在市场中具有压倒性的优势。其次，管理思维和能力，是在经营活动中有效配置资源、优化合作方式、执行决策的能力。优秀的管理思维和能力是顺利、持续、稳定开展经营活动的重要推力。

### （三）坚持不懈、个人愿景和追求卓越是企业家认知自我和组织的三个关键点

企业若要稳定、健康发展，企业家对自身就必须有明确的认知。在这一过程中，企业家需要具有坚持不懈的精神、明确的个人愿景和追求卓越的品质。

首先，坚持不懈是企业家精神的重要内容，是企业家克服外部困难的重要力量。一方面，企业家要依靠自身的坚韧品格面对问题，依靠容忍精神化解危机。另一方面，企业家要根据环境变化进行自我调整，并通过学习不断提高自身素养。其次，个人抱负是企业家选择和从事这份职业的具体体现，也是企业家精神的重要内容。个人抱负是企业家的个人理想与志向，是企业家职业选择的根源。在这个维度里，企业家对这份职业的认同、对成就的渴望，以及对价值创造的追求都是企业家对其自身概念的明确和解析。最后，追求卓越是企业

家将生产经营细致化和优质化的重要品质，是企业在市场中立足的关键力量。只有坚持工匠精神和精益求精的态度，才能提供优质的产品和服务，才能在风云变幻的市场中持续稳定发展。

（四）责任担当、忧患意识和家国情怀是企业家理解和思考社会的三个关键点

在新时代，企业家不仅需要考虑个人与企业的发展方向，更需要对社会进行深刻的理解与思考，这就是社会认知。在这一过程中，企业家需要拥有责任担当、忧患意识和家国情怀。

首先，责任担当就是选择承受责任带来的压力，是面对困难敢于迎难而上、面对危机敢于挺身而出、面对失误敢于承担责任的担当精神。不仅是企业家英雄主义精神的体现，也是对企业负责的态度，更是渴望为社会做贡献的意愿。其次，忧患意识不仅是一种反思和警觉，也是一种情怀和担当。不仅是在企业稳定发展时的自我反思，也是立足现在、思索未来的远见卓识，更是帮助企业防范危机、化解危机的重要手段。最后，家国情怀是企业家对祖国认同，并推动其发展的思想和理念。要打造中国好产品，让全世界爱上中国制造和中国创造；要经营中国好企业，不仅将企业做成国内的优秀企业，更要将其打造成具有国际影响力的优秀企业；创造中国好品牌，打造一批优秀的中国品牌，走向世界。

综合上述分析，本章对企业家精神的关键要素进行归纳，进一步构建了新时代企业家精神的形成路径模型，如图 2-1 所示。

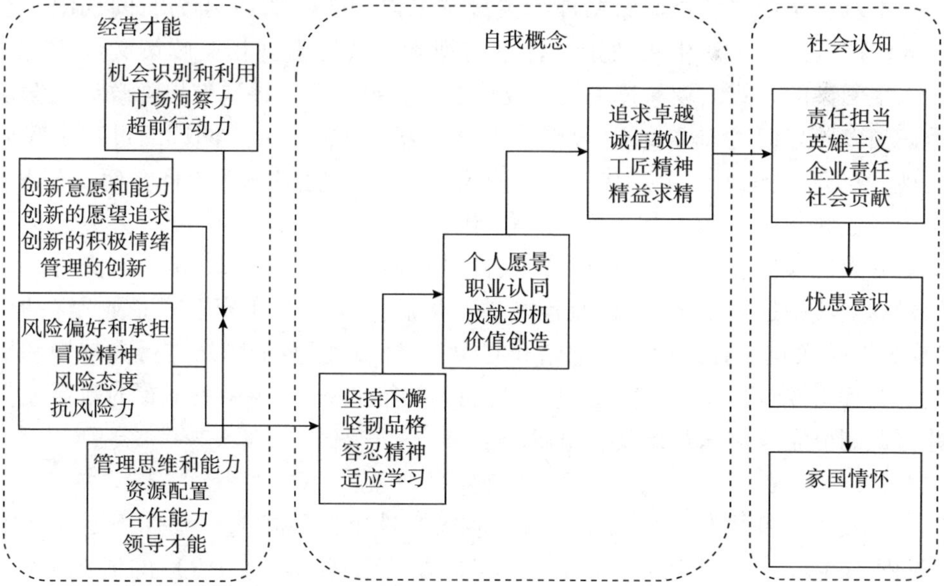


**图 2-1 新时代企业家精神的形成路径模型**

# 第三章　我国企业家精神的演化规律与驱动因素

## 第一节　我国企业家精神的演化规律与关键特征

### 一、我国企业家精神的演化规律

（一）数据来源

本章以企业家和企业家精神为关键词，以1978~2019年为时间期限，在北大法律信息网上对中央政策文件进行搜索，共搜索到相关政策文件46份，以人工阅读的方式，剔除掉失效类政策、表彰类政策、评选申报类政策、会议邀请函以及培训通知类政策，余下24份政策文件。在人工阅读的过程中我们发现，在20世纪七八十年代，“企业家”一词的使用频率较低，而“厂长”作为企业转制的带头人和主力军，使用频率较高，故以“厂长”为关键词重新在北大法律信息网上对中央政策文件进行搜索，共得到25份政策文件，以同样的方法筛选后余下10份政策文件。最后，以“企业家”“企业家精神”“厂长”为关键词在中国政府网站和北大法律信息网两个网站进行文献饱和筛查，共获得62份政策文件。至此，我们一共得到96份由中央发布的政策文件并据此划分企业家精神的发展阶段。

（二）研究方法

以政策文件出台年份为横坐标、政策文件出台数量为纵坐标绘制柱状图（见图3-1），并借鉴Sun和Cao（2018）、李燕萍等（2019）的研究方法，以政策文件出台数量的变化趋势和关键事件为划分依据，对企业家精神发展阶段进行划分。

（三）发展阶段划分

由图3-1可知，在1990年、1998年、2007年相关政策文件的出台数量降为0，而在2017年相关政策文件的出台数量突增，结合1978年召开党的十一届三中全会、1992年邓小平发表“南方谈话”、1999年遭遇互联网冲击、2008年爆发全球金融危机以及2017年我国出台《关于营造企业家健康成长环境弘扬优秀企业家精神更好发挥企业家作用的意见》五件对企业家活动产生重要影响的关键历史事件，本书将企业家精神发展过程划分为五个阶段：1978~1991年、1992~1998年、1999~2007年、2008~2016年、2017~2019年。

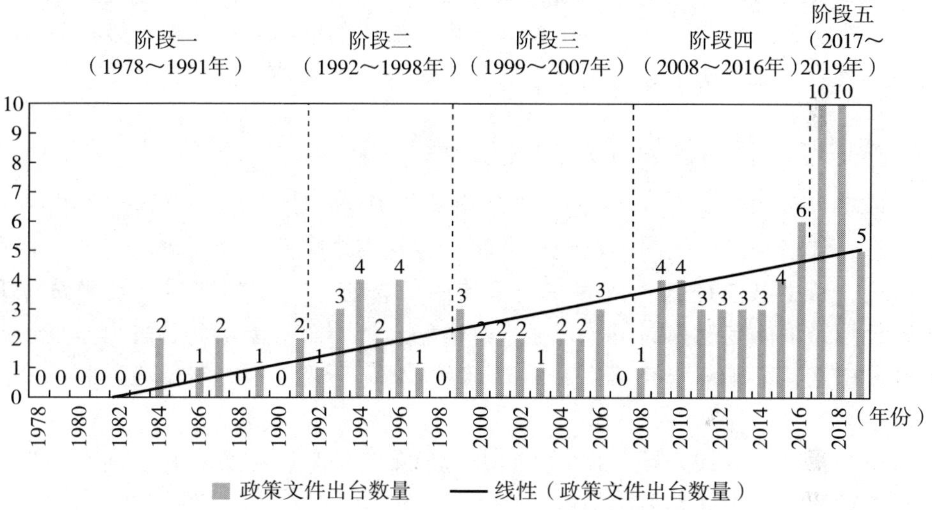


图3-1　1978~2019年企业家精神的五个发展阶段

## 二、我国企业家精神演化的关键特征

（一）数据来源

本章以1978~2019年《人民日报》发表的新闻为研究对象，以企业家、企业家精神为关键词进行搜索。经过筛选，得到1978~2019年与企业家、企业家精神相关的新闻644条，据此来探讨五个阶段企业家精神的特点。

（二）研究方法

（1）关键词提取。

由于词频统计软件存在无法有效提取具有实际含义的关键词的缺陷，故借鉴罗敏和朱雪忠（2014）的研究方法以人工处理的方式进行关键词提取。《人民日报》新闻的内容复杂程度不同，因而参考李燕萍等（2019）的方法，为每条新闻确定2~4个关键词。此外，我们对关键词进行规范化处理，剔除了无实际意义的关键词并对相似的关键词进行合并。

（2）建立共现矩阵。

利用Persson开发的BibExcel软件找出其中出现频率较高的关键词，并通过统计一组关键词两两出现在同一条新闻中的次数，发现这些词之间的亲疏关系（Olawumi and Chan，2018），计算得到共现矩阵。

（3）聚类分析。

以共现矩阵为基础利用SPSS软件做聚类分析，将距离较近的关键词聚集起来形成不同的群组，每个群组反映一定时期内的特定聚焦点，据此判断这些词所反映的不同时期的特点。对关键词聚集形成的群组进行分析，发现聚类结果呈现出一部分强调中国情境，一部分强调企业家精神内涵的特点。

（三）结论

1. 阶段一（1978~1991年），用制度激活市场

1978年党的十一届三中全会的召开是我国经济制度走向市场化的重要转折点——计划经济开始向市场经济转轨，但这不意味着迅速瓦解原有的计划经济体制，而是以“计划经济为主，市场调节为辅”为基本路线，在延续原有传统计划经济体制的前提下，积极推进市场经济体制改革。此阶段由于处于改革开放初期，市场环境并不完善、市场活力仍显不足，因此需要通过制度来激活市场。

这一阶段《人民日报》发表的相关新闻共153条，提取关键词，按出现的频次排列如表3-1所示。

**表3-1 1978~1991年中国情境下企业家精神词频表**

| 词频 | 关键词 | 词频 | 关键词 | 词频 | 关键词 | 词频 | 关键词 |
|---|---|---|---|---|---|---|---|
| 46 | 农民企业家 | 20 | 合作 | 12 | 生产力标准 | 6 | 经济体制改革 |
| 33 | 市场 | 18 | 投资 | 10 | 搞活 | 6 | 开拓精神 |
| 27 | 改革 | 18 | 经贸 | 9 | 商品经济 | 6 | 十一届三中全会 |
| 26 | 厂长 | 17 | 乡镇企业 | 7 | 整顿 | 6 | 政策 |
| 25 | 会见 | 15 | 产品质量 | 7 | 风险 | 4 | 困难 |
| 22 | 改革开放 | 13 | 现代企业家 | 6 | 保护企业家 | 4 | 合资 |

表3-1中的高频关键词经过聚类分析，形成四个群组，即改革开放、农民

企业家、制度保护与激活、产品与生产力，这代表了这一阶段制度和市场及在制度和市场的影响下企业家精神的聚焦点所在，具体如图 3-2 所示。

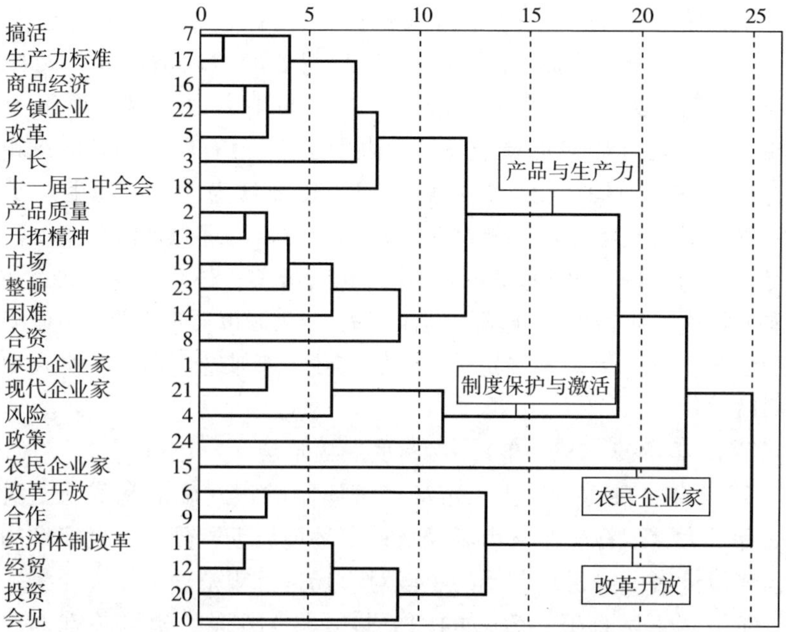


**图 3-2 1978~1991 年中国情境下企业家精神关键词的聚类结果**

根据表 3-1 和图 3-2 可以发现，改革开放政策深刻影响着当时中国社会的各个方面，深化经济体制改革、推进对外开放在“改革开放”这一群组中得到体现。改革开放为市场和企业家的发展提供了广阔空间和多维方向。

与此同时，市场发展也带来了一定风险和困难，要求企业家承担相应的风险。因而，国家在激活市场活力的同时也利用制度对企业家进行保护，如《中华人民共和国全民所有制工业企业法》的颁布和实施明确了企业作为独立的商品生产经营者的法人地位，对于保护企业及企业家的正当权益起到了积极作用。

农民企业家作为这一阶段的企业家代表，登上了历史舞台。在这一阶段，制度的市场化形成了卖方主导市场、买方需求单一的局面，企业家只要能填补市场需求缺口、满足消费者简单的需求，就能把企业发展起来。农民企业家具有典型的时代特点，他们秉承着敢于创业的企业家精神，积极贯彻实行厂长负责制，搞活国有企业、创立乡镇企业，实现了企业家队伍从无到有的开创与建设。1979年，鲁冠球通过《人民日报》了解到中国政府正在大力推动汽车产业的发展，原本开展多类业务的鲁冠球察觉到了市场需求的缺口，于是他调整战略，集中力量发展汽车装配业务，很快使自己的企业成为全国仅有的三家万向节定点生产专业厂之一。这一阶段企业家一个主要的精神特点就是强调“做实业、抓质量”，他们将从前企业、工厂发展的“政治标准”转变为“生产力标准”，积极参与市场竞争，这在“产品与生产力”这一群组中有所体现。例如，海尔集团CEO张瑞敏就亲自砸毁了76台有质量问题的冰箱，这一举动在物资短缺的年代让很多人不解，但张瑞敏认为，砸冰箱砸的是一种观念，要砸醒员工的质量意识。经过此举，强调质量的理念在海尔集团内部逐步建立并得以贯彻，1990年海尔获得国家质量管理奖，体现了这一理念的成功。

故本书将这一阶段的企业家派别命名为“84派以质取胜”，企业家精神特点为敢于创业、勇于承担不确定性，“做实业、抓质量”，代表性人物有鲁冠球、张瑞敏。

2. 阶段二（1992~1998年），用制度规范市场

进入1992年，随着社会主义市场经济体制的正式确立和实施，我国市场不断发展和扩大，但社会主义市场经济初期环境波动剧烈、不确定性高，于是政府以顶层设计者的身份用制度的手段对市场进行规范。

这一阶段《人民日报》发表的相关新闻共116条，提取关键词，按出现的频次排列如表3-2所示。

**表3-2 1992~1998年中国情境下企业家精神词频表**

| 词频 | 关键词 | 词频 | 关键词 | 词频 | 关键词 | 词频 | 关键词 |
|---|---|---|---|---|---|---|---|
| 43 | 会见 | 8 | 职业化培训 | 6 | 法律 | 5 | 开拓 |
| 39 | 经贸合作 | 8 | 美国 | 6 | 现代企业制度 | 5 | 企业家队伍 |
| 22 | 市场 | 8 | 股份制改革 | 6 | 产权关系 | 4 | 资金困难 |
| 21 | 投资 | 8 | 改革开放 | 6 | 企业管理 | 4 | 创新 |
| 18 | 座谈会 | 8 | 中国香港 | 5 | 英国 | 4 | 南方谈话 |
| 18 | 市场经济体制 | 7 | 风险 | 5 | 中国台湾 | 4 | 决策 |
| 11 | 政府 | 7 | 企业经营管理人才 | 5 | 德国 | | |

表3-2中的高频关键词经过聚类分析，形成三个群组，即市场扩大、政府互动、风险加剧，这代表了这一阶段制度和市场及在制度和市场影响下企业家

精神的聚焦点所在，具体如图 3-3 所示。

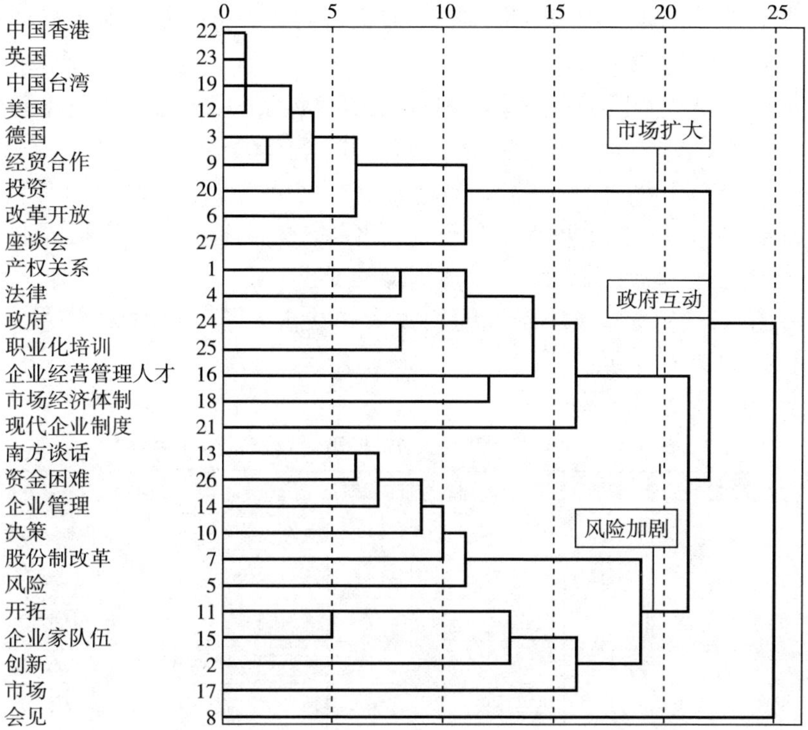


**图 3-3 1992~1998 年中国情境下企业家精神关键词的聚类结果**

这一阶段我国确立了社会主义市场经济体制，与美国、英国、德国等发达国家开展了广泛的经贸合作往来，市场的边界逐步从国内扩展到国外，这在“市场扩大”这一群组中有所体现。

但是，市场的扩大也使风险增多，广国投的破产、粤海的重组都证明社会主义市场经济初期环境并不稳定，于是政府以顶层设计者的身份对市场进行规范。一是对金融制度进行重点把控，如 1993 年国务院发布了金融体制改革的决定，改革目标包括建立在国务院领导下，独立执行货币政策的中央银行宏观调控体系；建立政策性金融与商业性金融分离，以国有商业银行为主体、多种金融机构并存的金融组织体系；建立统一开放、有序竞争、严格管理的金融市场体系。二是完善以《全民所有制工业企业转换经营机制条例》等为代表的与企业家相关的法律制度，在明晰产权的基础上进行国有企业股份制改革、转换企业经营机制，做到政企分开、责权明确、管理科学。

在这一背景下，企业家一方面保留了敢于冒险和勇于承担不确定性的精神。另一方面，企业家积极贯彻落实政府推行的有关企业改革的诸多制度，并逐步向企业经营管理人才转变，这在“政府互动”这一群组中有所体现。

故本书将第二阶段的企业家派别命名为“92派政企密切”，企业家精神特点为敢于冒险、勇于承担不确定性、与政府联系密切。

3. 阶段三（1999~2007年），市场发展引致制度保障

伴随着中国正式加入世界贸易组织、经济全球化的推进，我国的市场环境不断变化，这进一步引发了对于制度保障的要求。

这一阶段《人民日报》发表的相关新闻共135条，提取关键词，按出现的频次排列如表3-3所示。

**表3-3 1999~2007年中国情境下企业家精神词频表**

| 词频 | 关键词 | 词频 | 关键词 | 词频 | 关键词 | 词频 | 关键词 |
|---|---|---|---|---|---|---|---|
| 44 | 创新 | 12 | 科技 | 8 | 激励机制 | 5 | 消费者需求 |
| 26 | 全球化 | 11 | 培训 | 8 | 高新技术 | 5 | 互联网 |
| 20 | 机遇 | 11 | 创业 | 7 | 国有企业 | 5 | 企业文化 |
| 20 | 品牌 | 10 | 经贸合作 | 7 | 年薪制 | 4 | 法人治理结构 |
| 17 | WTO | 10 | 法治建设 | 6 | 西部大开发 | 4 | 合作 |
| 13 | 人才 | 10 | 青年企业家 | 6 | 经济看好 | 4 | 监督机制 |
| 13 | 投资环境 | 8 | 民营企业家 | 5 | 知识经济 | | |

表3-3中的高频关键词经过聚类分析，形成四个群组，即消费者需求、全球化冲击、经济回暖、企业机制改革，这代表了这一阶段制度和市场及在制度和市场影响下企业家精神的聚焦点所在，具体如图3-4所示。

结合表3-3、图3-4发现，经过第二阶段的震荡和调整，我国经济在1998年以后开始回暖。根据这一时期中国人民银行发布的《中国货币政策执行报告》来看，1998~2003年我国货币供应量、金融机构贷款呈上升态势，我国开始实行宽松的货币政策。对外方面，中国加入WTO后加强了与发达国家及发展中国家的联系，进一步激活了国际市场活力。对内而言，西部大开发战略的实施加强了西部和中部及沿海地区的资源交换和优势互补，从而激活了国内市场活力，这在“经济回暖”这一群组中有所体现。

市场的发展带来了制度更新的需求，为了更好地满足市场需求，政府一方

面建立监督机制规范企业家行为，以政府为约束主体，以治理结构、产权代表、中介组织为载体，将对企业经营者队伍的监督约束纳入制度中；另一方面，要求企业实行以年薪制为代表的激励机制，鼓励企业家参与市场竞争，这在“企业机制改革”中有所体现。

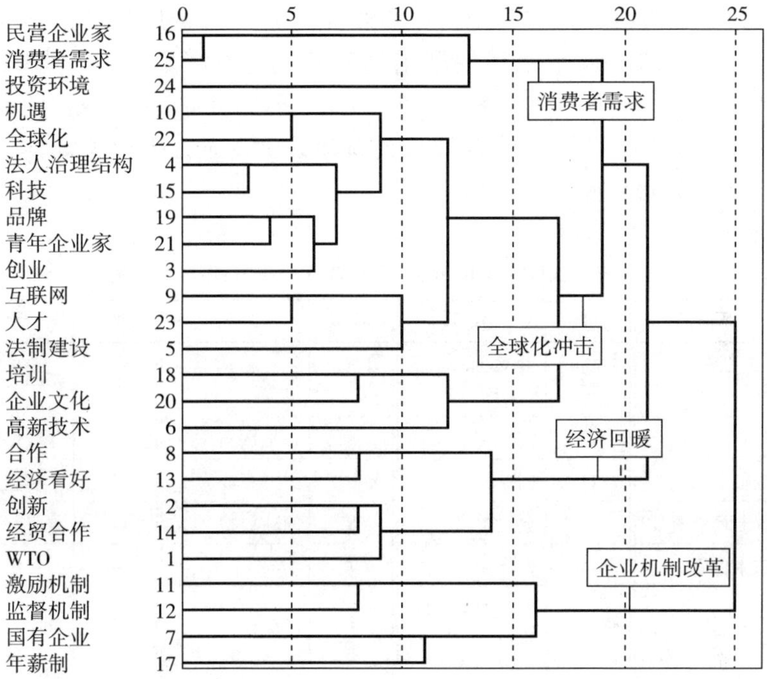


**图 3-4　1999~2007 年中国情境下企业家精神关键词的聚类结果**

在这一阶段，企业家精神表现为创新、创业和机会识别。百度 CEO 李彦宏本科就读于北京大学信息管理专业，毕业后赴美深造学习计算机，这一学习经历培养了他对互联网搜索引擎发展机会的敏感性。1999 年底，李彦宏放弃了美国绿卡和安逸的生活，回到互联网正在悄然兴起的中国创建百度搜索引擎，从而打开了中国互联网搜索引擎市场。

此外，在全球化的浪潮中，这一阶段的企业家能够迅速发现顾客需求，通过商业模式创新、技术创新加速产品迭代。例如马云，不仅创新性地带领团队开发了淘宝、支付宝等 APP，改变了人们的生活方式，还在此基础上，利用互联网技术配套生活服务、医疗健康等基础设施，并融入音乐、视频、游戏等泛娱乐业务和智能终端业务，构建出完整的网络生态平台。

故本书将第三阶段的企业家派别命名为“99 派互联网先驱”，企业家精神特点是强调创业、创新和机会识别，抓住互联网红利，代表性人物如李彦宏。

4. 阶段四（2008~2016 年），制度与市场协同创新

2008 年的全球金融危机剧烈地冲击了全球经济环境，中国经济陷入低迷，为了唤醒沉睡中的市场，政府这只“看得见的手”用制度帮助市场度过了增长速度换挡期、结构调整镇痛期和前期政策消化期，制度与市场开始协同创新。

这一阶段《人民日报》发表的相关新闻共 152 条，提取关键词，按出现的频次排列如表 3-4 所示。

**表 3-4　2008~2016 年中国情境下企业家精神词频表**

| 词频 | 关键词 | 词频 | 关键词 | 词频 | 关键词 | 词频 | 关键词 |
|---|---|---|---|---|---|---|---|
| 42 | 机遇 | 12 | 大众创业、万众创新 | 9 | 平稳 | 5 | 跨国公司 |
| 26 | 互利共赢 | 12 | 创新 | 8 | 自主创新 | 5 | 环境保护 |
| 24 | 金融危机 | 11 | 创业 | 8 | 民营企业家 | 4 | 中小企业融资难 |
| 19 | 企业社会责任 | 11 | 双边贸易 | 8 | 简政放权 | 4 | 重组并购 |
| 18 | 技术创新 | 11 | 合作创新 | 7 | 信心 | 4 | 公益活动 |
| 17 | 共同发展 | 10 | 供给侧结构性改革 | 7 | 制度创新 | 4 | 抗震救灾 |
| 14 | 创新驱动 | 10 | 中国制造 2025 | 6 | 互联网+ | 4 | 互利合作 |
| 12 | 扩大内需 | 9 | 达沃斯 | 6 | 紫金山峰会 | 4 | 宽松的货币政策 |

表 3-4 中的高频关键词经过聚类分析，形成三个群组，即唤醒市场、创新驱动、企业社会责任，这代表了这一阶段制度和市场在制度和市场影响下企业家精神的聚焦点所在，具体如图 3-5 所示。

结合表 3-4、图 3-5 可以发现，随着全球化的深化，世界已然连成一个整体，在这种形势下，全球金融危机给我国所带来的不稳定影响不言而喻。为了降低金融危机产生的负面效应、平稳市场阵痛，国家从内、外两个方面进行补救。对内而言，国家实施了宽松的货币政策，力求扩大内需，进一步开发国内市场。对外而言，以跨国公司为依托，积极与其他国家开展双边贸易，建立互利共赢、共同发展的合作伙伴关系。这在“唤醒市场”这一群组中有所体现。

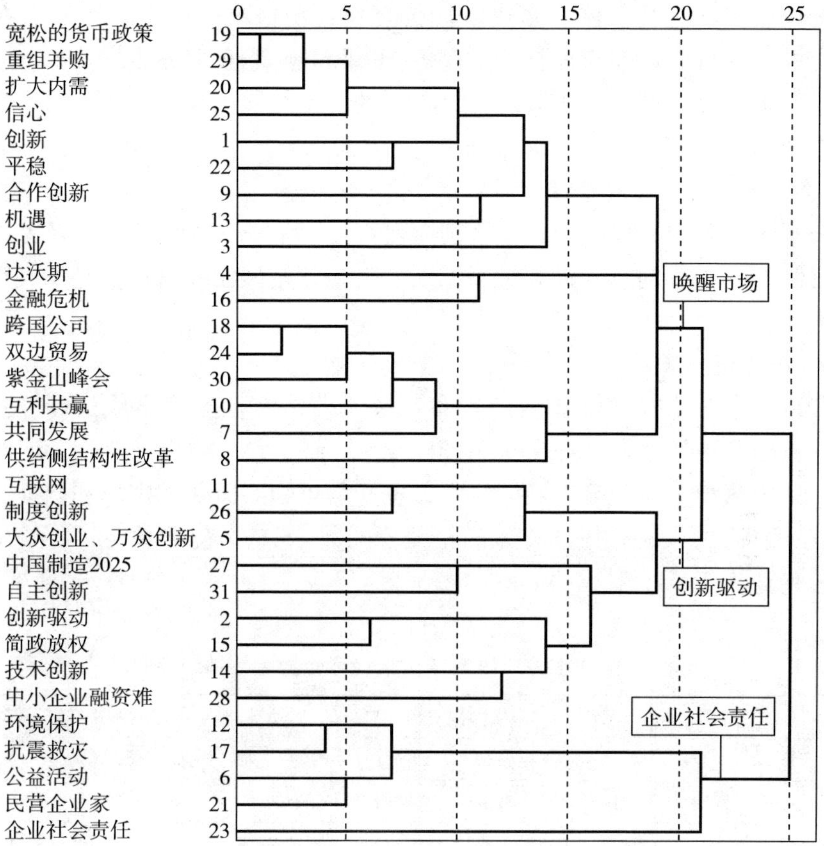


**图 3-5　2008~2016 年中国情境下企业家精神关键词的聚类结果**

经过调整，我国经济进入新常态。为了再次激发市场活力、挖掘互联网巨大的红利剩余，国家确立了创新驱动发展战略，坚持“大众创业、万众创新”的方向，牢固树立和贯彻落实创新、协调、绿色、开放、共享的发展理念，以激发制造企业创新活力、发展潜力和转型动力，充分释放“互联网+”的力量。这点在“创新驱动”这一群组中有所体现。

不论是政府为应对金融危机而不断变革的环境，还是经济新常态下创新驱动的市场，对于企业家而言虽然存在着风险，但也隐藏着更多的机遇。这一时期的企业家不仅有着更强的创新、创业精神，更重要的是善于发现隐藏在环境中的机会。

此外，这一时期关注社会价值的社会创业开始活跃，在中国从大国迈向强国的进程中，创业者群体努力履行社会责任、积极奉献社会，这一点在“企业社会责任”群组中也有所体现。《中国企业社会责任研究报告（2018）》显示，中国企业社会责任报告书由2008年的169份增长至2016年的1710份，涨幅达912%。各家企业纷纷开展公益活动，建立公益基金会，如腾讯“微爱”“筑德基金”，今日头条“头条寻人”项目等。

故本书将第四阶段的企业家派别命名为“15派奉献社会”，企业家精神表现为更强的创业、创新精神和机会识别能力，开始关注社会责任，代表性人物如张一鸣。

5. 阶段五（2017~2019年），企业家精神重塑市场与制度

2017年，中共中央、国务院发布《关于营造企业家健康成长环境弘扬优秀企业家精神更好发挥企业家作用的意见》，企业家精神成为热词。而在新时代，企业家精神不仅彰显出新的特点，也开始重塑新时代的市场和制度。

这一阶段《人民日报》发表的相关新闻共88条，提取关键词，按出现的频次排列如表3-5所示。

**表3-5 2017~2019年中国情境下企业家精神词频表**

| 词频 | 关键词 | 词频 | 关键词 | 词频 | 关键词 | 词频 | 关键词 |
|---|---|---|---|---|---|---|---|
| 34 | 新时代 | 16 | 产权保护 | 10 | 三去一降一补 | 4 | 民生 |
| 22 | 高质量发展 | 14 | 工匠精神 | 8 | 新动能 | 4 | 税收优惠 |
| 20 | 创业创新 | 14 | 爱国敬业 | 8 | 抓机遇 | 3 | 诚信档案 |
| 16 | 激发和保护企业家精神 | 13 | 民营经济 | 5 | 脱贫攻坚 | 3 | 创新生态 |
| 16 | “亲”“清”新型政商关系 | 11 | 实体经济 | 4 | 责任担当 | 3 | 万企帮万村 |

表3-5中的高频关键词经过聚类分析，形成三个群组，即激发和保护企业家精神、新精神、新时代，这代表了这一阶段制度和市场及在制度和市场影响下企业家精神的聚焦点所在，具体如图3-6所示。

这一阶段的市场进一步转向需求驱动，以互联网为核心技术，通过纵向不同产业链整合、横向顾客关系延伸，建立创新生态网络。而这一阶段的政策方向与第四阶段大体一致。在新时代下，国家进一步深化供给侧结构性改革，利用“三去一降一补”政策来推动新旧增长动能转换，助推市场活力；利用“万企帮万村”的方式保障社会民生。国有企业是扶贫的主力军，据《中国青

年网》报道，截至 2019 年 3 月，共有 96 家中央企业定点帮扶 246 个贫困县，占 592 个国家扶贫开发工作重点县的 41.6%；设立贫困地区产业发展基金和中央企业贫困地区产业投资基金，总规模 181.86 亿元，累计投资项目近百个，投资额 140 亿元，覆盖了 14 个集中连片特困地区。这在“新时代”这一群组中有所体现。

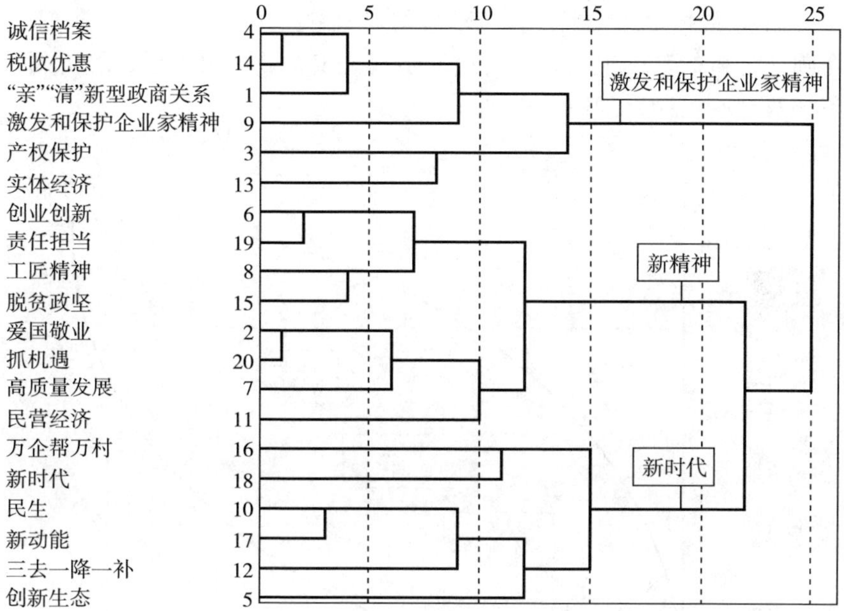


**图 3-6 2017~2019 年中国情境下企业家精神关键词的聚类结果**

此外，国家开始激发和保护企业家精神，这在“激发和保护企业家精神”这一群组中有所体现。发布《关于营造企业家健康成长环境弘扬优秀企业家精神更好发挥企业家作用的意见》《转型时期的企业家精神：特征、影响因素与对策建议——2019 · 中国企业家成长与发展专题调查报告》等政策与报告，完善产权保护与税收优惠制度、建立“亲”“清”新型政商关系和企业诚信档案，从而营造出依法保护企业家合法权益的法治环境、促进企业家公平竞争诚信经营的市场环境、尊重和激励企业家干事创业的社会氛围。在政策影响下，诸多企业开始对自身产品进行完善和规范，如 bilibili 视频网站创新青少年模式，建立青少年防沉迷系统，限制未成年人观看视频的时间，优化用户体验。

这一阶段，企业家精神不仅包括传统的创新创业、责任担当精神，更彰显出新的内涵：一是工匠精神，对产品精益求精；二是诚信精神，企业家在经营企业中遵纪守法、诚实守信；三是爱国精神，企业家时时刻刻团结统一、以国为重；四是敬业精神，企业家敬业乐群、忠于职守。

故本书将第五阶段的企业家派别命名为“新时代企业家”，企业家精神表现为创新创业精神、责任担当精神、工匠精神、爱国精神、诚信精神、敬业精神，代表性人物如拼多多创始人黄峥。

6. 企业家精神形成的制度与市场双螺旋机制

在前文分析的基础上，我们可进一步提炼出企业家精神形成的机制，即制度与市场双螺旋机制，如图 3-7 所示。

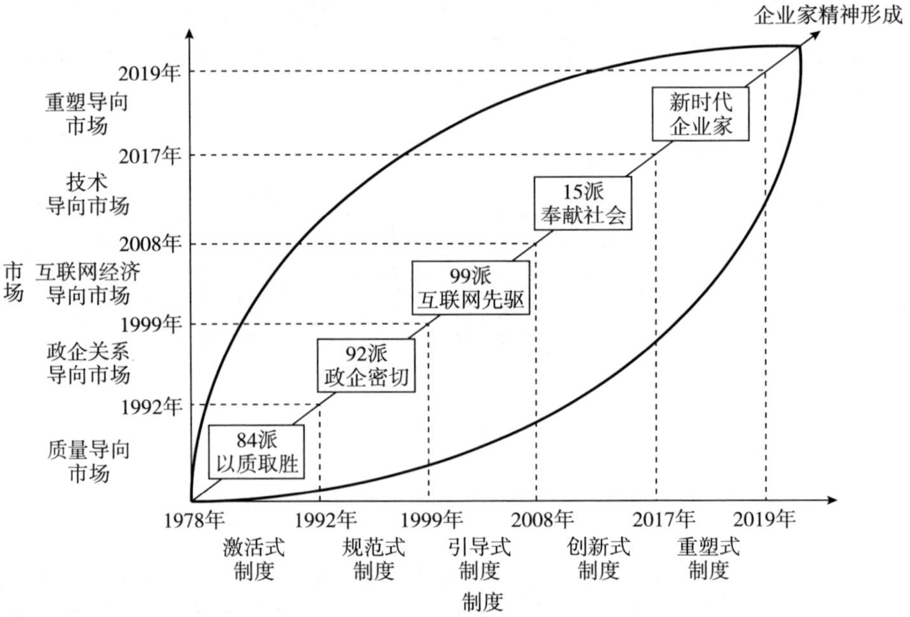


**图 3-7　企业家精神形成机制——制度与市场双螺旋**

市场从 1978 年改革开放到 2019 年经历了五个阶段。其中，第一阶段强调质量导向，第二阶段强调政企关系导向，第三阶段强调互联网经济导向，第四阶段强调技术导向，第五阶段强调重塑导向。与市场相对应，制度同样经历了五个阶段。其中，第一阶段为激活式制度，第二阶段为规范式制度，第三阶段为引导式制度，第四阶段为创新式制度，第五阶段为重塑式制度。

制度和市场不会脱离彼此独立存在，而是相互影响，以螺旋上升态势帮助企业家精神建立合法地位。具体表现为，在第一阶段，市场发展缓慢、生命力不足，政府通过强有力的制度拉动市场发展，建立市场规则。在制度的拉动下，市场表现出强调质量的特点，并引导企业家“做实业、抓质量”。在第二阶段，社会主义市场经济初期环境波动剧烈、不确定性高，于是政府以顶层设计者的身份用制度的手段对市场进行规范。在这个过程中，企业家密切关注法律法规，不仅按规办事，更希望在与政府的互动中，推动企业发展。进入第三阶段，经济开始回暖，市场以互联网为载体进一步发展，为了确保市场发展的速度和质量，制度从强制拉动向引导和保障转变，两者为这一阶段下的企业家带来丰厚的互联网红利。第四阶段，虽然全球金融危机强烈地冲击着中国市场，但危机下隐藏着巨大的机遇和发展空间，在市场发展的过程中，制度试图和市场实现协同创新，这为企业家开展创新活动创造了条件。此外，企业家不仅履行经济责任，还将社会责任放在企业发展的重要位置上。在第五阶段的新时代背景下，企业家精神在进一步推广其合法性地位的过程中实现对市场和制度的重塑。

总之，在企业家精神的形成过程中，制度和市场不会脱离彼此而独立存在，制度给予企业家规则，市场给予企业家平台，两者相互影响、盘旋上升，最终形成了不同阶段企业家精神的特点，建立了企业家精神的合法性地位，将不符合环境的企业家淘汰出局。

## 第二节　企业家精神培育的驱动因素

### 一、企业家精神形成的影响因素：制度视角

#### （一）企业家精神形成制度视角的国外研究

通过梳理制度视角，我们发现有一些经济学家批评主流新古典主义框架中缺乏制度和企业家精神观念，并试图引起他们的关注（Baumol，1968；Leibenstein，1968；Schultz，1968），另一些经济学家则努力以各种形式在分析框架中添加制度因素和企业家精神（Lucas，1978；Romer，1990；Aghion and Howitt，1992；Helpman，1992；Shell，1966；Auerswald et al.，2000；Baumol，2010），这两种观点在主流经济学中占有核心的位置。除了主流经济学外，自亚当·斯密出版《国富论》以来，为什么一些国家富裕而其他国家贫穷的问

题成为经济学的重要课题。特别是在过去的20年中，我们可以认为，旨在分析和解释国家间经济增长与发展差异，强调制度和企业家精神因素重要作用的研究已经得到经济学家的充分认可（Acemoglu and Johnson，2005；Baumol，2004；Boettke and Fink，2011；Landes et al.，2010）。简而言之，我们可以说，制度和企业家精神对经济发展的影响，它们之间的相互作用以及它们与经济学分析框架的融合从20世纪末以来一直是经济学的重要主题。国外从制度视角探讨企业家精神影响因素的研究如表3-6所示。

**表3-6 企业家精神影响因素制度视角的国外经典研究**

| 文献 | 理论视角 | 研究方法 | 关键结论 |
| --- | --- | --- | --- |
| Yay et al.（2018） | 从制度经济学的角度研究制度与企业家精神的关系 | 使用2004~2012年54个国家/地区不平衡面板数据集，调查了人均GDP和金融发展水平对企业家精神的影响 | 人均GDP和金融发展与正式企业家精神之间呈U形关系。制度和金融发展促进企业家精神相互补充而不是相互替代 |
| Sobel（2008） | 制度视角 | 采集48个州的样本，使用跨州回归的方法 | 经济自由促进了生产型企业家精神，却阻止了非生产型企业家精神 |
| Nyström（2008） | 制度视角 | 采集23个国家的样本，使用固定效应模型估计方法 | 更大的经济自由度与企业家精神成正比 |
| Anokhin和Schulze（2009） | 制度视角 | 采集33个国家的样本，采用分位数回归的方法 | 控制腐败的程度与企业家精神正相关 |
| Harbi和Anderson（2010） | 制度视角 | 采集35个国家的样本，采用固定效应模型估计方法 | 虽然商业自由和不受腐败影响的自由会减少个体经营，但它们与专利授权有着积极而显著的联系 |
| Dau和Cuervo（2014） | 制度视角 | 采集51个国家的样本，采用随机效应模型估计方法 | 制度发展与正式企业家精神正相关、与非正式企业家精神负相关 |
| Thai和Turkina（2014） | 制度视角 | 采集51个国家的样本，采用跨国回归的方法 | 治理因素刺激了正式的企业家精神，却抑制了非正式的企业家精神 |
| Fuentelsaz et al.（2015） | 制度视角 | 采集63个国家的样本，使用随机效应模型估计方法 | 经济自由度指标与机会型企业家精神正相关、与必要型企业家精神负相关 |

自2000年以来，随着数据可用性的提高，有关企业家精神的研究逐渐增多，多数研究使用了全球创业观察的创业数据集，该数据集在1999年首次发

布。这些研究主要表明，制度促进了总的创业活动。但是，制度对企业家精神的影响在各种创业活动中是不同的。特别是 Anokhin 和 Schulze（2009）发现，控制腐败的程度与企业家精神正相关。在一项跨国研究中，Bjørnskov 和 Foss（2008）认为货币政策的质量与机会、必要性、整体企业家精神正相关；而政府规模则与机会、必要性、整体企业家精神负相关。Fuentelsaz et al.（2015）采集 63 个国家的样本发现，经济自由度指标与机会型企业家精神正相关、与必要型企业家精神负相关。此外，制度提高必要型企业家精神的比例。McMullen et al.（2008）发现财产权带来机会型企业家精神，财政和货币自由促进必要型企业家精神。除了体制结构，市场缺陷和宏观经济条件对企业家精神也有一定影响。一些研究更倾向于使用自由职业或专利数据而非创业板的指标来代表企业家精神。Kreft 和 Sobel（2005）通过分析美国 50 个州的情况发现，企业家活动会引起风险投资；反之亦然。因此，刺激企业家精神的政策应关注体制因素而不是财政资源。他们还发现，经济自由与企业家精神正相关。Campbell 和 Rogers（2007）指出，经济自由（政府的规模、收入和劳动力市场自由）促进了美国各州新业务的开展，因为与其他形式的经济和政治活动相比，营利性创业活动的收益有所下降。Hall 和 Sobel（2008）指出，美国各州之间的企业家精神差异可以通过制度质量来解释。由于企业家精神是经济增长的动力，因此企业家精神是制度发展转化为经济增长的渠道。然而，Wiseman 和 Young（2013）发现没有证据表明制度通过企业家精神渠道影响了经济增长。Sobel（2008）正式检验了 Baumal 提出的生产型和非生产型企业家精神理论。利用人均风险资本投资、人均专利、自雇活动的增长率等指标衡量生产型企业家精神，利用政治和游说组织的数量衡量非生产型企业家精神，发现制度质量在刺激生产型企业家精神的同时，也鼓励非生产型企业家精神。他特别指出，生产型企业家精神是制度发展增加人均收入的渠道。

Nyström（2008）应用 23 个经济合作与发展组织国家的半年度数据和双向固定效应模型发现，更大的经济自由度与企业家精神正相关。Harbi 和 Anderson（2010）研究了不同制度如何影响自由职业和专利授予。他们将前者视为必要型企业家精神，将后者视为机会型企业家精神，发现制度对它们的影响是不同的。他们指出，尽管商业自由和不受腐败影响的自由会减少个体经营，但它们与专利授权有着积极而显著的联系。因此，他们认为，创业成果取决于人们所考虑的创业类型。此外，Gohmann（2012）指出，在制度发展较快的国家中，由于有薪就业向自雇的转换成本较低，因此个人更容易成为自雇者。Herrera-Echeverri（2014）指出制度和经济自由促进了所有国家的企业家精神，但是国家之间制度/经济自由与企业家精神的关系有所不同。特别是，建立业务的自由和国际贸易的自由分别对新兴国家和低收入国家的企业家精神产生较大的影响。其他一些研究对基于综合创业数据讨论得到的结果产生了怀疑。例如，Dau 和 Cuervo（2014）调查了治理因素对企业家精神的影响，他们将企业家精神分为正式企业家精神和非正式企业家精神，在 2002 年至 2009 年的时间区段内对 51 个国家进行了抽样调查，发现治理因素对正式企业家精神具有显著的积极影响，而对非正式企业家精神产生了负向的显著影响。他们认为，治理因素与整体的企业家精神负相关，因为非正式企业家精神的减少压倒了正式企业家精神的增加。Thai 和 Turkina（2014）发现除了 GDP 增长、人力资本和金融发展外，治理因素还刺激了正式企业家精神，但抑制了非正式企业家精神。因此，他们建议各国政府采取措施完善机构设置，促进金融发展，并提高人民的生活水平，以培养正式的企业家精神。Jimenez（2015）认为，治理因素仅与正式企业家精神有着积极和显著的关联。

### （二）企业家精神形成制度视角的国内研究

国内诸多学者也从制度视角对企业家精神的影响因素进行了探讨。庞长伟和李垣（2011）、江春等（2012）、张海丰和杨虎涛（2015）、张美玲和陈勇勤（2015）、李政（2019）等通过归纳分析方法对企业家精神内涵的文献进行了分类述评。林善浪和宋时达（2019）通过理论分析方法对企业家精神的制度影响因素进行了分析。杨勇和朱乾（2011）、王德才和赵曙明（2013）、江春和李安安（2016）、孙黎等（2019）通过面板回归、空间计量等分析方法对企业家精神制度视角的影响因素进行了实证检验（见表 3-7）。

**表 3-7 企业家精神形成制度视角的国内经典研究**

| 文献 | 理论视角 | 研究方法 | 关键结论 |
|---|---|---|---|
| 李政（2019） | 制度视角 | 文献述评 | 完善建立企业家权益保障机制、容错机制、帮扶培育机制和信用机制 |
| 孙早和刘李华（2019） | 制度视角 | 空间计量分析 | 社会保障水平的提高能够激发企业家精神 |
| 孙英杰等（2019） | 制度视角 | 系统 GMM 分析 | 企业家精神在促进全要素生产率提升中发挥着不可替代的作用，同时相应的政策引导和报酬激励也是不可或缺的 |
| 李兰等（2019） | 制度视角 | 分层随机抽样 | 良好的营商环境可促进和弘扬企业家精神 |

续表

| 文献 | 理论视角 | 研究方法 | 关键结论 |
|---|---|---|---|
| 林善浪和宋时达（2019） | 制度视角 | 理论分析 | 制度环境是影响企业家精神的重要因素 |
| 孙黎等（2019） | 制度视角 | 比较分析 | 在各种制度的支持下，企业家创造、掌控资源的能力越来越强，所担当的社会责任也越来越大 |
| 何文剑等（2019） | 制度视角 | 固定效应分析 | 政府管制是影响企业家行为的重要因素 |
| 王效俐和马利君（2019） | 制度视角 | 面板回归 | 政府规模越大、审批流程越简化、政府行为越规范，该地区的企业家精神越丰富 |
| 陈怡安和赵雪苹（2019） | 制度视角 | 面板回归 | 制度环境对创新企业家精神的影响程度大于对创业企业家精神的影响程度 |
| 吕相伟（2018） | 制度视角 | 面板回归 | 政策不确定性会减少企业家生产活动，政策不确定性的影响具有差异化特征 |
| 何轩等（2017） | 制度视角 | 系统广义矩估计法 | 生产性活动对于企业家的激励偏低，导致企业家精神在生产性和非生产性活动中分配失衡 |
| 龙海军（2017） | 制度视角 | Borda 计数法 | 政府行政管理质量对企业家创新精神、企业家创业精神和生产性企业家精神综合水平具有正向促进作用；企业经营法治环境、金融环境质量与企业家创业精神存在负相关关系 |
| 李诗和等（2016） | 制度视角 | ISM 分析 | 良好的制度环境是企业家精神成长的根基，竞争精神是企业家精神的核心要素 |
| 江春和李安安（2016） | 制度视角 | 面板回归 | “良法善治、金融发展、企业家精神与经济增长”的制度框架，是未来中国金融治道变革的重心所在 |
| 陈刚和陈敬之（2016） | 制度视角 | Probit 模型估计 | 完善产权保护制度可显著提高个人的创业概率，但产权保护制度对个人创业概率的影响存在异质性 |
| 张海丰和杨虎涛（2015） | 制度视角 | 归纳分析 | 政府作为制度供给者，制定科学的游戏规则，引导企业家精神更多地配置于生产性的创新、创业活动 |
| 张美岭和陈勇勤（2015） | 制度视角 | 文献归纳分析 | 除个体特点、行业特征、区域差异外，产业集聚、金融系统及政策制度等也会影响企业家精神水平 |
| 邵传林（2014） | 制度视角 | 非平衡面板固定效应分析 | 在法律制度效率越高的地区，企业家精神就越能有效发挥；在腐败程度越高的地区，企业家精神就越难有效发挥 |

续表

| 文献 | 理论视角 | 研究方法 | 关键结论 |
| --- | --- | --- | --- |
| 王德才和赵曙明（2013） | 制度视角 | 因子分析 | 创业制度对企业家精神有很好的促进作用，且创业制度中各要素的促进作用不尽相同 |
| 江春等（2012） | 制度视角 | 归纳分析 | 培育企业家精神的政策包括推动金融改革和完善金融体系，建设创业基础设施，进行产权制度、法律制度和政治制度创新 |
| 陈长江和高波（2102） | 制度视角 | 随机前沿分析 | 制度改革以及企业家精神不仅通过影响技术进步而直接影响我国长期的经济增长，而且通过影响资本、劳动力、人力资本配置效率来影响我国当期的经济增长 |
| 庞长伟和李垣（2011） | 制度视角 | 归纳分析 | 大型非国有企业最利于企业家精神的发展，而大型国有企业则限制了企业家精神的发挥，小型企业则因所有制的差异对企业家精神的发展各有利弊 |
| 杨勇和朱乾（2011） | 制度视角 | 面板固定效应分析 | 创新思想和人力资本是企业家创业活动的基础，金融发展水平的提高有利于提高企业家创业的金融可得性，法治发展是企业家创业成功的基本保证 |

## 二、企业家精神形成的影响因素：市场视角

### （一）企业家精神形成市场视角的国外研究

国外从市场视角对企业家精神影响因素的研究主要集中于探究市场各要素和环境变化对创业活动的影响。良好的市场效率和创新环境有助于创新型企业家的成长（Ali et al.，2020）。Omri（2020）指出经济增长在促进正式创业活动的同时抑制了非正式创业活动，Dau 和 Cuervo（2014）的研究表明经济自由化对两种创业活动都有积极影响。Gu 和 Qian（2018）的研究证实市场的风险投资活动能够促进创新创业。金融普惠缓解了企业家创业过程中的信用约束（Fan and Zhang，2017）。基础设施的建设和科技研发的投入同样有助于企业家创业精神的萌发（Kim et al.，2014；Audretsch and Hege，2015），但房价的上涨对创业活动存在显著的挤出效应（Li and Wu，2014）。人工智能技术和互联网运用的普及也为创业活动提供了新的机遇（Audretsch and Hege，2015；Fossen and Sorgner，2019）。国外从市场视角探讨企业家精神影响因素的研究如表 3-8 所示。

**表 3-8　企业家精神形成市场视角的国外经典研究**

| 自变量 | 因变量 | 控制变量 | 数据（地区、年份） | 理论基础 | 结论 |
|---|---|---|---|---|---|
| 地区失业率 | 创业倾向 | 企业家年龄、性别、是否为移民、收入、教育水平、创业技能 | 西班牙 2007~2010 年 | 商业周期理论、计划行为理论 | 经济衰退会导致企业家精神的衰退。创业活动减少是因为经济衰退期间个人的机会感降低 |
| 市场效率 | 市场驱动式创业（机会驱动创业、创新创业和企业创业） | 企业家年龄、性别，机会感知，技能认知，社会价值观，企业部门，企业所处地区 | 全球 44 个国家 2012~2017 年 | 制度理论 | 高质量的制度和更高的市场效率在利于创新型企业家成长的同时也阻碍了机会对创新创业行为的驱动。基本制度、市场效率和创新环境与企业创业正相关 |
| 治理水平（政治治理、经济治理和制度治理） | 正式创业、非正式创业 | 人口增长率、教育水平、国外投资水平 | 19 个新兴经济体 2001~2014 年 | 制度理论 | 经济增长对于正式（非正式）创业有着积极（消极）作用。治理水平在一定条件下增加正式创业，减少非正式创业 |
| 基础设施（公路、铁路、大学/科研机构和网络） | 创业活动 | 公司结构、创业必要性、企业文化、工作经历 | 德国 2000~2004 年 | 资源基础观 | 基础设施建设有利于创业活动的开展，网络相较于其他基础设施具有更显著的作用 |
| 房价年均增长率 | 创业行为 | 企业家婚姻情况、年龄、受教育程度 | 中国 2005 年 | 融资约束理论 | 房价对创业有非常显著的挤出效应 |
| 大学、政府和工业研发 | 创业行为 | 企业家受教育程度、税率、犯罪率、熔炉（指美国种族文化多元化）指数、房价、医疗保障水平 | 美国 2000~2004 年 | 资源基础观、社会资本理论 | 工业研发支出对促进地区创业行为起重要作用，大学和政府的研发活动与工业研发产生协同效应 |

续表

| 自变量 | 因变量 | 控制变量 | 数据（地区、年份） | 理论基础 | 结论 |
| --- | --- | --- | --- | --- | --- |
| 人工智能技术冲击下的失业风险 | 员工创业行为 | 员工性别、年龄、所处地区、所处行业、种族、受教育程度 | 美国 2011~2018年 | 风险规避理论 | 面临人工智能技术冲击时，员工倾向于成为法人企业而不是非法人企业的企业家。人工智能的发展为法人企业的创业提供了机遇 |
| 金融发展（国内信贷和储蓄动员） | 私人创业 | 通货膨胀水平、家庭消费支出 | 喀麦隆 1980~2013年 | 融资约束理论 | 金融发展的两大要素（国内信贷和储蓄动员）对私人创业有积极显著的影响。国内信贷、储蓄和家庭消费可促进私营企业家的诞生 |
| 经济自由化水平、治理水平 | 正式创业、非正式创业 | 人均GDP、GDP增长率、移民比例、年份 | 51个国家 2002~2009年 | 制度理论 | 经济自由化对正式创业和非正式创业都有积极影响。治理水平对正式创业有积极影响，但对非正式创业有消极影响 |
| 风险投资 | 创新创业、商业创业 | 企业规模、股权收益率、总资产净利率、总收入增长率、资产负债率 | 中国 2010~2015年 | 融资约束理论 | 风险投资促进创新创业，但对商业创业的促进作用并不显著 |
| 金融普惠 | 创业活动 | 国有企业集中度、商业自由度、市场规模、教育水平、城市化程度、基建水平、政府财政支出、年份、省份 | 中国 2005~2014年 | 融资约束理论 | 金融普惠通过减少信息不对称来缓解创业活动中的信用约束，而且这种效应在进入壁垒较低的行业中更为明显 |

（二）企业家精神形成市场视角的国内研究

袁红林和蒋含明（2013）利用系统广义矩估计法验证了市场化程度及外贸开放程度对我国企业家创业精神的促进作用；朱乾和杨勇（2014）通过空间计量分析指出，中国省域经济存在较强的空间溢出效应，市场化程度和区域企业家精神对经济增长具有显著的正效应；解维敏（2016）、程锐和马莉莉（2019）通过面板回归、两阶段动态 SYS-GMM 估计方法验证了我国地区市场化程度对企业家创新精神的作用（见表 3-9）。

**表 3-9 企业家精神形成市场视角的国内经典研究**

| 文献 | 理论视角 | 研究方法 | 关键结论 |
|---|---|---|---|
| 程锐等（2019） | 市场视角 | 固定效应分析 | 企业家精神显著促进制造业出口技术复杂度的提高，进而促进了制造业出口升级。金融危机强化了企业家精神对制造出口升级的促进作用 |
| 程锐和马莉莉（2019） | 市场视角 | 两阶段动态 SYS-GMM 估计 | 市场化改革和金融发展规模均能显著促进企业家精神；金融发展的不同方面对企业家精神的影响存在差异 |
| 解维敏（2016） | 市场视角 | 面板回归 | 我国地区市场化程度与企业家创新精神正相关，市场化能够推动企业家创新精神 |
| 程锐（2016） | 市场视角 | 面板回归 | 企业家精神与市场化对经济增长的协同效应大于企业家精神单项指标的影响；企业家精神存在双门限值，门限值越高的区间，企业家精神与市场化的协同效应越小 |
| 朱乾和杨勇（2014） | 市场视角 | 空间计量分析 | 中国省域经济存在较强的空间溢出效应，市场化程度和区域企业家精神对经济增长具有显著的正效应 |
| 李后建（2013） | 市场视角 | Hansen 门槛模型分析 | 腐败会打击企业家创新和创业精神；当经济体跨过市场化进程的门槛时，腐败对企业家创新和创业精神的打击力度会减小，甚至不明显 |
| 袁红林和蒋含明（2013） | 市场视角 | 系统广义矩估计法 | 市场化程度及外贸开放程度的不断提高有效促进了我国的企业家创业精神 |

## 三、企业家精神机制研究：综合视角

国内也有学者从综合视角对企业家精神的影响因素进行了探讨。朱乾等

(2012)、丁栋虹和张翔(2013)通过文献分析指出国内对于团队企业家精神的研究尚处于构念的评价与扩张阶段，研究层次虽然出现多元化趋势，但是单一层次的研究仍为主体。颜为民等(2015)、邵传林和张存刚(2016)、程俊杰(2016)、龙海军(2017)通过动态面板等实证方法验证了制度因素和市场因素对企业家精神的综合作用。张维佳(2017)、张玉利和谢巍(2018)、韩文龙(2019)等通过理论分析指出，要致力于有为政府和有效市场的有机契合(见表3-10)。

**表3-10　企业家精神形成综合视角的国内经典研究**

| 文献 | 理论视角 | 研究方法 | 关键结论 |
|---|---|---|---|
| 谢智敏等(2019) | 区域视角 | 因子分析 | 我国城市企业家精神的发展与城市经济发展水平密切相关，表现出较强的区域特征 |
| 李艳双和朱丽娜(2019) | 制度视角<br>市场视角 | 理论分析 | 认知偏差、社会舆论压力、不公平竞争等问题，制约了我国民营企业家发挥自身的企业家精神 |
| 李贵成(2019) | 制度视角<br>市场视角 | 归纳分析 | 创业环境、制度环境、文化环境、社会环境和市场环境的改善，有助于返乡农民工企业家精神的形成 |
| 韩文龙(2019) | 制度因素<br>市场因素 | 理论分析 | “技术进步—制度创新—企业家精神”这三者的创新组合主要通过提高资源配置效率和提高劳动生产率两种途径来促进经济增长 |
| 朱富强(2018) | 制度因素<br>市场因素 | 理论分析 | 要致力于有为政府和有效市场的有机契合，实现市场机制和政府机制的共进互补 |
| 张玉利和谢巍(2018) | 制度视角<br>市场视角 | 理论分析 | 加强对制度创业、企业家精神、创业机制等与工商管理紧密相关的课题的重视和研究 |
| 张维佳(2017) | 制度视角<br>市场视角 | 理论分析 | 促成国家制度层面保障激励与经营者层面内在创新的一致性、促成国有企业职业经理人市场培育与国有企业领导干部党性教育的一致性、促成市场内在机制与政府外在调控的一致性 |
| 韩磊等(2017) | 制度视角<br>市场视角 | 广义矩估计和结构方程 | 法律制度效率、金融市场化与外部制度环境的交互效应对企业家精神的影响均显著；金融市场化在法律制度效率与企业家精神的关系中发挥部分中介作用 |

续表

| 文献 | 理论视角 | 研究方法 | 关键结论 |
| --- | --- | --- | --- |
| 龙海军（2017） | 制度视角<br>市场视角 | 面板回归 | 政府行政管理质量、企业经营法治环境和金融环境质量对企业家创业精神存在不同影响 |
| 程俊杰（2016） | 制度视角<br>市场视角 | 动态面板 GMM 估计 | 制度质量的提高、市场化进程的推进对于企业家创新精神、创业精神以及企业家精神在生产性领域的配置具有显著的促进作用 |
| 邵传林和张存刚（2016） | 制度视角<br>市场视角 | 面板回归 | 法治水平提高到一定程度后，会显著促进企业家精神发挥 |
| 颜为民等（2015） | 制度视角<br>市场视角 | 面板回归 | 作为制度环境替代性变量的地区腐败、金融市场化均与企业家创新精神具有稳健的正相关关系 |
| 丁栋虹和张翔（2013） | 制度视角<br>市场视角 | 文献分析 | 国内对于团队企业家精神的研究尚处于构念的评价与扩张阶段，研究层次虽然出现多元化趋势，但是单一层次的研究仍为主体 |
| 朱乾等（2012） | 制度视角<br>市场视角 | 文献分析 | 企业家精神在社会各个层面同时发生并产生影响，其研究的主体、驱动因素、后果以及外部环境均具有层面性，目前的大部分文献均只针对特定层面的企业家精神问题进行研究，研究结论无法推广到其他层面 |

## 四、文献评述

现有研究存在不足：国内对于企业家精神的研究尚处于构念的评价与扩张阶段，研究层次虽然出现多元化趋势，但是单一层次的研究仍为主体，定量研究居多，定性研究则多是进行文献回顾、案例分析，研究主题主要集中在核心概念明晰、理论范式构建、作用机制探讨以及团队企业家精神与其他变量的相关性分析等方面。然而，企业家精神在社会各个层面同时存在并产生影响，其主体、驱动因素、后果以及外部环境均具有层面性，目前的大部分文献均只针对特定层面的企业家精神问题进行研究，研究结论无法推广到其他层面。未来多层次、多视角地研究中国情境下团队企业家精神形成的内在机理是一大趋势。

我们为此从企业家精神培育的驱动机制（市场与制度双螺旋视角）、企业家精神培育的层面（个体、组织与社会的互动视角）、企业家精神培育的路径（扩散与反馈的回路建设）和企业家精神培育机制四个方面对影响企业家精神的“制度—市场”双螺旋机制进行了提炼和探索，进而形成了我们的双螺旋思维。

# 第四章　我国企业家精神形成的路径及机制研究

## 第一节　企业家精神形成的“制度—市场”双螺旋机制

### 一、数据来源

本节从《2018 中国企业家 100 人》这篇文章提到的 100 名优秀企业家中选取马云、陶华碧、刘永好等 8 位具有代表性的企业家进行分析，这 8 位企业家的信息具体如表 4-1 所示。

**表 4-1　8 位代表性企业家的信息**

| 企业家 | 性别 | 出生时间 | 企业 | 成立时间 | 行业 |
|---|---|---|---|---|---|
| 陶华碧 | 女 | 1947 年 | 老干妈 | 1996 年 | 食品 |
| 马云 | 男 | 1964 年 | 阿里巴巴 | 1999 年 | 互联网 |
| 王石 | 男 | 1951 年 | 万科 | 1984 年 | 地产 |
| 任正非 | 男 | 1944 年 | 华为 | 1987 年 | 通信 |
| 刘永好 | 男 | 1951 年 | 新希望 | 1982 年 | 农业 |
| 张瑞敏 | 男 | 1949 年 | 海尔 | 1984 年 | 家电 |
| 李书福 | 男 | 1963 年 | 吉利 | 1986 年 | 汽车 |
| 李东生 | 男 | 1957 年 | TCL | 1981 年 | 信息技术 |

资料来源：对企业家的人物传记、相关研究文献及新闻报道整理所得。

## 二、研究方法

### （一）开放式编码

开放式编码也称初始编码、一级编码，它的过程类似于漏斗，在收集大量和广泛的原始资料之后，保持开放的态度，不断浓缩，达到编码饱和的效果，最后用简短的词语或者断句进行高度概括。开放式编码的过程是先对原始语句进行提取，标签化定义现象，它们是一个个独立的事件；接下来是概念化，可以用原文出现的短语，也可以用研究者自己的话初步形成概念，同时思考这些概念属于哪个范畴，它表明了什么现象，这些现象产生的原因是什么，为下一步做准备；最后是进行范畴化，相对于上一步更加抽象，不如概念化贴近原始语句，而是将许许多多的概念围绕某一中心集合起来形成概念群，进行最贴切、最能反映事实的编码，这个编码可以是一些专有名词、学术文献中出现的权威词汇、由受访者的原话提炼出的短语，也可以是研究者客观准确的概括。

基于以上研究过程，本节对 8 位具有代表性的企业家的原始资料进行提取，定义现象用 ai 表示，概念化用 aai 表示，范畴化用 Ai 表示。最终共得到 151 个概念，11 个范畴，这些范畴分别是：政治体制、法律制度；市场化程度、行业发展、技术水平、市场需求；家庭背景、个性性格、实践经历、素质（工作能力和品质品德）、观念信仰（见表 4-2）。

**表 4-2 企业家案例资料的开放式编码分析举例**

| 原始资料 | 定义现象（ai） | 概念化（aai） | 范畴化（Ai） |
|---|---|---|---|
| 陶华碧由于家里贫穷（a1），从小到大没读过一天书（a2）。20 岁时，她嫁给了 206 地质队的一名队员，但没过几年，丈夫就病逝了，扔下了她和两个孩子（a3）。为了生存，她去外地打工和摆地摊（a4） | a1 家里贫穷 | aa1 家境贫困 | A1 家庭背景 |
| | a2 没读过书 | aa2 受教育程度低 | A2 实践经历 |
| | a3 丈夫病逝留下两个孩子 | aa3 养家糊口 | A2 实践经历 |
| | a4 去外地打工和摆地摊 | aa4 多份工作 | A2 实践经历 |

续表

| 原始资料 | 定义现象（ai） | 概念化（aai） | 范畴化（Ai） |
|---|---|---|---|
| 1989年，陶华碧用省吃俭用积攒下来的一点钱（a5），在贵阳市南明区龙洞堡的一条街边，用四处捡来的砖头盖起了一间房子（a6），开了个简陋的餐厅（a7），取名“实惠饭店”，专卖凉粉和冷面。为了佐餐，她特地制作了麻辣酱（a8），专门用来拌凉粉，结果生意十分兴旺（a9）。有一天早晨，陶华碧起床后感到头很晕，就没有去菜市场买辣椒，谁知，顾客来吃饭时，一听说没有麻辣酱，转身就走。这件事对陶华碧的触动很大。她一下就看准了麻辣酱的潜力（a10），从此潜心研究起来（a11）。经过几年的反复试制，陶华碧制作的麻辣酱风味更加独特（a12）。很多客人吃完凉粉后，还买一点麻辣酱带回去，甚至有人不吃凉粉却专门来买她的麻辣酱。后来，她的凉粉生意越来越差，而麻辣酱却做多少都不够卖（a13） | a5 省吃俭用 | aa5 节约节俭 | A3 素质 |
| | a6 用捡来的砖头盖房子 | aa1 家境贫困 | A1 家庭背景 |
| | a7 开了个简陋的餐厅 | aa6 开餐厅 | A2 实践经历 |
| | a8 特地制作了麻辣酱 | aa7 制作麻辣酱 | A3 素质 |
| | a9 结果生意十分兴旺 | aa8 生意兴旺 | A2 实践经历 |
| | a10 看准了麻辣酱的潜力 | aa9 麻辣酱有市场需求 | A4 市场需求 |
| | a11 潜心研究 | aa10 学习研究 | A3 素质 |
| | a12 制作的麻辣酱风味更加独特 | aa11 产品研发创新 | A2 实践经历 |
| | a13 麻辣酱却做多少都不够卖 | aa12 产品不够卖 | A4 市场需求 |

注：表格数据过于庞大，仅截取一部分做举例之用。

### （二）主轴编码

主轴编码也称二级编码、关联式登录，在上一步的开放式编码之后，得到了相互独立的范畴，为进一步明确范畴与范畴之间的关联、关系，需深层次挖掘概念之间的内在逻辑。

依据上述描述，本节对开放式编码得到的11个范畴进行提炼、归纳，将法律制度和政治体制归类于制度因素；市场化程度、行业发展、技术水平和市场需求归类于市场因素；家庭背景、个性性格、实践经历、素质、观念信仰归类于个人因素。因此，最终得到三个主范畴，分别是制度因素、市场因素、个人因素（见表4-3）。

**表 4-3 主轴编码：主范畴、副范畴及内涵**

| 主范畴 | 副范畴 | 内涵 |
|---|---|---|
| 制度因素 | 法律制度 | 为规范市场与行业秩序制定法律法规，以保护企业家合法权益 |
| | 政治体制 | 社会制度改革、国家政策发布、政府支持行为 |
| 市场因素 | 市场化程度 | 经济形势、政府市场关系、市场开放程度 |
| | 行业发展 | 行业市场容量，市场是否饱和 |
| | 技术水平 | 市场现在的产品研发技术水平 |
| | 市场需求 | 消费者是否对产品有需求 |
| 个人因素 | 家庭背景 | 成长环境、父母影响、家庭经济水平等 |
| | 个性性格 | 形容这个人的特点、特征 |
| | 实践经历 | 受教育程度、以往工作经历、工作获得的突出成绩或突破性进展 |
| | 素质 | 学习能力、工作业务能力、思想品德素质 |
| | 观念信仰 | 精神层面，世界观、人生观、价值观 |

### （三）选择性编码

选择性编码又称三级编码、核心式登录，在明确主范畴与副范畴关系的基础上，进一步对比、分析、提炼总结出核心范畴，寻找主范畴和核心范畴之间的内在逻辑，并建立关系、关联。

依据上述描述，本节对比制度因素、市场因素、个人因素三个主范畴，提取出“企业家精神形成”这个核心范畴，研究发现，制度因素是企业家精神形成的保障和约束因素，市场因素在企业家精神的形成过程中起支持作用，个人因素则是企业家精神形成的主要影响因素，具有主导作用（见表 4-4）。

**表 4-4 主范畴与核心范畴的关系结构及内涵**

| 典型关系 | 关系结构 | 关系结构内涵 |
|---|---|---|
| 制度——企业家精神 | 保障与约束作用 | 制度是经济发展与市场发展的保障，对于扰乱市场经济的行为进行法律约束 |
| 市场——企业家精神 | 支持作用 | 市场化和市场需求等支持了企业家创业等一系列企业家活动 |
| 个人——企业家精神 | 主导作用 | 企业家个人的性格个性、实践经历等促使企业家精神形成 |

## 三、讨论

### （一）制度因素

制度因素包括法律制度和政治体制两方面。法律制度是一个国家或地区用来规范和管理各方面行为的原则、规则、行动准则。在本节的编码结果中，法律制度体现为公司治理过程中的守法或违法行为、公司经营过程中的法律约束、行业监管以及一些经济法律制度。政治体制是一个比较宏观的概念，它不仅包括国体、政体，还包括政治结构、政治功能、政治制度、政治过程和政治文化。我国是工人阶级领导的、以工农联盟为基础的人民民主专政的社会主义国家，社会主义制度是中华人民共和国的根本制度，社会主义市场经济就是同社会主义基本社会制度结合在一起的市场经济，体现社会主义的根本性质。在本节的编码结果中，政府与企业的关系、政府行为、一些机制体制改革均属于政治体制这个范畴。

在阅览、整理、总结文献的过程中我们发现，企业家精神的孕育和激发离不开制度层面的大环境，如改革开放经济特区的设置促成了良好的商业环境和科技发展氛围，带动一批中小企业发展，从而促进了经济增长。在这样的大环境中，企业家逐渐形成追求创新、强烈的社会责任感等优秀的企业家精神。制度大环境促进了市场的形成和企业家活动的开展，是企业家精神形成的前提，起保障和制约作用，企业家精神也是在推动大环境完善的过程中得到激发的。

改革开放40多年来，中国特色社会主义理论体系下的社会主义市场经济体制不断完善，为民营企业和民营企业家的发展保驾护航，机制体制改革引导和激励了企业家开展创新、创业活动，可以说很多企业的成长都伴随着体制改革。政府对于企业的支持，或提供知识产权法律保护，或对民营企业经营活动的许可批准，都使企业家精神得到激发释放。与此同时，法律也对企业家精神进行了约束，对于企业家一些不合法、不正当的行为进行惩罚、规范，形成了良好的市场环境，增强了企业家的社会责任感，更有利于优秀的企业家精神的形成。制度因素对企业家精神的影响结构如图4-1所示。

### （二）市场因素

市场因素包括市场化程度、行业发展、技术水平、市场需求四个方面。市场化程度是指市场在资源配置中所起作用的程度，体现了市场化发展水平，本节中表现为市场与政府的关系、非国有经济的市场化发展进程、企业市场化管理模式、企业的资源配置状况等方面。行业发展是指某特定行业的发展情况以及未来前景，主要表现为某些新行业的兴起、行业内部改革状况、行业的市场容量、行业甚至产业差距。技术水平指企业所拥有的知识，源于企业的技术学习，表现为市场现在的产品研发技术水平，如生产某些特定产品所需要的专利技术。市场需求的含义是消费者对于某种商品、服务愿意并且能够购买的数量，本节中表现为市场细分、销售情况，以及企业家对于机会的识别和把握等。

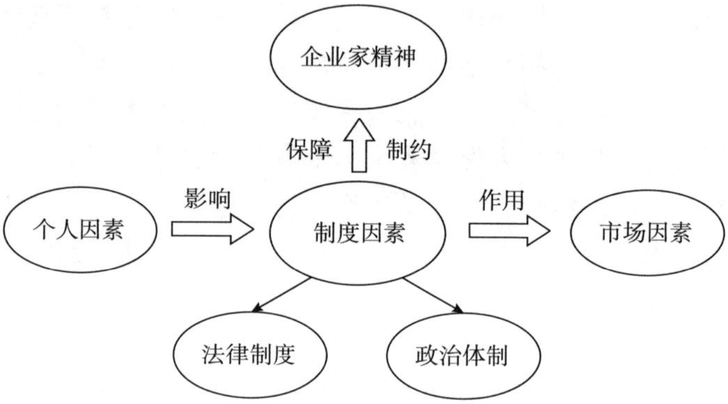


**图 4-1　制度因素对企业家精神的影响**

由资料分析可总结得出，制度因素作用于市场环境，使市场合理地发挥效能，市场化程度、行业发展、技术水平、市场需求这些外部因素促使企业家进行企业经营活动，更好地把握市场需求，进行机会识别，合理配置资源，对企业家精神的形成起到支持作用。为了达到市场产品供给和消费者需求的平衡，使成本最小化、利益最大化，企业家活力得到激发，企业家精神随之迸发。与此同时市场的环境因素也反作用于制度大环境，促进制度完善，从而形成制度和市场互相促进、共同发展的良性循环，推进优秀企业家精神的培育、形成和发展。

经济增长迅速，市场化程度逐渐加深，市场机会随之迸发，产品的生产刺激消费，形成市场需求，这种需求将进一步鼓励企业家进行生产，开展一系列的企业家创新、创业活动。行业的发展、同行业竞争者数量、行业是否还有发展潜力，都影响着企业家的战略选择与决策，行业的发展可能会促使企业家不断涉足新的行业，加快产业转型升级。科学技术是第一生产力，技术创新是企业发展的核心与原动力，企业家不断的技术创新将带动战略创新、人才创新，促进企业成长。市场开放程度高，企业进入市场的门槛低，对于企业家活动来说是一种激励和支持，可激发市场活力，使企业家精神迸发。市场因素对企业家精神的影响结构如图 4-2 所示。

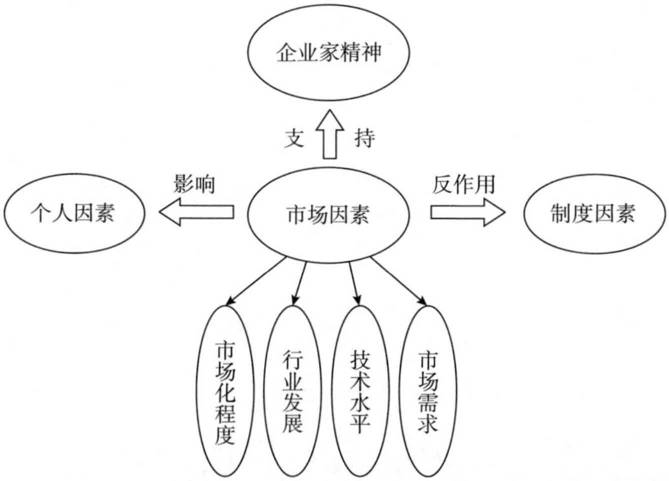


**图 4-2 市场因素对企业家精神的影响**

（三）个人因素

个人因素包括家庭背景、个性性格、实践经历、素质和观念信仰五部分。家庭背景指成长和生活环境、父母受教育程度或工作经历带给子女（企业家）的一些影响，以及家庭的经济水平等不能够由子女（企业家）决定的因素。个性性格指企业家的性格特征、个人独有的鲜明特点，表现为企业家为人处世的行事风格。实践经历则包括企业家本人受教育程度、工作经历，以及工作获得的突出成绩或突破性进展等其他促成其精神形成的实践活动。素质包括企业家的学习能力、思想品德素质（如是否具有担当精神、是否具有社会责任感、英雄主义精神等），以及企业家的工作业务能力素质，表现为是否具有创新精神、团队合作精神、领导才能等。观念信仰则涉及企业家的精神层面，其认识对实践的能动反作用。

家庭背景、个性性格、实践经历、素质和观念信仰均是最基本，起决定性、关键性作用的内在因素，相对于制度因素和市场因素，个人因素起主导作用。个人会受到制度因素和市场因素的影响，进行一系列的实践活动，管理公司每一步的决策都是企业家精神的体现。也就是说，每个人独特的背景、性格、经历促使了不同的企业家精神的形成。企业家的家庭背景可能会给企业家提供创业支持，个性性格决定了企业家领导的方式、风格，体现在他为人处世、工作、生活的各个方面。无论是失败的工作经历，还是做出了一定的成绩，都为接下来企业家进行的创业活动提供了方向指导。信仰是企业家精神的灵魂，企业家的信仰会使企业家坚定信念，一步一步完成既定目标，为企业愿景奋斗，在活动中形成企业家精神。个人因素对企业家精神的影响结构如图4-3所示。

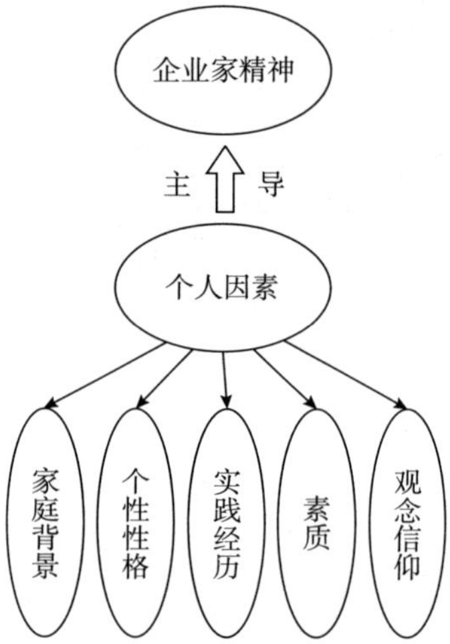


**图 4-3　个人因素对企业家精神的影响**

## 四、小结

制度因素是企业家活动开展、企业家精神形成的环境先导因素，法律制度和政治体制决定了经济发展的背景。法律制度营造了良好的市场氛围，既保护了企业家的合法权益，也在一定程度上制约了企业家的不良行为，减少了违法事件的发生；政治体制是政治制度的体现，在政治体制的保障和约束下企业家精神得以形成。市场因素是影响企业家精神形成的外部因素，起到支持作用，行业发展、技术水平都影响了企业家对企业发展战略的选择。制度因素在一定程度上作用于市场环境，而市场环境也反作用于制度因素。个人因素是起主导作用的内部因素，受到制度因素和市场因素的影响，企业家的实践经历、个性性格决定了他是一个什么类型的领导，进而形成不同的企业家精神。据此，本节构建出如图4-4所示的企业家精神影响因素模型。

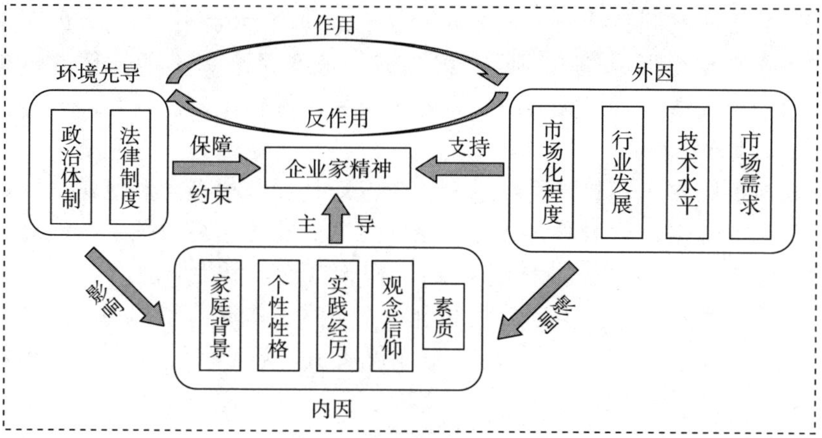


图 4-4　企业家精神的影响因素模型

## 第二节　企业家精神形成的“机会—形成—扩散”机制

### 一、数据来源

本节以“企业家精神”“机会”“制度”“市场”为关键词在 CSSCI、SSCI 数据库进行搜索，时间设定为 2000~2019 年，经筛选初步得到 141 篇相关文献，并辅以图书馆书籍及政府政策作为主要数据来源探索企业家精神的形成机制，最终共得到编码语句 763 条。

### 二、研究方法

当某一理论概念的内涵和外延尚不明确时，质性研究要比量化研究更为适合，特别是基于扎根理论研究方法的质性研究（左小德等，2015）。鉴于当前对于企业家精神的影响因素和形成机制并不明确，所以扎根理论研究方法更适合本节的研究。

扎根理论由 Glaser 和 Strauss 于 1967 年提出，其核心思想是在对数据进行持续比较和理论抽样的过程中建立理论基础。与实证主义者将数据收集和分析分成两步的做法不同，扎根理论把数据收集和理论形成看作是两方的互动，也就是“收集数据—形成理论—再收集数据—完善理论”不断循环的过程。其主要包括三个步骤：开放式编码、主轴编码和选择性编码。

（一）开放式编码

开放式编码要求对数据资料进行比较进而初步获得概念和范畴，所以本节通过对获得的数据进行编码，分析每条信息与企业家精神的关系，最终共得到763条原始语句及相应的初始概念。由于初始概念非常庞杂且存在一定程度的交叉，而范畴是对概念的重新分类组合，本节进一步对获得的初始概念进行范畴化（见表4-5）。因篇幅所限，表4-5仅展示了部分初始范畴及原始语句。

**表4-5　开放式编码范畴化**

| 范畴 | 原始资料语句（初始概念） |
|---|---|
| 市场机会窗口 | 创业机会就是对不完全的产品市场或者要素市场进行开发的可能性，以使创新、改善或模仿的产品、服务、原材料或组织方法在这些市场上被提供（创业机会是市场开发的可能性） |
| | 打破市场平衡是机会产生的原因，市场失衡引起需求偏好的变化，机会在需求变化中产生（机会源自市场失衡） |
| | 行业的发展为新企业的创立提供了机会，同时新企业也为行业的发展提供了发展动力（机会源自行业发展） |
| 机会评估 | 更多的市场、技术或政策信息和知识能够降低主体对机会的感知风险，积极影响主体对新发现机会的评估（机会评估受市场影响） |
| | 在机会的选择阶段，个体需要依靠环境中的信息和资源对机会做出评估，判断机会的价值、稀缺性、不可复制性、竞争地位等，以此来确定机会与个体的关联程度（机会评估受个体影响） |
| | 机会识别和机会评估是有区别的两个阶段，机会识别先于机会评估（机会评估过程） |
| 政治政策 | 由于政治、社会及其他因素在不断变化，因此市场时刻处于不稳定、不均衡状态，这为人们发现新的盈利机会提供了可能（政治原因） |
| | 更多政策信息能够降低主体对机会的感知风险，积极影响主体对新发现机会的评估（政策信息） |
| | 如果政策制度倾向于生产性活动，鼓励创业和创新，则人们将更多地参与到这些活动中，从而影响一国或地区的企业家精神（政策制度） |

（二）主轴编码

主轴编码过程要进一步聚焦和整理初始范畴，发现它们之间的潜在联系或因果关系，从而发展出主范畴及对应范畴。通过主轴分析，本节共归纳出 9 个主范畴，具体主范畴及其对应的初始范畴如表 4-6 所示。

**表 4-6　主轴编码形成主范畴**

| 主范畴 | 对应范畴 | 关系的内涵 |
|---|---|---|
| 存在机会窗口 | 市场机会窗口 | 市场的失衡与不完全性带来了丰富的市场机会 |
| | 政策机会窗口 | 国家政策的变化、新政策的制定带来了丰富的政策机会 |
| 机会匹配 | 个人特性与市场机会窗口匹配 | 企业家个人特性与市场机会窗口匹配的过程 |
| | 个人特性与政策机会窗口匹配 | 企业家个人特性与政策机会窗口匹配的过程 |
| 机会解锁 | 机会窗口识别 | 机会窗口识别是机会解锁的第一步，要求企业家发现隐藏在制度与市场中的机会 |
| | 机会窗口评估 | 机会窗口评估是机会解锁的第二步，要求企业家衡量自身和外部资源，从而判断进一步开发识别到的机会的可能性 |
| | 机会窗口利用 | 机会窗口利用是机会解锁的第三步，要求企业家不断将资源与机会匹配，使机会付诸实践 |
| 制度环境 | 政治政策 | 国家政治政策的制定会影响机会的产生、机会的解锁以及企业家精神的形成 |
| | 法律制度 | 国家法律制度的制定会影响机会的产生、机会的解锁以及企业家精神的形成 |
| | 金融制度 | 国家金融制度的制定会影响机会的产生、机会的解锁以及企业家精神的形成 |
| | 文化氛围 | 一国所形成的创新创业的文化氛围会影响机会的产生、机会的解锁以及企业家精神的形成 |
| 市场环境 | 政府角色 | 政府在市场环境中扮演着重要的角色，其行动会影响机会的产生、机会的解锁以及企业家精神的形成 |
| | 开放水平 | 一国的市场开放水平会影响机会的产生、机会的解锁以及企业家精神的形成 |
| | 要素与产品 | 一国产品与要素市场的流动情况会影响机会的产生、机会的解锁以及企业家精神的形成 |
| | 经济发展 | 一国的经济发展状况会影响机会的产生、机会的解锁以及企业家精神的形成 |
| | 行业状况 | 一国的行业发展状况会影响机会的产生、机会的解锁以及企业家精神的形成 |

续表

| 主范畴 | 对应范畴 | 关系的内涵 |
| --- | --- | --- |
| 传统企业家精神 | 风险承担精神 | 传统意义上的企业家精神 |
| | 创新创业精神 | |
| | 机会识别精神 | |
| 新企业家精神 | 工匠精神 | 新时代下的企业家精神 |
| | 爱国精神 | |
| | 敬业精神 | |
| 扩散维度 | 个人层企业家精神 | 企业家个体拥有的企业家精神 |
| | 组织层企业家精神 | 组织中形成的企业家精神 |
| | 社会层企业家精神 | 社会中形成的企业家精神 |
| 扩散机制 | 横向扩散机制 | 企业家精神通过重复互动、主动搜寻，借助社会网络关系，在个体层、组织层和社会层内部从不稳定状态向稳定状态转化 |
| | 纵向扩散机制 | 企业家精神通过交流、学习与模仿、提炼与编码，借助社会网络关系，实现从个体层向社会层的转移 |
| | 辅助扩散机制 | 企业家精神利用约束与激励、强化与弱化、扩散与反馈、宽化与广化辅助扩散 |

### （三）选择性编码

选择性编码要在分析和整合主范畴的基础上，从系统的角度提炼出核心范畴。此外，还要把核心范畴与主范畴及其他范畴连接起来，最终形成理论。通过对 9 个主范畴进行梳理和比较发现，存在机会窗口、机会匹配和机会解锁反映出企业家精神的形成源于对机会的把握和探索，故将其归入“机会过程”这一核心范畴。类似地，归纳出其他三个核心范畴：“制度与市场双螺旋”，包括制度环境和市场环境两个主范畴；“企业家精神形成”，包括传统企业家精神和新企业家精神两个主范畴；“企业家精神扩散”，包括扩散维度和扩散机制两个主范畴。

基于此，四个核心范畴的关系结构如图 4-5 所示，在不断变化的制度环境和市场环境中存在着许多机会窗口，这些机会都是客观存在的，不同的企业家正是因为发现了机会窗口的存在，并在个人特质的影响下进行机会解锁，才形成了不同历史阶段下不同的企业家精神，进而在个人层、组织层和社会层扩散。

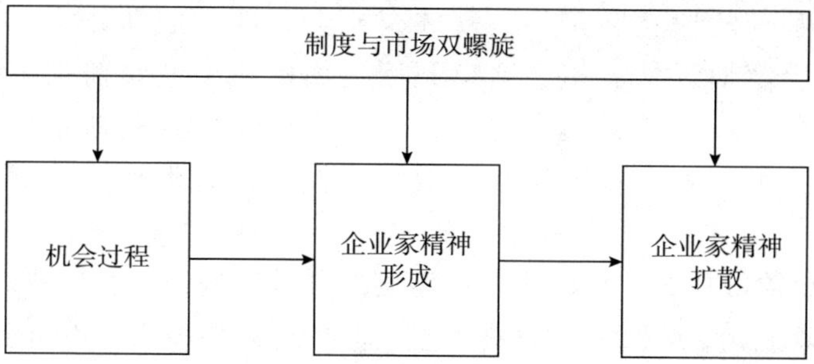


图 4-5 核心范畴的典型关系结构

最终，本节共形成 4 个核心范畴，9 个主范畴和 28 个副范畴，如图 4-6 所示。

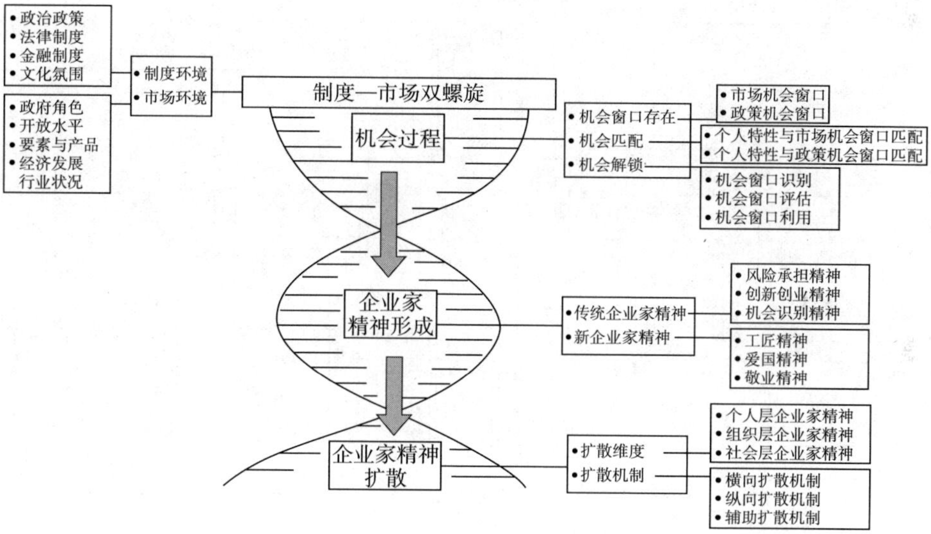


图 4-6 核心范畴、主范畴及副范畴

## 三、讨论

依据编码及分析结果，本节总结出企业家精神的培育机制，如图 4-7 所示。这一机制主要包括三个阶段：①机会窗口存在与匹配阶段：机会窗口隐藏在初始的制度和市场环境中，企业家将个人特性与机会窗口进行匹配。②机会解锁阶段：匹配失败就放弃机会，匹配成功则进入包括机会窗口识别、机会窗口评估、机会窗口利用在内的机会解锁阶段。③企业家精神形成与扩散阶段：通过机会解锁，个人企业家精神初步形成，并在横向维度和纵向维度上朝着社会层面扩散和反馈，最终形成一个有机的企业家精神系统。

在每一个阶段中，制度和市场以螺旋的方式影响企业家精神。一方面，制度给予企业家规则，告知在他们在创业活动中可以做什么、不可以做什么；另一方面，市场给予企业家平台，让他们有发现机会、相互竞争的空间。两者通过相互影响、盘旋上升，最终决定了成功企业家的精神特点，将不符合环境的企业家淘汰出局。

下文将结合制度和市场的螺旋影响对每一个阶段做出介绍。

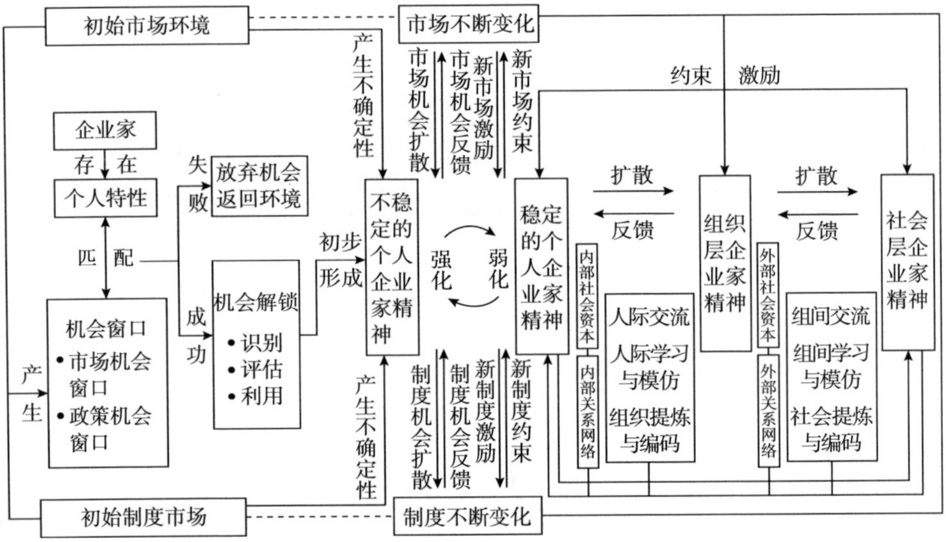


**图 4-7 制度—市场双螺旋下的“机会窗口—机会解锁—企业家精神扩散”机制**

（一）机会窗口存在与匹配阶段

制度和市场是机会窗口的来源。在初始制度环境和市场环境的螺旋影响下，会产生两类机会窗口，即市场窗口和政策窗口。

国家在某个时期的制度安排是创业机会的重要来源。无论是正式制度还是非正式制度，都在有形和无形中给予企业家以合法性要求。制度的变化不是一蹴而就的，个人、社会和国家无法在一夜之间改变自身的行为来达到制度的要求。于是在新旧制度的转变过程中，必然存在着“差势”，这些“差势”就是政策机会窗口涌现的源泉。完善的制度环境加快了地区间的信息流动，促进了创业机会的诞生。

市场失衡是机会另一重要来源。在市场这张巨大而无形的网络中，市场主体通过创业活动将网络中的节点连接起来。但是，当某些因素打破市场的平衡、许多交易在市场上无法达成时，市场内部就会产生新的节点或断点，每个节点或断点之间的一系列连接就是企业家开展创业活动的机会窗口。

根据认知领域的结构匹配理论（Gentner，1983），在某一情境中先前获得的解决源问题的知识和技能会向另一个领域的问题迁移，它强调了类比对象之间的表面相似性和结构相似性对类比推理的决定性作用（张爱丽，2009）。当企业家发现制度和市场中存在的机会窗口后，他会考虑这些市场窗口、政策窗口与其个人特性的相似程度或结构匹配程度，这些个人特性包括先前的知识和经验、社会网络关系、学习能力、个人特质、性别年龄。例如，企业家过去在相关领域积累的行业知识、创业经验及通过教育和培训获得的各类知识都能强化其对机会信息的敏感性，当需要这些知识和经验的机会窗口来临的时候，企业家就能先人一步，更精准地进行匹配。

（二）机会解锁阶段

当企业家的个人特性与机会窗口匹配失败时，企业家便会放弃这一机会，返回到制度环境和市场环境中等待下一个机会窗口的来临，而一旦匹配成功，企业家就会对匹配到的机会进行解锁。

机会解锁过程的第一步是机会窗口识别，它指的是企业家对所匹配到的创业线索进一步进行捕捉和框定，这一过程会受到个人特性的影响。比如，5G时代的来临是一个技术机会窗口，而这项新兴技术能否被识别为创业机会取决于企业家对该技术的捕捉和框定。在通信企业家的认知范围内，这是可以获取利润、实现理想的绝好机会，然而对于餐饮行业的企业家而言5G技术窗口的打开却可能没有用武之地。当机会被识别出来后，企业家要对机会进行评估，这是机会解锁的第二个步骤，它联结了机会识别到机会利用的内部过程，明确了机会识别端口到机会利用端口会产生哪些认知（凌斌、王重鸣，2013）。认知的偏差是机会评估和筛选不切实际的重要原因，如果企业家过分乐观、低估了创业的风险，就会导致创业屡屡受挫（Haynie et al.，2009）。机会解锁的最后一步是机会窗口利用，企业家通过整合现有的人力、物力、财力等资源，与环境中的诸多利益相关者（投资者、供应商、顾客、员工等）进行社会互动，从而将商业机会落到实处。

此外，机会解锁过程同样会受到制度和市场的螺旋影响。一方面，市场是企业家进行机会解锁的场所。自由的市场意味着贸易的开放、生产要素的优化配置和产业的集中，这为企业家进行机会窗口识别提供了丰富的信息来源。在评估机会利用的可能性时，企业家会对获取现有资源和创新资源的难易程度进行对比，市场的完善加速了信息的流动，能一定程度地降低获取资源的困难性。企业家在机会利用的过程中不能仅依靠现有资源，还需要获取外部资源攻克难关，完善的市场环境能够使企业家利用机会获取所需要的各类资源，帮助企业家进行创业活动，形成企业家精神。另一方面，制度则为机会解锁过程提供了合法性的要求。政府制定的对于企业家有利的诸多政策降低了市场的不确定性，也减少了企业家在市场中进行机会窗口识别、机会窗口评估、机会窗口利用的成本。此外，“大众创业、万众创新”的文化氛围的形成，会进一步刺激企业家对识别到的机会加以利用。

总之，在制度和市场的影响下，企业家会对机会进行识别筛选，剔除无法继续利用的机会，而将可以通过利用自身资源和外部资源进行开发的机会保留下来、付诸实践。在这一过程中，个人企业家精神初步形成，但由于制度环境和市场环境存在不确定性，因此经过机会解锁初步形成的个人企业家精神是不稳定的，需要进一步锻造。

（三）企业家精神形成与扩散阶段

企业家第一次进行窗口匹配和机会解锁可能是随机或无意识的，也许是“碰巧”诱发了创业想法进而产生了创业行为，所以这种精神非常不稳定，具体表现为持续性不久、易与环境中的不确定性因素发生反应而减弱，甚至会被企业家忽视而消失殆尽。此外，制度和市场的不完善，使企业家在搜寻机会、解锁机会的过程中没有足够的资源做支撑。但这一不稳定的企业家精神也并非毫无用处，而是会成为一个信号或是暗示留存给企业家。随着时间的推移，制度环境和市场环境会发生变化。新的制度环境和市场环境会对企业家精神形成新的激励和约束，其中也会产生新的机会窗口，企业家在接收到新的窗口信号后，会重新按照从机会窗口识别到机会窗口评估再到机会窗口利用的流程进行多次机会解锁，并在与环境的互动中把解锁到的有用信息反馈给制度和市场环境。无论最终创业成功还是失败，都会对先前留存的信号或暗示产生激励作用，从而带来机会解锁的连锁反应。最终，不稳定的个人企业家精神在连锁反应中不断被强化和弱化，形成较为稳定的个人企业家精神。

在这个过程中，形成个人—组织—社会的企业家精神扩散过程，如图 4-8 所示。具体而言，企业家精神的形成和扩散过程会在横向和纵向两个方向同时进行。横向机制是指个体、组织、社会三个层面内部，企业家精神从不稳定状态向稳定状态转化。纵向机制是指个体、组织、社会三个层面之间，企业家精神被持有的范围不断扩大，最终实现从个体向社会的转移。此外，在每一个方向之下还运行着四个辅助机制，即约束与激励、强化与弱化、扩散与反馈及深化与广化。以下将分别对横纵两个机制和四个辅助机制加以说明。

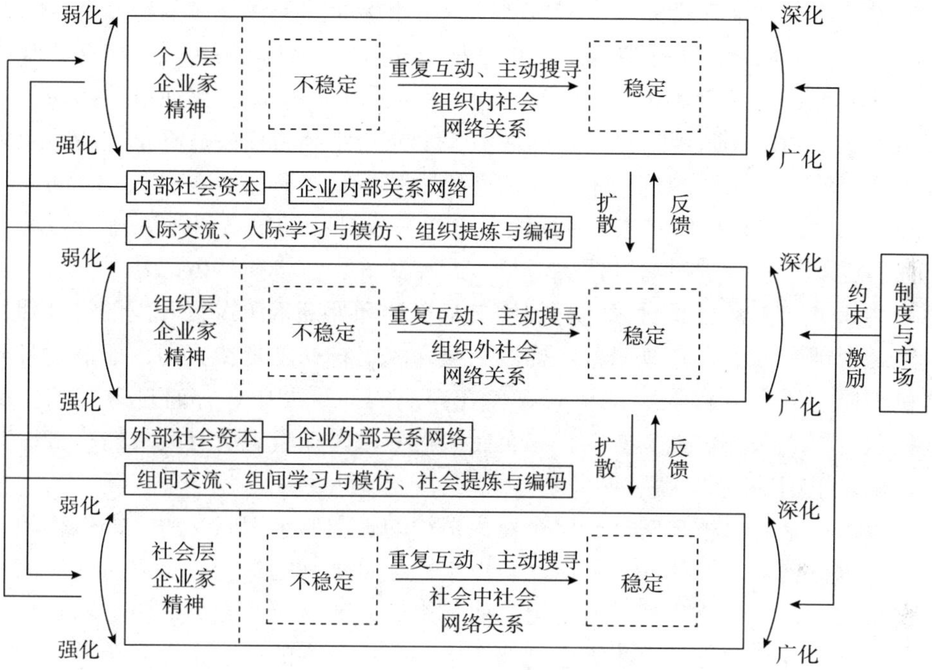


**图 4-8　个人—组织—社会的企业家精神扩散机制**

1. 纵向机制

（1）方式——交流、学习与模仿、提炼与编码。

知识扩散理论认为，知识扩散行为是一种特殊的交流方式，促成了新技术、新思想的传播（Rogers，1983）。Hansen 等（1999）通过研究多家知名公司后发现社会管理知识扩散有两种主要途径，即人际交流和编码化。陈国权等（2013）则利用五个典型案例对跨层次社会学习模型进一步进行分析和检验，发现除了人际交流与知识编码化以外，社会流程化也是社会知识扩张、发散的一个重要方法和途径。Monteiro 和 Birkinshaw（2017）通过对一家跨国公司长达 7 年的纵向研究，发现了包括“翻译”“配对”“转化”在内的识别、利用外部知识的过程。虽然这些研究是基于个体、团队和企业层面的，但我们认为，企业家精神在个人、组织和社会之间的扩散同样可以借鉴这一过程，在当前研究的基础上，我们认为个人层企业家精神向组织层企业家精神的扩散始于人际交流、人际学习与模仿、组织提炼与编码；组织层企业家精神向社会层企业家精神的扩散始于组间交流、组间学习与模仿、社会提炼与编码。

个人层企业家精神向组织层企业家精神的扩散始于人际交流，即人与人之间通过谈话、讨论进行的信息交换活动。由于企业的创建往往是依靠企业家一个人或是创业团队的几个人来完成的，所以企业家精神最初会禁锢在这些个体身上。但随着这些个体在组织中和其他社会成员互动交流，比如口头沟通、书信沟通或是利用互联网工具进行沟通等，个人企业家精神会沿着正式的组织结构进行流动。在流动的过程中，新知识和旧知识相互碰撞、重组（Choudhury，2017），人们再以表象的方式在意识中再现，或是借助语言符号系统进行思维表征，这就是人际学习与模仿。但是，人际交流、学习和模仿都是企业家与其他社会成员的一种自发行为，它没有方向，也不可控，难以固化下来。这时，组织的管理者将个人企业家精神提炼、编码成组织的制度和流程，把个人企业家精神以“固有方程式”的形式存储在组织的知识库中，并通过日常工作流程的执行将原来少数人拥有的个人企业家精神渗透在组织所有成员的一言一行中，形成组织层企业家精神。

组织层企业家精神向社会层企业家精神的扩散始于组间交流，即组织和社会之间进行信息交换的一系列活动。由于社会是个体的集合，所以组间交流的一种形式是在社会化联系基础之上的人际交流，但此时的人际交流会明显带有社会色彩，社会两方的交流者会把渗透于一言一行中的社会企业家精神传递给彼此，这种异质性的知识是创新绩效的来源（Yayavaram et al.，2018）。组间交流的另一种形式是以数据库、局域网和互联网通信工具为基础的电子交流，相比于在社会化联系基础之上的人际交流，电子交流克服了时间、空间的限制，它在传递信息时带有更加强烈的社会色彩。每个社会的企业家精神都各有“色彩”，这种异质性成为组间模仿与学习的来源。社会学习理论强调，一个社会通过模仿的方式来学习其他社会经验能够有效地降低学习成本、规避不确定的风险（Levitt and March，1988）。不同社会在环境中相互学习、模仿，取其精华、去其糟粕，形成了良好的企业家精神氛围，这种氛围无形之中成为一种非正式制度影响着社会。除此之外，由于优秀的企业家精神会提高一个国家的经济绩效，所以此时政府作为管理者会将社会中优秀的企业家精神提炼编码成为政策制度，以保证形成和执行社会层面的企业家精神。

人和组织都是社会化的产物，无法脱离社会而独立存在。所以，社会层的企业家精神会重新反馈到组织层和个人层，进一步激发新的企业家精神。

（2）路径——社会网络关系。

经济行为是嵌入在社会结构中的行为，在人们的日常生活中，关系网络是社会结构的体现，它影响着人们的经济行为（Granovetter，1985）。社会网络关系是知识传播和扩散的重要渠道，交流和环境共享使不同类型的知识能够有效地流动从而避免信息的失真（李伟等，2009）。社会网络关系涉及两个重要理论：强弱联结理论和社会资本理论。这两种理论为解释企业家精神纵向扩散的路径提供了依据。

企业家精神从个人层向组织层扩散借助的是企业内部的关系网络。企业内的个人都拥有独特的社会资本，这些社会资本来源于个体通过与外界环境进行互动所积累的实际或潜在的权力、财富、声望等资源的集合。有了这些资源集合，社会内的成员之间更倾向于建立一种较强的网络联结关系，体现为熟人、同事之间的联系。在这种较强的个人网络关系中，人们相互熟识、彼此信任，不容易产生机会主义行为。而组织成员的个人特质（Yao and Chang，2017）和良好的网络关系提高了公司迅速吸收外部技术的能力（Moreira et al.，2018），减小了人际之间的沟通阻力，使组织内企业家精神的学习和扩散更加顺畅和快速。

企业家精神从组织层向社会层扩散时借助的是企业外部的关系网络。社会同样拥有社会资本，它能保证社会的竞争优势进而提高社会绩效。企业外部所建立的网络关系往往是一种较弱的网络联结关系，表现为企业与政府、金融机构、消费者和供应商等利益相关者之间的联系。这种较弱的商业网络关系联结着拥有不同资源的社会阶层，因此通过弱连带也可以进行企业家精神的“交换和摄取”。

2. 横向机制

（1）方式——重复互动、主动搜寻。

社会惯例理论表明，惯例本质上是社会重复互动的过程（Becker，2005），其作为对外界刺激的一种应对方式，本身是可以演化的。通过重复的学习、实践、修正，从而形成不同的社会惯例（黄少坚，2010）。惯例同样不是一成不变的，企业会通过重组、变异或寻找新的惯例的方式来适应环境的变化，把旧的惯例转换成新的惯例，实现企业惯例的循环演进（高闯、陈彦亮，2012）。这一点与本节所研究的企业家精神横向维度的扩散十分相似，因为企业家精神也是在利用机会的基础上通过与制度和市场的不断互动，从一种不稳定状态向稳定状态进行变化。所以本节将企业家精神横向维度的扩散方式称作重复互动与主动搜寻。虽然社会惯例理论的适用单位是社会，但企业家精神在各层面横向变化的过程同样适用这一理论。

个人层企业家精神的状态转化主要体现在机会的连续解锁过程中，即前文提及的企业家精神初步形成过程，此处不再赘述。

组织层企业家精神的状态转化体现在进行企业家精神编码后社会制度的执行过程中。在组织与环境互动的过程中，通过学习、模仿重复地检验当前形成的企业家精神是否能够适应环境，是否能给组织带来一些竞争优势。当组织层的企业家精神确实能给企业带来一些好处时，企业会去搜寻环境中其他组织所拥有的企业家精神并进行模仿和学习，以优化自身的企业家精神。总之，组织层的企业家精神在重复互动和主动搜寻中不断地被强化或弱化，从而实现了企业家精神从不稳定状态向稳定状态的变化。

社会层企业家精神的状态转化同样体现在进行企业家精神编码后社会制度的执行过程中。其中，政府作为企业家精神相关政策制度的制定者和执行者，会通过强制的手段来保证形成和执行社会层面的企业家精神。但与组织层不同的是，虽然企业家精神的相关制度以相对强制的方式来实施，但由于社会中的不确定因素更多，因此社会层的企业家精神并不是稳定的。即使其从不稳定状态转变为稳定状态，也可能会因为制度、市场的变化而重新回到不稳定状态。所以，政府会不断地与社会、个人进行互动，检验相关制度的执行情况，当社会层的企业家精神没有被社会或个人接纳时，政府会在社会环境中寻找原因，对当前的政策制度予以修改，以建立和完善稳定的社会层企业家精神。

（2）路径——社会网络关系。

我们认为，企业家精神横向维度的扩散路径同纵向维度一样，也借助个人网络关系和社会网络关系从不稳定状态向稳定状态变化。因为不论是个人、组织还是社会，其重复互动和搜寻的对象都是社会网络中的成员，利用社会网络能够快速获取相关信息，加快企业家精神从不稳定状态向稳定状态转化的进程。

3. 四个辅助机制

（1）激励与约束。

企业家精神三层面的互动都是在制度和市场的约束和激励下进行的。企业家个人身处的环境大多是家庭、学校等细而微的具体创业环境，其所了解的制度和市场信息也是从这一环境中获取的，这种环境会为个人创业活动提供支持或设置壁垒，不同的企业家会对这种支持或壁垒产生不同的认知，从而产生企业家精神、引发一次性的创新创业活动。组织所面临的环境相对于个体而言进一步扩大，除了由供应商、顾客、员工、竞争者所构成的微观环境外，还包括各个组织都面对的整个社会的宏观环境。隐藏在这些环境中的制度和市场信息则更为丰富，企业依靠组织专用知识和专用资产进行二次创业。就整个社会而言，面临的环境从国内扩展到国外，不仅要考虑本国的制度与市场因素，还要明确本国与他国的制度、市场差异，依靠社会文化、全民素质，进行社会政治、经济、文化改革和创新（时鹏程和许磊，2006）。

（2）强化与弱化。

制度和市场是不断变化的，所产生的激励和约束也是在不断变化的，这种变化作用于各个层面的企业家精神就使其表现为强化与弱化。一方面，制度和市场的完善可能增强企业家精神；另一方面，制度的缺失和市场的失灵可能会弱化企业家精神。

（3）扩散与反馈。

不同层面的企业家精神之间通过扩散和反馈进行互动。这种互动机制的源头是个人，当个人在制度环境和市场环境的约束和激励下形成较为稳定的企业家精神后，会通过企业内部的关系网络和社会资本，以人际交流、人际学习与模仿、组织提炼与编码的方式将企业家精神扩散到组织中，形成组织的惯例。组织层企业家精神作为组织的一种惯例，不仅表现为组织内所有成员的一种共识，更表现为组织的一种制度、一种文化，潜移默化地影响企业的各项决策。一个组织在环境中不会独立存在，它会和其他利益相关者相互合作竞争，建立联系。这时，组织层的企业家精神会通过企业外部的关系网络和社会资本，以组间交流、组间学习与模仿、社会提炼与编码的方法扩散到整个社会，表现为社会层的企业家精神。人和组织都是社会化的产物，无法脱离社会而独立存在。所以，社会层的企业家精神会重新反馈到组织层和个人层，进一步激发新的企业家精神。

（4）宽化与深化。

在企业家精神从个人层到组织层再到社会的扩散过程中，每一层面的企业家精神一方面经历着深化，即从不稳定的状态向稳定的状态过渡，向着更深层、更稳固的方向发展，另一方面经历着宽化，即从个人层面向组织层面、社会层面扩散，甚至可以跨越国度，向着更广泛的维度发展。

## 四、小结

本书通过扎根理论研究方法，发现了企业家精神形成的制度和市场双螺旋机制，如图 4-9 所示。一方面，制度包括政治政策、法律制度、文化氛围和金融制度。完善的制度环境能够有效地促进经济发展和行业变化，进而使大量的创业机会窗口涌现，等待被企业家识别，并在此过程中给予企业家以规则，告知他们在创业活动中可以做什么、不可以做什么。另一方面，市场包括政府角色、开放水平、要素与产品、经济发展和行业状况。自由开放的市场给予企业家平台，让他们有发现机会、相互竞争的空间，从而激发企业家在市场中寻找盈利机会、释放企业家精神。所以，制度和市场不会脱离彼此而独立存在，而是以螺旋的方式影响企业家精神，表现为相互影响、盘旋上升，最终确定成功企业家的精神特点，将不符合环境的企业家淘汰出局。

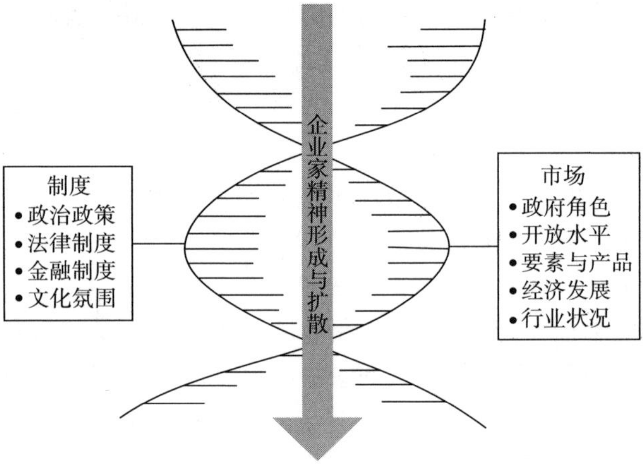


**图 4-9　企业家精神形成的制度和市场双螺旋机制**

本节通过扎根理论的研究方法发现了“机会—解锁—扩散”的企业家精神形成和扩散机制，这也是双螺旋机制的作用路径，如图 4-10 所示。企业家精神首先经历机会过程，过程起点是市场和制度中存在着政策机会窗口、市场机会窗口，企业家将个人特质与这些机会窗口进行匹配，并通过机会窗口识别、机会窗口评估、机会窗口利用进行机会解锁，形成企业家精神。其次，在不同历史阶段制度和市场的影响下，企业家精神不仅有传统企业家精神的特点，还表现出不同的历史特点。最后，企业家精神在横向上沿着社会网络关系，以重复互动、主动搜寻的方式从不稳定状态向稳定状态变化，并利用社会资本和社会网络关系以交流、学习与模仿、提炼与编码的方式从个人层到组织层再到社会层进行纵向扩散。与此同时，在横向和纵向扩散过程中存在着四个子机制，即约束与激励、强化与弱化、扩散与反馈及深化与广化。

图 4-10 “机会—解锁—扩散”的企业家精神形成和扩散机制

## 第三节 企业家精神形成的“资源—态度—机会”模型：基于个体层面

企业家精神对企业和社会具有非常重要的意义，它不仅影响着企业的内部结构（赵宜萱等，2017）、发展方向、战略抉择和发展路线，而且对社会具有引导作用（Fritsch and Wyrwich，2017；Hitt et al.，2011），驱动了经济增长（Fritsch，2013；Polok et al.，2016；Acs et al.，2016）。可以说，企业家精神对企业生存、经济发展和社会文明进步都发挥着不可替代的作用。一直以来，自我雇佣率居高不下（Kibler，2014），使企业家精神成为学术界关注的重点。

目前有关企业家精神形成的研究主要集中于以下方面：第一，强调企业家精神的形成是机会驱动的，苏敬勤等（2017）以蒙草为例分析了在不同阶段下机会、组织能力与企业家精神的演化过程，得出在企业由“资源拼凑”向“资源协奏”阶段转变的过程中，机会驱动了企业家精神的转化。Clarissa 等（2017）基于全球创业观察 2013 年的调查数据，实证分析得出增强机会识别能力可能会提高企业家创业行为概率的结论。

第二，强调企业家精神形成受地区制度环境的影响。不同国家和地区由于其政策制度、发展程度、市场条件的不同，对企业家精神的形成存在不同的影响。学者研究指出，如果现行的社会规范不利于创业，会减弱个体特征对企业家精神的影响（Light and Dana，2013）。制度环境对创业意向具有显著正向作用（Urban and Kujinga，2017）。具体而言，Angulo-Guerrero 等（2017）认为经济自由化、法律结构、信贷监管等因素对机会型创业具有促进作用，而对生存型创业具有抑制作用。Baumol（2011）指出，制度与创业的作用是双边的。Elert 和 Henrekson（2017）证明了这个结论，认为制度可以激发企业家精神，而企业家通过他们的行为也对制度产生了根本性的影响，促进制度变革。此外，社会保障水平（孙早、刘李华，2019）、产业聚焦（张美岭、陈勇勤，2015）、贸易开放程度（Diez and Ozdagli，2011）、金融和专利技术（Cetindamar et al.，2012）、市场约束条件（江春、李安安，2016）对企业家精神的影响也不容忽视。

目前的研究着重强调企业家精神形成与个体特质的关系，如辛杰等（2017）论证了企业家的文化价值观直接决定了其拥有什么样的企业家精神。Gielnik 等（2017）证实了行动监管因素（企业家目标意图、行动计划、行动知识和创业自我效能）对企业家创业行为具有积极影响。Obschonka 等（2017）使用数字足迹来深入了解明星企业家和管理者的个性，比较了 106 位商业领袖的性格特征，得出企业家更具创造性、独立性，且更倾向于打破规则的结论。

根据以上研究发现，企业家精神是个体物质资源和精神特征在面对机会时的表现。然而，目前的研究却缺乏对个体物质资源、精神特征与机会驱动三者相结合的研究。

据此，本节基于计划行为理论、Timmons 创业过程模型和 Wickham 创业模型，提出“资源—态度—机会”三者互动的个体层企业家精神形成模型，探索创业资源如何在创业风险态度和机会识别能力影响下促成企业家精神。

本节的结构安排包括提出问题；阐述理论背景与研究假设；介绍研究设计；进行实证分析和稳健性检验；最后讨论。

本节将个体创业资源、个体创业风险态度与机会识别能力放置在一个模型中，基于个体层面研究企业家精神的形成过程。同时，本节关注企业家精神动态作用过程，首次证明了风险规避和机会识别在创业资源与企业家精神的关系中存在链式中介作用。此外，研究运用全球创业者的调查数据，并对国家背景进行控制，基于大样本数据，解决了样本偏差和文化偏差问题，使结果更加可靠。

## 一、理论背景与研究假设

### （一）理论背景

根据计划行为理论，个体行为意向受到个体对行为结果的态度、该行为受他人影响程度以及个体自身具备的知识、技能和能力的共同作用。Timmons（2003）探讨了影响个体创业成功的因素，提出创业过程模型，认为创业行为在获得足够的资源后由创业机会推动才可顺利实施。Wickham

(1998) 提出，创业者确认机会，并通过整合资源带领团队进行创业活动。由此可见，企业家精神的形成受个体行为影响，是个体资源面对机会时的反应结果。据此，本节基于计划行为理论、Timmons 创业过程模型和 Wickham 创业模型，提出“资源—态度—机会”三者互动的个体层企业家精神形成模型，探索个体创业资源在个体创业精神和个体机会识别能力影响下促成企业家精神的动态过程。

(二) 资源与创业的关系

创业资源可以起到驱动创业者获得工具性支持和情感性支持的作用，对创业绩效存在直接影响（刘烨等，2013）。朱秀梅和费宇鹏（2010）将创业资源划分为两大类，即运营资源（资金资源、人力资源、物质资源）和战略性资源（知识资源）。从运营资源视角来看，资金资源可用来开展自我雇佣活动、减小流动性约束（Lindh and Ohlsson，1996）、作为抵押品，帮助企业获得外部资金（Simoes et al.，2015）；社会网络为私营企业提供有形和无形资源，如贷款（李路路，1995；Cassar and Wydick，2010）、影响力（戴建中，2001）、信任（Fukuyama，1995；Putnam，1995）和知识（Tsai，2001）。从战略性资源视角来看，教育水平通过影响个体管理能力进而影响其创业水平（Lucas，1978；Calvo and Wellisz，1980）；自我效能影响个体创业意图的形成（杨艳、胡蓓，2011），有助于创业者有效克服外部环境给企业带来的技术制度与环境障碍、管理危机（Tang et al.，2010）。

综上，个体资源是企业家精神形成不可或缺的因素，是企业家创业的基础和前提。个体资源不足会对创业行为产生约束作用，不利于企业家精神的发挥。故本节在此提出假设 4-1。

假设 4-1：个体创业资源对企业家精神存在正向影响。

(三) 机会识别与企业家精神

研究表明，创业机会具有客观性，独立于系统中的个体而存在，并被个体而非群体发现（Grabowski and Kittel-Wegner，2017）。创业主要由未开发的机会驱动（Abebe，2014），机会是创业活动的前提（Hannibal et al.，2016）。本节认为，创业时个体拥有的资源可以提高其机会识别能力，进而提高其企业家精神水平。本节在研究中将机会视为公司外部（市场）的机会，更多的是基于个体识别的是市场未满足的需求，而不是经过创新形成的机会。创业资源通过机会识别影响企业家精神形成的路径如下：

首先，个体对资源的利用更依赖于其机会识别能力的支撑。创业初期，资源的利用结果往往与个体识别到的机会密切相关。相较于国有企业，私营企业在资源获取上存在一定困难，如果企业家具有较强的机会识别能力，能有效识别市场中存在的机会，那么便可直接对与该机会匹配的资源进行利用，减小了资源获取的难度，增加了创业的可能性。

其次，具有较多创业资源的个体往往更易识别机会。第一，拥有更多创业资源的个体更容易获取信息（Burt，2004；Obstfeld，2005；Elfring and Hulsink，2003），并基于获得的信息量身定制其产品和服务（Ylirenko and Janakiraman，2008）；第二，先前经验可以调动机会识别所需的外部资源（Kotha and George，2012；Ucbasaran et al.，2009），从而帮助企业家发现商机（Kinias，2013）；第三，信息和知识有助于个体提炼出与先前知识紧密相连的机会（张秀娥等，2017）。

个体进行机会识别所具备的洞察力更容易被整合进创业过程中。在创业初期，那些具有洞察能力的企业家会优先发现资源的潜在价值，并利用机会采取行动做出正确决策，最终进行创业，获得机会；反之，不具备洞察力的个体往往会裹足不前，以致失去机会。

基于以上分析可以推断，个体创业资源通过机会识别能力正向影响企业家精神水平。综上所述，当创业资源存在时，企业家更可能通过识别市场中存在的机会来利用创业资源进行创业。也就是说，个体具备的创业资源可以提高企业家的机会识别能力。而机会识别过程中个体的洞察力与创业本身的决策特征更有助于机会与资源的匹配，进而实现创业。基于此，本节提出假设4-2。

假设4-2：机会识别在创业资源对企业家精神的影响中存在正向中介作用。

（四）风险态度与企业家精神

Knight（1921）认为企业家精神是指在不可靠的情况下，以创造性活动去开辟道路的创造精神和风险承担精神。方虹（2012）认为企业家精神是指基于一定创新意识和进取态度的，敢于承担风险和挑战不确定性，以其敏锐的洞察力发现投资机会，发挥个人特性或团队合作精神。这些学者将企业家精神直接界定为风险承担精神，或将企业家与承担风险相挂钩。风险承担是指企业在不确定环境下大胆进入未知行业的过程（Gunawan et al.，2016）。风险承担在企业家创业决策的过程中起到了至关重要的作用（Hisrich and Peters，2010；Block et al.，2015）。

本书认为，创业时个体拥有的资源可以降低其风险规避倾向，进而提高其企业家精神水平。

首先，个体对资源的提取更依赖于风险承担的行为机制。一方面，在创业初期，由于资源相对不足，创业者需要更强的风险承担水平才能够制定创业决策；另一方面，资源的投入情况往往与风险承担水平相关。创业导向的风险承担性主要体现了企业在多大程度上愿意将资源不断投入不确定以及风险事业中，也即企业为了在市场上追寻高报酬的市场机会而不惜投入大量的资源以获利的倾向（Lumpkin and Dess，1996；Runyan et al.，2012）。具有更强风险承担能力的个体会更大程度地将资源投入创业过程中。

其次，创业资源为风险承担提供保障，具有较多创业资源的个体往往更具风险承担倾向。Hurst 和 Lusardi（2004）在研究中发现，具有较多资金的家庭风险规避程度较低，因此更愿意承担企业家活动带来的高度不确定性。社会网络和社会信任都与风险规避存在负相关关系（陈其进和陈华，2014）。在风险行为中，社会信任水平高的个体会寻求帮助与合作，分担收益与损失，减小损失带来的冲击，从而更加愿意接受风险。而教育增强了个体风险识别和承受能力，提升了个体参与风险活动必要的智力、财富和社会资本水平（马莉莉和李泉，2011；陈其进和陈华，2014）。因此，个体拥有资源水平越高，越有可能偏好风险。

最后，个体在进行创业的过程中，其启发式思维使企业家更容易作出决策（Busenitz and Barney，1997）。“启发式思维”是指个体在复杂环境下运用较简单的方式进行战略决策的过程。这种思维使企业家在缺乏完整信息时基于经验和信念而非事实进行决策。这就需要个体具备更高的风险承担能力以在缺乏信息的情况下做出决策。由于新公司的失败率往往很高，因此创业者在创业过程中可能会有风险（Antoncic，2003）。因此企业家往往是“温和的风险承担者”（Vries，2010），相较于管理者而言，具有更强的风险倾向（Carland et al.，1995）。

此外，企业家创业寄托于风险承担的决策路径和由此引发的行为模式。当市场存在风险时，风险规避的个体往往会选择有偿就业而非创业。研究表明，越厌恶风险的个体，越可能选择稳定的工作部门（Pfeifer，2011），而不会选择成为个体经营者（Wang et al.，2010；Brown et al.，2011；Fritsch and Sorgner，2013）。相反地，更偏好风险的个体，则更可能去创业（Djankov et al，2006），进入自营职业的概率也更大（Kihlstrom and Laffont，1979；AHN，2010）。

基于以上分析可以推断，个体创业资源通过风险规避水平负向影响企业家精神。当创业资源存在时，具有风险承担能力的个体更可能做出创业决策。也就是说，个体具备的创业资源会降低企业家的风险规避水平。而具有风险承担能力的个体更可能将资源投入创业过程中，并对创业过程中的不确定性有较高容忍度。故本课题在此提出假设 4-3。

假设 4-3：风险规避在创业资源对企业家精神的影响中存在负向中介作用。

（五）机会识别与风险规避的链式中介作用

创业导向的风险承担性主要体现了企业在多大程度上愿意将资源不断投入不确定以及风险事业中，也即企业为了在市场上追寻高报酬的市场机会而不惜投入大量的资源以获利的倾向（Lumpkin and Dess，1996；Runyan et al.，2012）。创业者能否感知到创业机会的存在取决于他们是否有异质的特质甄别外部信息和对信息进行选择性的过滤，风险倾向、成就需要、内控制源、不确定性容忍度这些特质使其能够敏锐识别创业机会（赵观兵等，2010）。本书进一步探究个体风险态度与机会识别能力之间的关系，并认为个体具备的风险承担能力可以提高其机会识别能力。风险态度对机会识别能力的作用主要体现在以下几个方面：

首先，机会的利用是不确定的，因此企业家被迫在创业过程中承担风险（Grabowski and Kittel-Wegner，2017），而个体风险态度会进一步作用于机会识别过程以及机会利用结果。许多学者的研究表明，勇于承担风险的企业家会积极搜寻机会，积极行动以抓住机会而非保守地等待机会。承担风险的企业家能够容忍投资可能的失败，具有洞察机会的敏锐力（Tang and Rothenberg，2009），并将必要资源用于开发机会、拓展新的市场。风险规避的个体缺乏对机会的深入洞察，面对不断变化的市场环境反应迟缓，从而阻碍其对机会的识别和利用（Colton et al.，2010），在面对机会时缺乏冒险精神，难以抓住新机会（Lumpkin and Dess，1996）。此外，风险规避的个体往往更加关心创业可能带来的财务上的损失、地位的降低等不利因素，进而犹豫不决，不能在恰当的时候抓住创业机会，因此难以发挥企业家精神。

其次，风险态度对创业行为的影响受到机会利用结果的作用。由于创业环境具有动态复杂性与不确定性，企业家基于事实寻求新机会的逻辑代价过高。而启发式的创业逻辑可以帮助企业家利用机会窗口进行创业（Tversky and Kahneman，1992），但这需要创业者拥有一定的决策能力和风险承担能力。

综上所述，个体风险规避能力会负向影响其机会识别能力，具有风险承担能力的个体更可能识别出市场机会从而创业。基于此，本节提出假设 4-4。

假设 4-4：机会识别与风险规避在创业资源对企业家精神的影响中存在链式中介作用。

"资源—态度—机会"理论模型如图 4-11 所示。

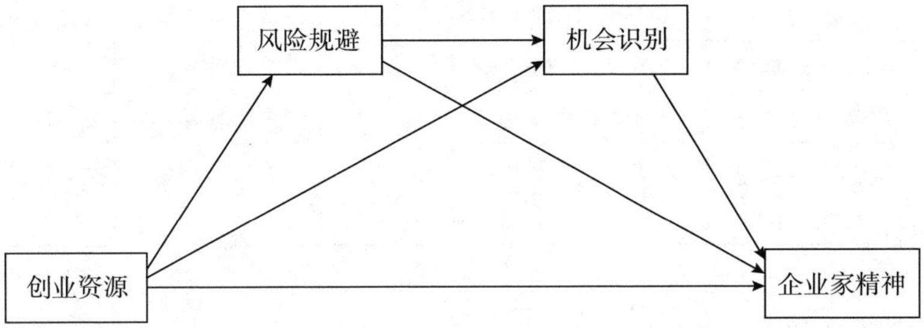


**图 4-11　"资源—态度—机会"理论模型**

## 二、研究设计

### （一）研究对象与数据收集

GEM 创业模型最早由 Reynolds 于 1999 年提出，随即引发广泛关注。各国都采用这个框架对创业活动进行调查，以确定影响本国创业的因素。宏观方面，其主要从金融支持、政府政策、政府项目、教育和培训、研究开发转移、商务环境、市场开放程度、有形基础设施、文化、社会规范和知识产权保护方面探究影响企业家精神的宏观环境因素；微观层面，GEM 模型通过对随机抽取的成年人的知识技能、创业动机、创业机会和个体特征进行调查，从个体层面解释企业家创业行为。本节基于全球创业观察 2015 年的调查样本，剔除无效样本后，得到 119609 个有效样本。

对样本发放问卷进行初步分析：在性别方面，男性占比 51.28%，女性占比 48.72%。在受教育程度方面，未受过教育的个体占比 12.07%，受过部分中等教育的个体占比 16.59%，获得中等教育学位的个体占比 36.91%，接受高等教育的个体占比 29.67%，获得博士学位的个体占比 4.77%。在工作状态方面，68.73%的个体拥有全职或兼职工作，18.48%的个体没有工作，12.78%的个体为退休人员或学生。在收入状况方面，下层收入者占比 36.08%，中层收入者占比 32.29%，上层收入者占比 31.63%。样本分布情况如表 4-7 所示。

表 4-7 样本分布

| | 问项 | 频数 | 频率 | | 问项 | 频数 | 频率 |
|---|---|---|---|---|---|---|---|
| 性别 | 男性 | 61333 | 51.28% | 工作状态 | 全职或兼职工作 | 82210 | 68.73% |
| | 女性 | 58276 | 48.72% | | 没有工作 | 22109 | 18.48% |
| 受教育程度 | 未受过教育 | 14436 | 12.07% | | 退休人员或学生 | 15290 | 12.78% |
| | 部分中等教育 | 19843 | 16.59% | 收入状况 | 下层收入者 | 43160 | 36.08% |
| | 中等教育学位 | 44142 | 36.91% | | 中层收入者 | 38621 | 32.29% |
| | 高等教育 | 35486 | 29.67% | | 上层收入者 | 37828 | 31.63% |
| | 博士学位 | 5702 | 4.77% | | | | |

（二）数据度量方式

企业家精神：本节把近期有创业打算且为之付出实际行动的个体定义为创业企业家，并认为创业企业家是具有企业家精神的个体。参考 Arenius 和 Minniti（2005）的方法，对受访者进行提问，“您近期有没有打算独自或与他人一同创业?”如果受访者的回答为“是”，则接着问如下两个问题：“在过去一年中您有没有做有助于创业的事情?”“您是否拥有全部或部分企业所有权?”并将第一个问题回答“是”且第二个问题回答“全部”或“部分”的个体定义为具有企业家精神的个体，其余个体则视为不具有企业家精神的个体。在全部 119609 个样本中共有 13259 个样本符合创业企业家的标准，为具有企业家精神的个体，占比约为 11.09%。

社会资本：本节将受访者关于“您认识过去两年创业的人吗?”的回答结果作为衡量个体社会资本水平的标准。

机会识别：本节将受访者关于“在未来半年内您所在的地区有良好的创业机会吗?”的回答结果作为衡量个体机会识别水平的标准。

人力资本：本节将受访者关于“您有创业所需的知识能力或经验吗?”的回答结果作为衡量个体人力资本的标准。

风险规避：本节将受访者关于“对失败的恐惧是否阻碍您创业?”的回答结果作为衡量个体风险规避程度的标准。

以上四个维度均为虚拟变量，如果受访者对上述问题的回答为“是”，那么记为 1，如果回答为“否”则记为 0。

本节将人力资本作为创业资源的衡量指标，参考 Kautonen 等（2014）、Blanchflower（2000，2004）、Johansson（2000）的方法，选取性别、年龄、受教育程度、工作状态、收入状况和国家变量作为研究企业家精神的控制变量。

性别：本节基于问卷中有关受访者性别的信息确定个体性别变量。

年龄：本节基于问卷中有关受访者年龄的信息确定个体年龄变量。

工作状态：问卷要求受访者填写自身的工作状态，包括三个维度："全职或兼职工作""没有工作""退休人员或学生"，本节将"全职或兼职工作"作为参照组对其他两个维度进行衡量，并与"全职或兼职工作"个体的企业家精神进行比较。

受教育程度：问卷要求受访者填写最高学历，学历被分为五个等级："未受过教育""部分中等教育""中等教育学位""高等教育""博士学位"。本节将"中等教育学位"维度作为参照组，并将其他学历样本的企业家精神水平与之进行比较。

收入状况：问卷要求受访者提供有关收入状况的信息，并将其分为三类："下层收入者""中层收入者""上层收入者"。本节将"中层收入者"的样本作为参照组进行分析。

国家变量：本节基于问卷中有关受访者所在国家的信息确定个体的国家变量。

## 三、实证分析

总体来讲，为实现研究目标，本节的实证检验主要通过以下三个部分展开：首先，通过变量间的相关性分析和 VIF 检验以验证变量选取的合理性；其次，通过逻辑回归及结构方程模型，以验证风险规避与机会识别在创业资源对企业家精神影响中的中介作用以及链式中介作用；最后，以社会资本变量代替人力资本变量对实证结果进行稳健性检验。

### （一）描述性统计分析结果

变量详细定义及描述性统计情况如表 4-8 所示。

**表 4-8 变量定义及描述性统计**

| 变量（符号） | 定义 | 中值 | 偏差 | 最小值 | 最大值 |
|---|---|---|---|---|---|
| 被解释变量 | | | | | |
| 企业家精神（entrepreneurship） | 个体是否为创业企业家 | 0.1109 | 0.3140 | 0 | 1 |
| 解释变量 | | | | | |
| 创业资源（resource） | 个体是否拥有人力资本 | 0.5247 | 0.4994 | 0 | 1 |
| 机会识别（opportunity） | 个体能否识别市场机会 | 0.4195 | 0.4935 | 0 | 1 |
| 风险规避（fear） | 个体是否恐惧创业失败 | 0.4003 | 0.4900 | 0 | 1 |

续表

| 变量（符号） | 定义 | 中值 | 偏差 | 最小值 | 最大值 |
|---|---|---|---|---|---|
| 控制变量 | | | | | |
| 性别（gender） | 个体性别 | 1.4872 | 0.4998 | 1 | 2 |
| 年龄（age） | 个体年龄 | 40.7278 | 14.1135 | 18 | 99 |
| 受教育程度（education） | 个体学历 | 938.1375 | 564.7192 | 0 | 1720 |
| 工作状态（work） | 个体目前工作状态 | 14.4051 | 7.0861 | 10 | 30 |
| 收入状况（income） | 个体收入在总体中的位置 | 22668.95 | 30930.84 | 33 | 68100 |
| 国家（country） | 个体所在国家 | 176.4486 | 225.3461 | 1 | 972 |

各变量相关关系用皮尔逊相关系数表示，九个影响因素都和企业家精神具有较强的相关性。男性相较于女性具有更强烈的创业倾向（r=-0.056）。年龄较小的个体更具企业家精神（r=-0.085）。现阶段从事全职工作或兼职工作的人比目前没有工作的人更倾向于创业（r=-0.139）。受教育程度较低的个体更倾向于将创业作为自身的选择（r=-0.008）。高收入者更倾向于创业（r=0.077），创业资源（r=0.247）和机会识别（r=0.188）与企业家精神有正相关关系，而风险规避与企业家精神存在负相关关系（-0.094）。同时，国家因素（r=0.050）也与企业家精神相关（见表4-9）。此外，变量间存在一定的关联性，但是不存在相关系数超过0.8的高度相关性，说明变量选择比较合理。

**表4-9　相关性分析系数**

| | 1 | 2 | 3 | 4 | 5 | 6 | 7 | 8 | 9 | 10 |
|---|---|---|---|---|---|---|---|---|---|---|
| 1. 企业家精神 | 1 | | | | | | | | | |
| 2. 人力资本 | 0.247*** | 1 | | | | | | | | |
| 3. 机会识别 | 0.188*** | 0.209*** | 1 | | | | | | | |
| 4. 风险规避 | -0.094*** | -0.142*** | -0.086*** | 1 | | | | | | |
| 5. 性别 | -0.056*** | -0.117*** | -0.038*** | 0.073*** | 1 | | | | | |
| 6. 年龄 | -0.085*** | -0.026*** | -0.074*** | -0.002 | 0.008*** | 1 | | | | |

续表

| | 1 | 2 | 3 | 4 | 5 | 6 | 7 | 8 | 9 | 10 |
|---|---|---|---|---|---|---|---|---|---|---|
| 7. 受教育程度 | -0.008*** | 0.045*** | 0.036*** | 0.011*** | -0.030*** | -0.115*** | 1 | | | |
| 8. 工作状态 | -0.139*** | -0.158*** | -0.087*** | -0.002 | 0.125*** | 0.157*** | -0.080*** | 1 | | |
| 9. 收入状况 | 0.077*** | 0.103*** | 0.090*** | -0.036*** | -0.077*** | -0.017*** | 0.206*** | -0.148*** | 1 | |
| 10. 国家 | 0.050*** | 0.034*** | 0.006** | -0.020*** | 0.012*** | -0.059*** | -0.002 | -0.012*** | -0.007** | 1 |

注：***表示 p<0.01，**表示 p<0.05。

为了进一步考察变量选取的合理性，本节对回归分析的核心自变量进行了多重共线性检验，从表 4-10 中可以看出 VIF 值均小于 10，说明变量间不存在明显的共线性问题，变量选取合理。

**表 4-10　变量 VIF 值**

| 变量 | VIF 值 | 1/VIF 值 |
|---|---|---|
| 人力资本 | 1.10 | 0.908865 |
| 工作状态 | 1.08 | 0.921849 |
| 收入状况 | 1.08 | 0.927823 |
| 机会识别 | 1.06 | 0.942461 |
| 受教育程度 | 1.06 | 0.943390 |
| 年龄 | 1.04 | 0.957105 |
| 性别 | 1.03 | 0.967973 |
| 风险规避 | 1.03 | 0.971182 |
| 国家变量 | 1.01 | 0.994712 |
| 平均 VIF 值 | 1.06 | |

### （二）回归结果

为进一步研究变量之间的关系和可能存在的作用机制，本节在控制性别、年龄、受教育程度、工作状态、收入状况和国家变量的条件下，采用 logit 回归的方法证明创业资源对企业家精神的影响。回归结果如表 4-11 所示。

**表 4-11　实证分析结果（一）**

| | 企业家精神 | 机会识别 | 企业家精神 | 风险规避 | 企业家精神 |
|---|---|---|---|---|---|
| | 模型 1 | 模型 2 | 模型 3 | 模型 4 | 模型 5 |
| 性别 | -0. 161 ***<br>(0. 0209) | -0. 0208<br>(0. 0129) | -0. 162 ***<br>(0. 0211) | 0. 236 ***<br>(0. 0126) | -0. 146 ***<br>(0. 0210) |
| 年龄 | -0. 0148 ***<br>(0. 000847) | -0. 00931 ***<br>(0. 000480) | -0. 0132 ***<br>(0. 000854) | -0. 00143 ***<br>(0. 000470) | -0. 0148 ***<br>(0. 000847) |
| 未受过教育 | -0. 0728 *<br>(0. 0377) | 0. 0455 *<br>(0. 0236) | -0. 0970 **<br>(0. 0382) | 0. 0257<br>(0. 0233) | -0. 0710 *<br>(0. 0378) |
| 部分中等教育 | -0. 0298<br>(0. 0333) | -0. 00794<br>(0. 0197) | -0. 0308<br>(0. 0337) | 0. 0424 **<br>(0. 0189) | -0. 0288<br>(0. 0334) |
| 高等教育 | 0. 0951 ***<br>(0. 0262) | 0. 0910 ***<br>(0. 0161) | 0. 0942 ***<br>(0. 0265) | 0. 0172<br>(0. 0159) | 0. 0969 ***<br>(0. 0263) |
| 博士学位 | 0. 231 ***<br>(0. 0475) | 0. 233 ***<br>(0. 0309) | 0. 217 ***<br>(0. 0478) | 0. 0132<br>(0. 0308) | 0. 234 ***<br>(0. 0476) |
| 没有工作 | -0. 704 ***<br>(0. 0330) | -0. 256 ***<br>(0. 0181) | -0. 673 ***<br>(0. 0333) | 0. 0389 **<br>(0. 0172) | -0. 700 ***<br>(0. 0330) |
| 退休人员或学生 | -1. 526 ***<br>(0. 0571) | -0. 0844 ***<br>(0. 0201) | -1. 517 ***<br>(0. 0574) | -0. 245 ***<br>(0. 0196) | -1. 535 ***<br>(0. 0572) |
| 下层收入者 | -0. 146 ***<br>(0. 0275) | -0. 155 ***<br>(0. 0162) | -0. 127 ***<br>(0. 0279) | 0. 0497 ***<br>(0. 0156) | -0. 143 ***<br>(0. 0276) |
| 上层收入者 | 0. 204 ***<br>(0. 0252) | 0. 176 ***<br>(0. 0161) | 0. 183 ***<br>(0. 0254) | -0. 0360 **<br>(0. 0160) | 0. 201 ***<br>(0. 0252) |
| 人力资本 | 1. 695 ***<br>(0. 0283) | 0. 736 ***<br>(0. 0132) | 1. 577 ***<br>(0. 0286) | -0. 540 ***<br>(0. 0129) | 1. 656 ***<br>(0. 0285) |
| 机会识别 | | | 0. 790 ***<br>(0. 0217) | | |
| 风险规避 | | | | | -0. 339 ***<br>(0. 0226) |
| 常数 | -2. 389 ***<br>(0. 105) | -0. 216 ***<br>(0. 0667) | -2. 797 ***<br>(0. 107) | -0. 246 ***<br>(0. 0673) | -2. 252 ***<br>(0. 106) |
| 样本数 | 119190 | 119190 | 119190 | 119190 | 119190 |
| $R^2$ | 0. 1928 | 0. 0852 | 0. 2095 | 0. 0471 | 0. 1956 |

注：*** 表示 p<0. 01，** 表示 p<0. 05，* 表示 p<0. 1。

表 4-11 的回归结果，证明了个体创业资源对企业家精神具有正向作用。之后，本研究对风险规避与机会识别的中介作用进行分析，并通过结构方程模型证明了风险规避与机会识别在创业资源对企业家精神的影响中存在的链式中介作用。

通过对表 4-11 中模型 1 的回归结果进行分析发现，创业资源对企业家精神的作用系数为 1.695，在 1%显著性水平下显著，说明创业资源对企业家精神存在显著正向作用，假设 4-1 成立。通过对表 4-11 中模型 2 和模型 3 进行分析发现，创业资源对机会识别的作用系数为 0.736，在 1%显著性水平下显著，且机会识别对企业家精神的作用系数为 0.790，在 1%显著性水平下显著，说明机会识别能力在创业资源对企业家精神的影响中存在正向中介作用，假设 4-2 成立。类似地，通过对表 4-11 中模型 4 和模型 5 进行分析发现，创业资源对风险规避的作用系数为-0.540，在 1%显著性水平下显著，且风险规避对企业家精神的作用系数为-0.339，在 1%显著性水平下显著，说明风险规避在创业资源对企业家精神的影响中存在负向中介作用，假设 4-3 成立。

同时，对比五组结果中的控制变量可以发现，性别、年龄、受教育程度、工作状态和收入状况对企业家精神均存在显著作用，进一步说明了控制变量选取的可靠性。

为进一步验证风险规避与机会识别在创业资源对企业家精神的影响中存在的链式中介作用，本节运用结构方程模型对上述关系进行检验，实证结果如表 4-12 所示。由表 4-12 可以得出，路径创业资源—风险规避—企业家精神的效应量为 0.0075，p 值为 0.002，进一步证明了假设 4-3；而路径创业资源—机会识别—企业家精神的效应量为 0.0281，p 值为 0.002，进一步证明了假设 4-2；路径创业资源—风险规避—机会识别—企业家精神的效应量为 0.0012，p 值为 0.002，证明了风险规避与机会识别在创业资源对企业家精神影响中的链式中介作用，假设 4-4 成立。

**表 4-12　结构方程模型检验（一）**

| 路径 | 效应量 | p 值 |
|---|---|---|
| 总效应 | 0.2468 | 0.002 |
| 直接效应 | 0.2100 | 0.002 |
| 创业资源—风险规避—企业家精神 | 0.0075 | 0.002 |
| 创业资源—机会识别—企业家精神 | 0.0281 | 0.002 |
| 创业资源—风险规避—机会识别—企业家精神 | 0.0012 | 0.002 |

从模型 1 中可以看到，创业资源对企业家精神具有显著的正向作用，说明个体具备的创业资源越丰富，企业家精神水平越高，假设 4-1 成立。

在模型 2 中，创业资源对机会识别具有显著的正向影响，表明个体具备的创业资源有助于识别机会。综合模型 1、模型 2 和模型 3 的结果可以看出，机会识别在创业资源与企业家精神的影响中起中介作用，具有资源的企业家可以更好地识别市场中存在的机会进而发挥企业家精神进行创业，假设 4-2 成立。

由模型 4 可以看出，创业资源对风险规避具有显著的负向影响，说明具备创业资源的个体能够应对创业中产生的不确定性，更敢于迎接未来的挑战，从而提高了其风险偏好程度。综合模型 1、模型 4 和模型 5 的结果可以看出，风险规避在创业资源对企业家精神的影响中起负向中介作用，具有创业资源的个体更偏好风险，更倾向于选择自主创业，从而发挥企业家精神，假设 4-3 成立。

从表 4-12 中的效应量可以看出，总效应结果显著表明有可能存在间接效应，直接效应显著且小于总效应，说明存在部分中介效应。各路径的中介效应均显著，表明创业资源—风险规避—机会识别—企业家精神的链式中介成立。从具体效应量可以看到，总效应量为 0. 2468；直接效应量为 0. 2100；创业资源—风险规避—企业家精神的效应量为 0. 0075；创业资源—机会识别—企业家精神的效应量为 0. 0281；创业资源—风险规避—机会识别—企业家精神的效应量为 0. 0012。假设 4-4 成立。创业资源对企业家精神的影响机制如图 4-12 所示。

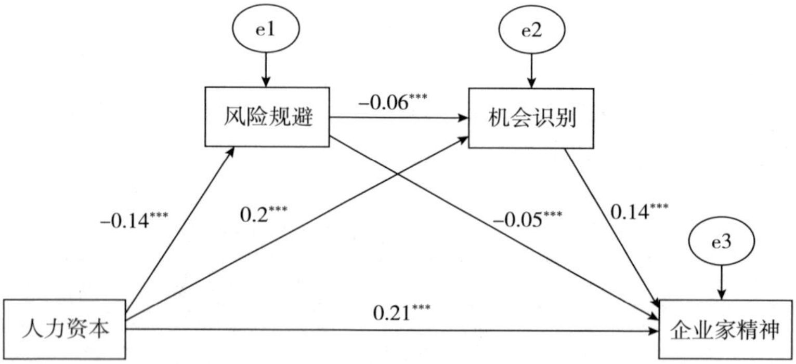


**图 4-12　创业资源对企业家精神的影响机制（一）**

（三）稳健性检验

本节将社会资本替代人力资本作为衡量创业资源的指标，以检验模型的稳健性。实证结果表明，各中介效应都显著成立，结果稳健，如表 4-13、表 4-14 所示。

通过对表 4-13 中模型 6 的回归结果进行分析发现，创业资源对企业家精神的作用系数为 1.112，在 1%显著性水平下显著，说明创业资源对企业家精神存在显著正向作用，假设 4-1 成立。通过对表 4-13 中模型 7 和模型 8 进行分析发现，创业资源对机会识别的作用系数为 0.835，在 1%显著性水平下显著，且机会识别对企业家精神的作用系数为 0.805，在 1%显著性水平下显著，说明机会识别能力在创业资源对企业家精神的影响中存在正向中介作用，假设 4-2 成立。类似地，通过对表 4-13 中模型 9 和模型 10 进行分析发现，创业资源对风险规避的作用系数为-0.107，在 1%显著性水平下显著，且风险规避对企业家精神的作用系数为-0.482，在 1%显著性水平下显著，说明风险规避在创业资源对企业家精神的影响中存在负向中介作用，假设 4-3 成立。

同时，对比五组结果中的控制变量可以发现，性别、年龄、受教育程度、工作状态和收入状况对企业家精神均存在显著作用，进一步说明了控制变量选取的可靠性。

为进一步验证风险规避与机会识别在创业资源对企业家精神的影响中存在的链式中介作用，运用结构方程模型对上述关系进行检验，实证结果如表 4-14 所示。由表 4-14 可以得出，路径创业资源—风险规避—企业家精神的效应量为 0.0029，p 值为 0.002，进一步证明了假设 4-3；而路径创业资源—机会识别—企业家精神的效应量为 0.0316，p 值为 0.002，进一步证明了假设 4-2；路径创业资源—风险规避—机会识别—企业家精神的效应量为 0.0004，p 值为 0.002，证明了风险规避与机会识别在创业资源对企业家精神影响中的链式中介作用，假设 4-4 成立。

**表 4-13　实证分析结果（二）**

| | 企业家精神 | 机会识别 | 企业家精神 | 风险规避 | 企业家精神 |
|---|---|---|---|---|---|
| | 模型 6 | 模型 7 | 模型 8 | 模型 9 | 模型 10 |
| 性别 | -0.222*** | -0.0553*** | -0.219*** | 0.280*** | -0.195*** |
| | (0.0207) | (0.0129) | (0.0209) | (0.0125) | (0.0208) |

续表

| | 企业家精神 | 机会识别 | 企业家精神 | 风险规避 | 企业家精神 |
|---|---|---|---|---|---|
| | 模型 6 | 模型 7 | 模型 8 | 模型 9 | 模型 10 |
| 年龄 | -0.0102 *** (0.000832) | -0.00665 *** (0.000480) | -0.00900 *** (0.000839) | -0.00247 *** (0.000468) | -0.0103 *** (0.000833) |
| 未受过教育 | -0.0768 ** (0.0375) | 0.0415 * (0.0236) | -0.0969 ** (0.0379) | 0.0611 *** (0.0231) | -0.0718 * (0.0377) |
| 部分中等教育 | -0.0339 (0.0330) | -0.0102 (0.0197) | -0.0338 (0.0334) | 0.0596 *** (0.0187) | -0.0311 (0.0331) |
| 高等教育 | 0.0997 *** (0.0261) | 0.0930 *** (0.0162) | 0.0984 *** (0.0264) | -0.00661 (0.0157) | 0.103 *** (0.0262) |
| 博士学位 | 0.246 *** (0.0474) | 0.229 *** (0.0311) | 0.230 *** (0.0477) | -0.0319 (0.0306) | 0.250 *** (0.0475) |
| 没有工作 | -0.745 *** (0.0327) | -0.258 *** (0.0181) | -0.711 *** (0.0330) | 0.0849 *** (0.0171) | -0.736 *** (0.0328) |
| 退休人员或学生 | -1.654 *** (0.0568) | -0.121 *** (0.0201) | -1.639 *** (0.0571) | -0.157 *** (0.0194) | -1.660 *** (0.0569) |
| 下层收入者 | -0.129 *** (0.0273) | -0.146 *** (0.0163) | -0.106 *** (0.0276) | 0.0565 *** (0.0155) | -0.124 *** (0.0274) |
| 上层收入者 | 0.205 *** (0.0250) | 0.166 *** (0.0162) | 0.185 *** (0.0253) | -0.0549 *** (0.0159) | 0.198 *** (0.0251) |
| 社会资本 | 1.112 *** (0.0217) | 0.835 *** (0.0132) | 0.978 *** (0.0221) | -0.107 *** (0.0131) | 1.105 *** (0.0217) |
| 机会识别 | | | 0.805 *** (0.0216) | | |
| 风险规避 | | | | | -0.482 *** (0.0223) |
| 常数 | -1.782 *** (0.103) | -0.132 ** (0.0667) | -2.213 *** (0.105) | -0.487 *** (0.0667) | -1.626 *** (0.104) |
| 样本数 | 119190 | 119190 | 119190 | 119190 | 119190 |
| $R^2$ | 0.1701 | 0.0907 | 0.1876 | 0.0365 | 0.1760 |

注：*** 表示 p<0.01，** 表示 p<0.05，* 表示 p<0.1。

**表 4-14 结构方程模型检验（二）**

| 路径 | 效应量 | p 值 |
| --- | --- | --- |
| 总效应 | 0. 2099 | 0. 002 |
| 直接效应 | 0. 1750 | 0. 002 |
| 创业资源—风险规避—企业家精神 | 0. 0029 | 0. 002 |
| 创业资源—机会识别—企业家精神 | 0. 0316 | 0. 002 |
| 创业资源—风险规避—机会识别—企业家精神 | 0. 0004 | 0. 002 |

从表 4-14 的效应量可以看出，总效应结果显著表明有可能存在间接效应，直接效应显著且小于总效应，说明存在部分中介效应。各路径中介效应均显著，表明创业资源—风险规避—机会识别—企业家精神的链式中介成立。从具体效应量可以看到，总效应量为 0. 2099；直接效应量为 0. 1750；创业资源—风险规避—企业家精神的效应量为 0. 0029；创业资源—机会识别—企业家精神的效应量为 0. 0316；创业资源—风险规避—机会识别—企业家精神的效应量为 0. 0004。假设 4-4 成立。用社会资本替代人力资本得到的创业资源对企业家精神的影响机制如图 4-13 所示。

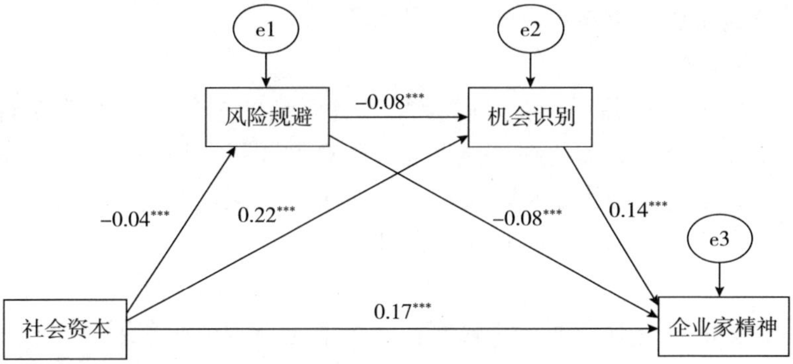


**图 4-13 创业资源对企业家精神的影响机制（二）**

## 四、讨论

### （一）关键结论

关于企业家精神的研究具有三大特色：第一，强调企业家精神的形成是机会驱动的；第二，强调企业家精神形成受地区环境的影响；第三，强调企业家精神形成与个体特质有关。本节基于计划行为理论、Timmons 创业过程模型和 Wickham 创业模型，提出“资源—态度—机会”三者互动的个体层企业家精神形成模型，探索创业资源如何在创业风险态度和机会识别能力影响下促成企业家精神。本节以全球创业观察 2015 年调查数据为样本，探讨了创业资源与企业家精神之间的关系，并分析了风险规避、机会识别的中介作用。研究发现：创业资源对企业家精神存在正向作用；机会识别和风险规避在创业资源对企业家精神的影响中起到链式中介作用。

（二）理论意义

以往学者普遍研究创业者识别市场机会后如何从团队中获得与机会相匹配的资源和能力，从而成功创业。本节将个体创业资源、创业风险态度与机会识别能力放置在一个模型中，在个体层面研究企业家精神的形成过程。同时，以前学者在研究企业家精神时，普遍将机会识别变量作为调节变量（项国鹏等，2018），或单独研究风险态度、机会识别对企业家精神的影响（李政、艾尼瓦尔，2018）。本节关注“资源—态度—机会”对企业家精神的动态作用过程，首次证明了风险规避和机会识别在创业资源对企业家精神的影响中存在链式中介作用，阐明企业家精神的动态形成机制。此外，本节运用对全球创业者的调查数据，并对国家背景进行控制，基于大样本数据，解决了样本偏差和文化偏差问题，使结果更加可靠。

（三）实践意义

本节提出了“资源—态度—机会”三者互动的个体层企业家精神形成模型，探索个体创业资源如何在个体创业风险态度和机会识别影响下促成企业家精神，对国家培育企业家精神具有启示：①国家应该加大创业培训的力度，通过创业培训提高个体识别和把握机会的能力，以及其风险承担意愿，提升创业的成功率。对企业家进行经济管理知识培训，使之明晰现代企业的管理模式，保证新生企业的可持续发展。②政府在制度上应当对企业家创业给予一定的支持，如进行适度补贴，减少资金流动性约束，提供贷款优惠政策，降低创业成本，加大对创业的宣传，将“大众创业、万众创新”落到实处。

此外，本节对个体的创业过程也具有一定启示：①创业者在创业前应对个体特质进行初步了解，可通过量表测量人格特质（如自信程度、风险规避程度等），并初步评估自身具备的创业资源，预估创业的成功可能性。②机会是创业活动的前提，创业者应有意识地关注市场中的商机，识别机会，并将创意转化为商业概念，在不确定的环境中勇于抓住机会，开发机会，进行创业。

③创业者应在创业过程中累积创业资源（包括资金资本、人力资本、社会资本等），创业资源是企业家创业的基础，决定了企业家获取信息和资源的能力，有助于企业家对外部资源的调用。资金资本可以减少资金流动性约束，并使贷款更加容易；社会资本是在认同和信任的基础上形成的，通过社会网络，企业家更容易识别市场机会，创业成功率更大；人力资本是企业家自身的知识和技能，对管理能力存在影响。

# 第五章　企业家精神的行为分析框架与实验研究

## 第一节　企业家精神及行为研究综述

### 一、企业家精神的概念及研究综述

（一）企业家

“企业家”这一术语是18世纪由康替龙（Richard Cantillon）引入经济学理论的，他在《一般商业之性质》一书中首次提出了企业家的概念，认为企业家是不确定性的承担者，是以确定的价格购买并以不确定的价格卖出商品的人。给企业家以较严格的定义并赋予企业家突出重要性的是萨伊（J. B. Say）。他在《政治经济学概论》一书中，赋予企业家生产的指挥协调者角色，将企业家视为把资源从低产出领域转移到高产出领域的人。马歇尔（Alfred Marshall）的企业家理论全面而深刻，后人对企业家理论的深入研究一般基于他的思想展开。他在《经济学原理》中提出，企业家是特定要素禀赋——人力资本所有者。柯兹纳（Israel Kirznar）从信息不完全出发，认为企业家就是那些能迅速发现机会的人，他们总是能够迅速发现市场中不同地域、不同时间的供求差异，并尽可能的低价买进、高价卖出产品。企业家的利润完全来自他对获利机会的发现能力。奈特（Frank Knight，1921）在《风险、不确定性和利润》中，将不确定性分为两种：一种是可能推测的不确定性，称为风险，是可以保险的；另一种是不能推测的不确定性，称为（真正的）不确定性，是不能保险的。他认为，企业家的作用就是处理经济中存在的不确定性，企业家是承担不确定性的决策者。熊彼特（J. A. Schumpeter）的企业家理论是最具鲜明色彩和影响最为广泛的。他赋予企业家以创新者角色，把企业家看作创新的主体，其作用在于创造性地破坏市场的均衡，即企业家就是从事创新活动的人。卡森（Mark Casson）在对以前的企业家理论进行综合的基础上，借鉴心理学、社会学等其他社会科学对企业家行为的认识，给出了企业家行为分析的一个理论框架，即以内生性偏好和内生性实施为特征的动态的制度分析框架。他认为企业家是专门就稀缺资源的协调做出判断性决策的人。莱宾斯坦（Harvey Leibenstein）将其X效率理论引入对企业家的分析，认为企业家的作用在于克服X低效率。此外，科斯（R. Coase）在其经典论文《企业的性质》中认为，企业家就是在一个竞争性体制中替代价格机制指挥资源的人，企业家指挥生产。诺斯（D. C. North）将科斯的经典理论应用于制度创新问题的研究，赋予企业家制度创新主体的角色。西奥多·舒尔茨（Theodore Schultz）分析了非均衡经济的特征和企业家在其中的作用，认为企业家的职能是对经济条件的变化做出反应，发现潜在获利机会，在自己的经济活动空间中重新配置时间和其他资源，使经济恢复均衡。

国内学者张维迎（1995）认为，所谓企业家，就是承担经营风险，从事经营管理并取得经营收入的人格的代表。企业家是责、权、利的有机统一，只承担风险、取得收入，不从事经营管理的企业家不是完整意义上的企业家，同样，只从事经营管理而不承担风险和取得经营收入的企业家也不是完整意义上的企业家。鲁传一和李子奈（2000）认为，企业家是经济生活的中心，在经济中扮演着创新者、组织和协调者、领导和管理者、风险承担者等多种角色。洪银兴（2001）认为，企业家是一种能力、精神的概念，不同于职业经理人（以经营为职业的人）；经营者成为企业家的标准是从事创新活动。敢冒风险、不断创新、不断进取是企业家的基本素质，也是在市场经济条件下企业家的基本职能。吴传清和张庆（2008）认为企业家有较强的风险意识，能在风险和不确定的环境中结合一切生产要素，就稀缺资源配置而做出判断性决策，并能够持续创新。张婷婷（2008）指出了企业家的充分必要条件，即具备企业家本质特征，在一定环境条件约束下，能最大限度实现企业家职能，并取得显著成就。就企业家理论的形成过程而言，企业家的内涵总是与其职能紧密联系。

### （二）企业理论中的企业家精神

科斯在《企业的性质》中开创的新制度经济学企业理论研究主要利用交易费用的概念系统回答企业的本质以及企业的规模和边界。契约理论是新制度经济学的核心，也成为企业理论研究的主要框架。“企业”在新制度经济学框架内被经济学家们认为是一组“契约关系”，企业参与主体作为委托人和代理人的角色出现，企业要解决的问题就是在企业内部组织中委托人如何设计最优契约以使代理成本最小化（Mirrlees，1974，1976；Holmstrom，1979），但这一理论无法对剩余控制权及其配置问题进行合理的分析。Grossman 和 Hart（1986）、Hart 和 Moore（1990）创建的 GHM 模型试图将企业的性质与边界以及企业的内部组织两大问题置于同一框架中进行解决，在不完全契约分析框架中将剩余控制权作为理解企业的关键。这一理论认为剩余控制权决定剩余索取权（Hart，1995），剩余控制权由资产所有权所定义，因此剩余索取权天然归属于资产所有者。但是，这一假设明显与可观察到的现实相矛盾。

Jorgenson 等（1987）在基于生产函数进行的经验性研究中指出当时劳动生产率的提高在很大程度上依赖于技术进步和创新，而不管是企业的创新还是技术进步都需要企业家的创新行为在组织内转化为企业的创新能力。在社会经济实践中，随着企业规模扩大、所有权与经营权的逐步分离以及外部竞争的加剧，企业家的作用越发凸显，其重要性受到更多关注。但是，前述理论研究均没有考虑“企业家”的角色，Baumol（1993）认为这主要是由于一般企业模型只是将企业视为利用最大最小化原理进行最优决策的工具，该模型中“企业家”的主要工作就是重复执行计算得出的最优决策，只对外部会影响到自身的偶发性变化做出被动反应，而对于变化本身不会采取任何措施，因此上述理论研究未涉及创新及冒险等企业家精神。

为了弥补以往研究对企业家的忽略，很多学者努力将企业家要素引入企业理论的分析框架中，其中 Knight（1921）、Schumpeter（1934）、Kirzner（1973）、Casson（1985）等最有影响力。

### （三）企业家精神的内涵

对企业家精神概念的界定是研究企业家精神影响因素的逻辑起点。企业家精神是企业家群体所表现的特征，很多因素都会对企业家的创业和创新行为产生作用，进而影响企业家精神的形成以及作用的发挥。Knight（1921）认为企业家精神是指在不可靠的情况中，以最能动的、最富有创造性的活动去开辟道路的创新精神和勇于承担风险的精神。Schumpeter（1934）则将企业家精神描述为一种“创造性的破坏过程”，认为企业家精神的外在体现就是去做别人没做过的事或是以别人没用过的方式做事的组合。其认为企业家精神的一个重要特征是创新精神，并将企业家精神的内涵归为五大要素：①企业家的“首创精神”和甘冒风险的大无畏精神；②企业家的成功欲；③企业家敢冒风险、以苦为乐的精神；④企业家的精明和敏锐；⑤企业家的事业心。美国经济学家彼得·德鲁克（Peter F. Drucker）在其撰写的《创新与企业家精神》一书中把企业家精神明确界定为社会创新精神，并将这种精神提高到社会进步“杠杆”的地位。

从上述学者对企业家精神的阐述中可以看出，企业家精神有着较为广泛的内涵，可以从不同的角度来诠释，但其基本内涵却主要体现在“创新、冒险、风险承担合作、担当”四个方面。此后，国外学者对企业家精神的内涵进行了丰富和拓展。Garnter（1988）强调企业家精神就是组织的创造，是新组织产生的过程。Baumol（1990）则将企业家精神分为生产性、非生产性和破坏性三种类型。Glosten 和 Muller（1993）关注企业家精神的形成过程，将企业家精神定义为在不确定的环境中从新的、独一无二的、有价值的资源组合中攫取利润的过程。Lynn（1991）研究了文化对企业家精神的影响，认为企业家精神的核心应该是一种价值观体系，也就是人们对各种事物的态度，包括对工作、生产、财富和储蓄的态度，以及对风险、失败、新信息、新发明和陌生人的态度等。Davidsson（1991）认为，企业家精神是企业家这个特殊群体在企业经营活动中形成的，在社会人文环境和经济制度规范下生成的，以创新精神为核心的，以风险承担精神为支撑的一种综合性的精神品质和意志，也是企业家着手工作，寻求机会，并通过创新和开办企业实现个人目标、满足社会需求的一种精神追求。Zahra 和 Covin（1995）认为公司企业家精神就是公司创新、更新、冒险和努力的总和。Stevenson 等（1998）认为，企业家精神主要包括承担风险的能力、对市场机会的洞察力和创新的精神等。阿尔伯特·赫希曼（Albert O. Hirschman）充分肯定了约瑟夫·熊彼特所提出的创新是企业家精神的基本特征这一结论，但他进一步指出，“合作与创新”是企业家精神中两个同等重要的因素，关键是把握二者的最佳平衡点。诺斯（North，1991）也强调了合作精神的重要性，并认为它是企业家精神的第二个来源。彼得·圣吉（Peter M. Senge）认为“企业家是当今最有力量改变世界，创造公平正义社会的一群。当面对饥饿、贫穷、环境迫害、道德沦丧等人类生存的危机时，企业家当有舍我其谁的担当”。Lumpkin 和 Dess（2001）进一步将企业家精神扩展为自治、创新、冒险、先动性与竞争性五个维度。Dolan 和 Garcia（2002）指出，企业家精神所包含的因素，除创造性、抱负、精力充沛外，还应包含强烈的道德准则。Lynskey（2012）指出，企业家精神不仅表现为个体的行为特征，更表现为组织的特质。Nijkamp（2013）认为应该从社会层面进行企业家精神研究，需要将企业过程或企业事件也纳入研究范畴。此外，Ana Mara Peredo 等（2014）认为企业家精神来自企业家个人特质的五个方面，即专门或以凸显的方式来创造某种社会价值的能力、识别机遇并利用机遇来创造该价值的能力、利用创新的能力、容忍风险的能力和拒绝接受可获得资源限制的倾向等。由于研究者所处历史阶段以及研究角度或者研究目的不同，因此学术界对企业家含义的认识还存在很大差异，对企业家所对应的企业家精神的内涵和外延也仍然没有达成共识。

对于企业家精神的内涵特征，研究者大多通过案例或实证研究方法总结对于经济进步更有利的企业家个体特征。Wennekers 和 Thurik（1999）通过文献分析的方法将企业家精神划分为创新和商业机会识别的能力、风险与不确定性认知能力、资源配置能力等 13 个具体的方面。Stopford 和 Fuller（1994）则将企业家精神归纳为五个特质，包括前瞻性、解决争端的能力、决定团队定位的能力、学习能力以及超越现有能力的渴望。Lumpkim 等（1996）通过对美国企业的案例研究总结出企业家精神主要由冒险精神、创新精神、独立精神、变革精神和竞争性精神五大要素构成。国内也有相关研究，吕爱权（2006）认为企业家精神由创新精神、冒险精神、创业精神、英雄主义、宽容精神构成。方虹（2012）认为企业家精神是指企业家基于一定创新意识和进取态度，敢于承担风险和挑战不确定性，以其敏锐的洞察力发现投资机会，发挥个人特性或团队合作精神，为个人或组织机构获取竞争优势和实现效益最大化不可或缺的要素。中国企业家调查系统（2014）发现企业家精神在不同经济发展背景下有不同的特征体现。

无可否认的是，在这个日新月异的时代，企业家精神是企业生存与发展之本，是提高生产效率和促进经济增长的重要因素，是一个国家或区域经济发展最主要的动力之一。抛开各类观点的具体分歧，创新精神、冒险精神、责任担当精神是大多数研究者认可的企业家精神的重要组成部分。很明显，以往研究显示企业家精神是一个内涵广泛、意义丰富的系统。面对这样一个包含众多要素的概念，当研究试图全面地描述企业家精神的各项要素组成及影响因素时已经落入企业家精神描述的困境中，但这一研究思路却是目前大多数理论研究的出发点。Aldrich 和 Baker（1997）在对 1990 年至 1995 年的相关研究进行分析后指出，对企业家精神的研究在抽样框架、理论假设和动态分析方面远不如对企业组织的研究那样成熟和复杂，因为这一研究领域还不存在一个统一的研究范式，也没有连贯的观点产生，这一问题目前仍未有效解决。

## 二、企业家精神的行为研究综述

### （一）企业家精神与实验研究范式

企业家精神的研究主要讨论个人如何感知、评估和利用机会，企业家决策的影响因素及其效果（Brush et al.，2003；Shane and Venkataraman，2000），以及个体成为企业家的关键影响因素（Baron，2006）。因此，针对特定行为模式的研究方法对企业家精神研究至关重要。然而，企业家精神研究主要采用的是定量研究方法（McDonald et al.，2015）。目前，实验经济学研究方法已经成为学术研究的主流（Croson and Gachter，2010），其同样也非常适合为解释企业家行为提供新的证据。虽然研究者对偏好和信念的形成及其如何影响决策等一系列问题展开研究并取得了一些重要成果，但是在企业家精神领域中并没有形成一个统一的研究框架，更没有进行拓展研究。

企业家精神主要通过企业家决策行为体现，目前学者主要使用调查或访谈的方法对企业家决策过程进行研究（Lohrke et al.，2010）。Golden（1992）指出调查和访谈的方式往往涉及事后数据的收集，要求受访者回忆已经发生的事情并进行评价，这可能导致回忆偏见和修正主义。Busenitz 等（2003）认为行为实验研究方法能克服这些弱点。实验经济学研究范式可以在特定场景中（如实验室或现场）按照研究的需要构建抽象的经济系统，抽离不相关的因素，在设定的情境中诱导出参与人的真实偏好，考察其在典型环境中的行为规律。Patel 和 Fiet（2010）指出实验研究通过确定变量之间的稳定关系可以评估因果关系。实验研究既可以在实验室中进行，也可以在半受控或自然的田野环境中进行。由于环境受到严格控制，实验室实验受其他原因影响的机会最低（内部效度高），但同时存在外部效度低的问题。相反，现场实验研究内部有效性较低，但外部有效性较高。

（二）企业家精神的行为实验研究综述

企业家精神是企业家理论重要的研究领域，目前对企业家行为进行分离并从个体偏好角度对企业家精神进行的研究较少。首先，作为天然承担不确定性的企业家，其风险偏好将影响其对风险的感知并最终影响风险决策行为。尤其是创新过程中充满着不确定性，企业家对市场信息所知有限、市场需求不稳定，这些都增加了企业家进行创新的风险。因此，在对企业家决策行为进行分析时需要考虑企业家的风险偏好水平。有研究认为企业家在寻求机会的过程中更容易接受风险，而风险偏好低的个体更倾向于选择成为雇员（Ahmed，1985；Begley and Boyd，1987；Stewart et al.，1999；Douglas and Shepherd，2002），这说明企业家相比于管理者或者其他非企业家具有更高的风险偏好。但是 Brockhaus（1980）、Carland J. C. 和 Carland J. W.（1992）发现，企业家和普通雇员之间风险偏好水平不同，而同样具有高成就动机的企业家和管理者之间的风险偏好水平没有差异，研究者认为这是因为高成就动机的个体会因为对失败的恐惧和对成功的渴望而具备高的风险偏好水平，而管理者和企业家都属于高成就动机者。综观关于企业家风险偏好的已有研究，在研究结论上并没有达成共识，而且大多文献基于高阶理论展开研究，即假定个体人口学特征能够反映其风险偏好，而 Bookstaber（1999）提出个体风险偏好并不能被性别、教育背景等特征变量所完全反映，因此还需要通过专门的方法测度企业家及非企业家个体的风险偏好并进行相应的探讨。

其次，社会偏好进一步证实了经济学理性人假设的不足之处，利他、互惠以及不平等厌恶等偏好影响个体决策，企业家决策行为也不例外。目前的研究文献主要利用企业社会责任的履行情况描述企业家的社会偏好，周评（2011）认为企业家的社会责任包含在企业的生产经营活动中，企业家做好所在企业的产品和服务与企业家承担社会责任本质上是一致的。Djankov 等（2007）发现企业家比非企业家表现出更高的信任水平。企业家在决定是否成为一名企业家以及进行企业创新决策行为时很可能受到社会偏好的影响，但是还没有专门从企业家个体社会偏好特征入手研究其决策行为的相关文献，因此有必要对此进行针对性研究。近年来，学界还提出了社会企业家精神的概念，但对这一术语的含义仍没有形成明确的共识，目前对该领域包括三种视角的研究：一是从非营利组织的视角将社会企业家精神定义为为提高效率把市场机制引入非营利组织的能力；二是从营利组织的视角认为社会企业家精神是企业家精神的一种且具备改善社会的责任感；三是从更宽泛的视角将社会企业家精神定义为创造性解决社会问题而不强调其所带来的社会福利性。李健和谭智丹（2019）总结认为社会企业家精神兼顾经济底线、社会底线和环境底线，追求经济效益、社会价值和生态环境三者和谐统一。这一概念的提出突出强调了当今社会对企业家精神社会偏好一面的更高的要求。

再次，现有研究也已发现时间偏好同样影响企业家决策行为。企业家进行的创新大都需要较长时间，如果考虑创新行为的时间维度可以将其各项资源的投入称为“即期决策”，而项目的收益为“未来收益”，同时这一未来收益并不能够完全通过一个客观的资金时间价值进行衡量，因此决策者个体的主观时间偏好必然影响其创新决策的结果。企业家的时间偏好会影响企业资源在不同项目之间的分配，对企业家时间偏好的研究有利于评估其对创新决策的影响。游静（2017）构建时间偏好影响下的知识创新收益与投入模型，通过模型分析创新主体时间偏好对协同创新行为决策产生的影响，发现创新主体时间偏好的贴现系数越高即耐心程度越低则会降低未来收益的折现值进而降低创新主体参与创新的努力程度，同时创新时间延长将使创新主体努力水平降低。Djankov 等（2007）分析巴西的调查数据发现，当地企业家的决策行为符合双曲线贴现模型。以上证据均说明现有针对时间偏好的相关结论可以应用于企业家精神研究领域。

最后，企业家在决策过程中一样存在信念方面的偏差。目前已有部分文献关注企业家过度自信等信念特征对其决策行为的影响。在企业经营过程中，企业家经常需要面对可预测性较低的任务或者无法快速且清晰地获取反馈的任务，对这些缺乏判断依据的任务进行决策需要较高的自信水平，而这正是过度自信个体的特征（Bernardo and Welch，2001；Cooper et al.，1995）。Koellinger（2008）研究显示自信水平高的企业家更倾向于采用创新型商业机会而非模仿型商业机会。Koellinger（2007）指出对于企业家而言自信水平是否合理并不重要，因为更自信的人预期会获得更高的回报，才更有可能创业。但是 Djankov 等（2007）通过案例调查数据分析发现企业家并没有比非企业家具有更高的自信，且从案例角度分析发现过度自信对于企业家所在企业的经营存在负面影响。何邓娇（2018）选择 2012~2017 年中国沪深两市 A 股 6613 家上市公司为研究对象，从企业家的背景特征角度考察企业家的过度自信和风险承担情况，结果发现企业家的过度自信与风险承担正相关。

### 三、文献评述和启示

通过以上对文献的总结，本章主要解决了两方面的问题：

首先，本章在行为研究框架下，从企业家行为的角度关注企业家精神，希望弥补经典经济学模型中将企业家精神视为一个程序化部件的缺陷，针对企业家精神来源，基于现有行为分析的结论开展研究，形成一个有机联系、不可分割的行为研究范式。

其次，个体行为决策受其偏好及信念影响，企业家决策行为背后也有偏好及信念因素，企业家偏好为其决策行为提供动力和目的，企业家信念为其决策行为提供逻辑和依据。然而目前针对企业家的偏好研究存在两方面问题：一方面是大多数研究基于高阶理论进行研究，即假定个体人口学特征能够反映个体风险偏好结构，并没有按照规范的行为研究方法对企业家的风险偏好特征进行深入探讨；另一方面是企业家在决定是否成为一名企业家以及进行企业创新决策行为时很可能受到社会偏好、时间偏好以及信念特征的影响，但是目前还没有专门从这两类偏好以及个体信念角度入手研究企业家行为的文献，有必要对此进行针对性研究。

# 第二节　企业家精神行为分析框架的构建

## 一、企业家精神的研究范式转变

本章关注企业家理论研究所面临的困境，并对困境的深层原因进行分析，找到企业家精神研究新的切入点。

基于传统管理理论描述企业家精神面临的问题在于只要其以经济学的最优化理论为基础，不管企业家决策是为了利润最大化还是其他非利润性目标，都无法避免将企业家精神视为企业理论模型中的一个程序化的机械部件，自然也就无法体现企业家精神。如果不使用经济模型，本章也可以通过对企业家的活动进行描述来体现企业家精神，但是这种方法只能描述那些常规性的管理活动，缺失了企业家精神的某些特质，如创新精神。Baumol（1993）指出可以通过研究已发生的企业家行为并讨论目前企业家精神研究中还未考虑的活动对企业家精神进行探讨以避免上述问题的产生，但是 Baumol 及其追随者对企业家精神的研究并没有脱离经济分析的古典路线，仍然将企业家精神视为一种企业资源，通过资源配置理论和一系列分析工具讨论企业家精神。实际上，只要研究是基于经典经济理论的研究，即所使用的经济模型只是将企业家精神作为一种投入品，那么企业家精神就是在模型体系之外以某种未知方式外生给定的，因此利用经典经济理论其实是无法回答企业家精神来源这一根本问题的。

但是，以往的研究可以为建立企业家精神的行为研究进路提供借鉴。传统经济学中的完全理性人假设是关于个体决策行为的整体模型，Gintis（2007）将其分析思路概括为 BPC-Model，即个体在既定偏好和信念的基础上，在物质预算和信息条件的双重约束下，依赖逻辑推理和最优化思维，做出自己的经济决策。虽然基于严格理性人假设的经典经济学在解释有限理性决策者行动时显得力不从心，但是所拓展出来的行为研究进路放松了纯理性假设，Vigna（2007）将有限理性人的行为定义为非标准行为（Non-standard Behavior）。Bolwes（2006）认为偏好是行为主体选择采取某一行动的理由，信念是行为主体在行动中对行为和行为结果之间关系的理解，这说明决策主体的行为受到自身偏好和信念的制约。基于严格理性人假设对真实决策行为预测的失败的主要原因是忽略了非标准的偏好和信念的结论，采用行为研究范式为企业家精神的研究提供了新的思路，能够较好地解释其行为背后的偏好及信念因素。这一研究范式的转换如图 5-1 所示。

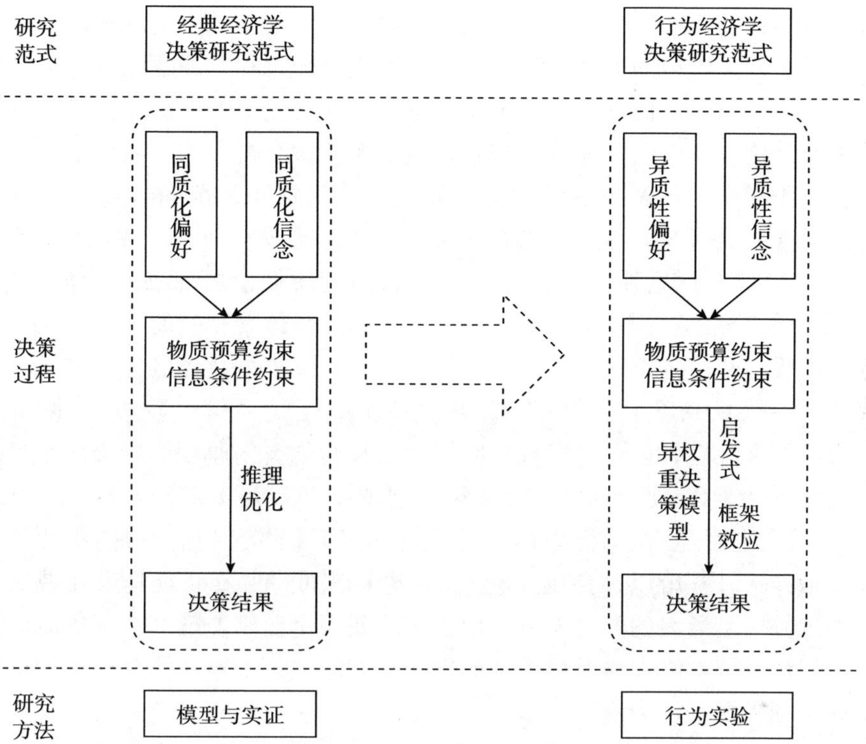


**图 5-1 行为研究范式转换**

以上分析说明企业家决策行为和特征将受企业家个体偏好的影响。按照 Bowels（2006）的观点，个体的决策行为会受其信念和偏好的制约，个体偏好异质性决定了决策行为指向的不同，即人的行为之所以会出现差异，根源在于信念和偏好的异质性。那么本章推论企业家精神存在的根源就是企业家个体异于非企业家个体的异质性偏好与信念。

## 二、企业家精神的结构维度

从制度经济学角度看，分析谁更适合成为企业家就是要分析哪一类个体应该对企业经营的剩余利润（租金）享有独占权利，张维迎（1995）认为那些掌握的要素更为重要、对他人的监督成本较低、更愿意承担风险的人会分享大部分利润，也就是说，资本是成为一个企业家的重要条件。那么资本是不是成为一个合格企业家的重要条件呢？张曙光（1996）认为企业制度需要经历古典企业制度、现代企业制度以及后现代企业制度三个发展阶段，不同的企业制度对应不同的企业特征，三种企业制度可以并存发展。其中，后现代企业制度在财富资本较为丰裕的大环境下产生，此时创业知识和管理才能成为更加稀缺和更加重要的东西，而资本已不再是关键性因素。比如创办高新技术企业所依靠的主要是创业者个人的才能和知识，资本的获得和财富的积累均是由知识劳动推动。张曙光（1996）总结的这一企业制度特征与目前的企业制度发展阶段不谋而合。据 KPMG 统计，全球创新创业投资规模在 2015 年达到 1285 亿美元，与 2014 年相比增加 44%。《2016 互联网创新创业白皮书》的数据显示，我国正在加快形成以创新为主要引领和支撑的经济体系和发展模式。从新注册企业数量看，2015 年到 2016 年第一季度，我国新增企业数量为 550. 26 万户，第三产业占据八成以上，约 48. 15 万户隶属“互联网+”领域；从投资环境看，天使基金规模、创业投资规模的持续增长为创新创业提供资金沃土，2015 年天使投资基金数与总金额较 2014 年分别增长 217. 95%和 209. 94%，2016 年上半年中国创业投资机构披露金额规模达到 471. 81 亿美元；对创业者的调查结果显示，64. 19%的创业者认为企业发展中遇到的主要困难是人才缺乏，而融资困难并不是最大的问题。以上数据说明我国企业制度已基本具备后现代企业制度特征，资本已不再是最关键的因素。相应地，本章认为企业家理论研究不应再将私人财富作为决定因素。

张维迎在《企业的企业家——契约理论》一书中指出风险态度对谁分享大部分利润的作用并不是经济学研究的主要方面。汪丁丁（1996）认为张维迎在分析中忽略风险态度的主要原因是从方法论上说，经济学的实证过程必须回避对心理因素的研究。以往的企业家理论研究同样如此，虽然大都强调企业家是企业中承担风险的主体，但是仍在分析过程中认为风险态度并不是决定谁成为企业家的主要个体特征，Schumpeter（1912）甚至认为应该是资本家而非企业家承担风险。实际上，企业家面对的决策环境普遍具有不确定性，那么企业家的决策行为本质上就是不确定性状况下的决策行为。在这一具有风险的环境下，经济行为参与人的风险偏好水平必然影响其是否成为企业家的选择结果及其之后的企业经营决策。因此，在构建企业家精神的行为研究范式时，需要构建一个充满不确定性的决策情境，并在其中关注个体风险偏好水平对企业家精神供给的影响。

企业家的社会偏好与非企业家相比是否存在差异？现有研究已经证明企业

家对其所经营的企业以及所在地的经济都会产生重要影响。Baumol（1990）将企业家精神分为生产性、非生产性和破坏性三种类型，其中生产性企业家精神可以通过创新行为或模仿行为为经济增长做出贡献，而破坏性企业家精神则可能因其寻租行为对经济增长造成损害。这一分类说明企业家的决策行为具有很强的外部性，即企业家的个体决策行为会对他人产生影响，构成他人的成本或收益。汪丁丁（2000）也指出在创新过程中所产生的知识存在互补性和互替性两类关系，在现代互联网经济中技术之间的互补性更为显著，因此在创新过程中合作行为不仅有利于分散创新风险，还有利于提高技术创新的利用效率。这说明对于企业家而言，不仅需要具备创新精神，还需要具备足够的合作精神。现有实验研究已经提供了个体不平等厌恶偏好的异质性分布导致个体合作行为差异的证据（Yang et al.，2016；Beranek et al.，2015；Dreber et al.，2014，陈叶烽等，2013），所以企业家个体的社会偏好很可能影响企业家精神尤其是创新精神的供给。

个体时间偏好也会影响企业家精神尤其是创新精神的供给。创新资源的投入是企业创新的前提条件和基础保障，作为企业决策者的企业家对企业的创新投资有着重要影响。创新投资项目不仅面临投资失败的可能，还可能存在收益周期较长的特征。Laibson（1997）发现个体决策中存在短期贴现率高而长期贴现率低的情况。Frederick 等（2002）指出正是由于行为主体的认知能力和信息处理能力有限，所以存在不耐心递减等认知偏差，这些认知偏差会妨碍行为主体及时、准确地预测和计算未来消费的成本收益，即时间偏好是影响企业家跨期选择的重要因素。创新投资就是典型的跨期投资行为，因此企业家的个体时间偏好将影响企业创新投资决策，即影响企业家精神的供给。因此，对企业家精神的研究可以采用如图 5-2 所示的行为研究范式。

企业家对自然、对自我以及对他人的信念对其精神有着深远的影响。信念是指个人对于价值观、目标和意义的坚定信仰和承诺（Rockeach，1968）。企业家对自然的信念塑造了他们的价值观和行为准则，同时这种信念可以激发创新、推动可持续经营，并促使企业家在商业活动中更加关注自然和社会的全局利益。企业家对自我的信念塑造了他们的心态和行为方式，影响着他们对自己能力的自信、对梦想的追求与坚持、对个人责任和成长的承担以及对创造力和创新的追求。这种信念激发企业家不断超越自我，追求卓越，并促使个人和企业实现持续的成长和成功。而当企业家具有关注他人的信念时，不仅有助于鼓舞人心，促进团队协作和员工发展，还有助于建立积极的企业文化和社会影响力。

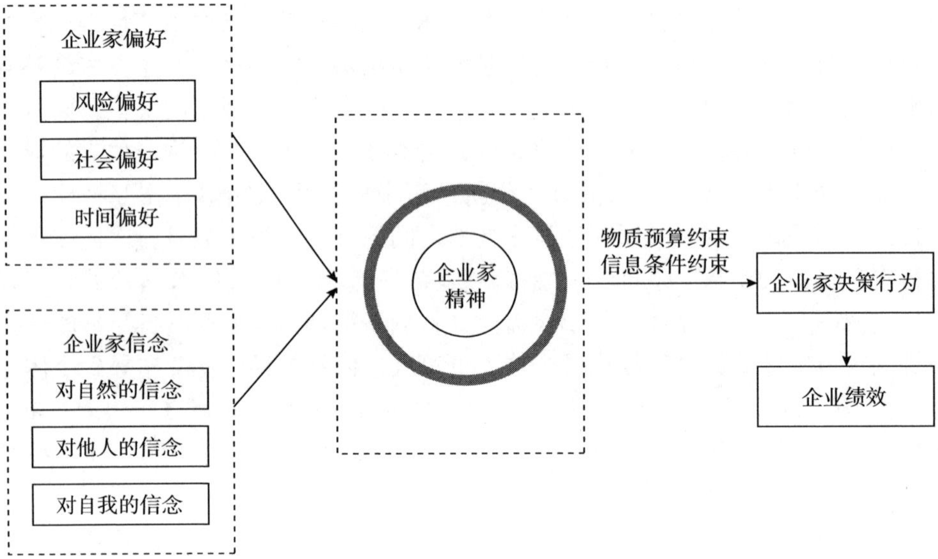


**图 5-2　企业家精神行为研究范式**

此外，企业家信念可以分为两个维度，即信任水平与过度自信。企业家信任水平是指企业家在商业环境中对其他人和实体的信任程度（郭霖，2005）。这种信任可以体现在企业家与供应商、客户、员工、投资者等各方的互动中，也可以表现为企业家对政府、法律、法规的信任程度。企业家信任水平高，则更容易建立稳定、健康的商业关系，从而获得更多的商业机会和权益。反之，企业家信任水平低，则商业关系可能不稳定，难以获得长期的商业机会和权益。过度自信是人类的心理特征之一，是一种认识偏差（何邓娇等，2018）。管理者过度自信是一种主观心理特征，这一特征表现为管理者高估自身的能力，或者高估企业未来的经营绩效，却低估企业的经营风险。Gervais 等（2003）将管理者过度自信定义为，管理者高估决策能力，而低估决策失败的可能性和未来的投资收益。

## 三、企业家精神的制度影响因素

企业家精神的外在表现是企业家的决策行为，通过企业家的创新行为、应对风险的行为以及承担社会责任的行为等可以评价企业家精神，因此本章通过制度与行为的映射关系反映制度因素对企业家精神的作用路径。

解释制度因素对企业家行为的影响需要关注两个关键内容：一是企业家这一微观个体的行为动机；二是企业家这一微观个体对环境的解释。首先，微观个体行为动机取决于个体期望效用的组成，不仅包含期望效用最大化，也包含从其他人的福利中取得效用的利他性以及个体在相应制度下的其他价值判断，制度工具可以对人们的激励结构产生影响进而改变个体的期望效用组成。其次，个体对环境的解释需要解决由于问题的复杂性和个体信息的不完备性所导致的不确定性，可以利用制度工具建立一个稳定的交往结构来调节这一不确定性。以上分析说明制度可能对企业家精神存在正向或负向的影响作用，因此本章从“制度驱动因素—企业家行为—企业家精神”这一研究的新视角，对企业家精神制度驱动因素作用机理进行探讨。

## 第三节 企业家个体异质性偏好特征的实验研究

### 一、企业家精神行为实验框架设计

行为经济学研究大多依赖于实验研究方式，利用实验手段对影响行为的各种复杂因素分层次进行分析。这是因为行为研究所面对的个体行为动机是复杂的，很难将经济行为人的行为归因于某种激励或约束因素，对这些因素进行分离更是一个不可能完成的任务，此时实验室实验成为行为研究的最佳选择。研究者可以在实验室中采取多重手段控制环境设置，在一个更为“纯净”的微观环境内观测被试的行为，然后利用这些行为数据挖掘、提取被试内在的偏好和信念机制。因此，基于企业家精神行为研究进路，本章可以通过简单的激励设置将被试的偏好、信念以及其他系统性特征诱导出来，从而达到研究目的。

在我国新时代的经济背景下，分析企业家精神可以利用企业家精神的行为研究进路，识别何种偏好以及信念特征会影响企业家精神的形成。目前，学术界对企业家含义的认识还存在着很大的差异，对企业家不同定位所对应的企业家精神的内涵和外延也没有达成共识。在这些不同的观点中，创新精神是大多数研究者认可的企业家精神的组成部分，汪丁丁（2014）等甚至认为创新精神是企业家精神中处于绝对主导地位的要素。在目前这个日新月异的时代，整个社会都充满竞争且不断变化，因为竞争对手的存在，企业单纯通过数量扩张、价格提高或者降低标准以降低生产成本的手段无法获取超额经济利益，只有不断开拓新市场，不断突破现有资源的限制，实现技术、产品、服务、机制等方面的创新才能获取高额的经济租金。企业的生存与成功主要依赖于创新（Bloom et al.，2000），创新精神已经成为企业家精神的本质属性，具有创新精神才是一名合格的企业家。

企业家创新精神通过企业家创新行为（如创新投资行为）来体现并为企业带来绩效，多位学者对此从不同角度进行了论述。Schumpeter（1934）将企业家视为创新者，认为创新者通过提供新的差异化产品、新的商业模式以及新的关系网络获取更高的经济租金。Baumol（1968）进一步扩展 Schumpeter 的创新范围，认为在某一区域范围内引进一种技术（实际上是一种模仿）也是一种创新，同时他还将创新引入非生产领域，认为通过干预监管当局采取有利于自己的法律原则以获取更多的垄断利润属于寻租方法的创新。Baumol（1990）认为企业家并不是管理者，管理者主要的任务是在企业生产可能性边界内通过管理行为使企业生产更加靠近这一边界，企业家并不受生产可能性边界的约束，而是力求通过创新行为突破这一边界以获取超额利润。在 Schumpeter 及其追随者看来，企业家创新是社会经济系统向前演进的直接原因。后续研究又从不同角度对这一观点进行了支撑，Aghion 和 Howitt（1992）通过数理模型证明了企业家创新精神对经济增长的影响，Martin 和 Scott（2000）研究发现了企业家创新精神对企业绩效的正向影响。我国学者针对中国情境下的企业家创新精神也进行了相关研究，靳卫东和高波（2008）建立企业家创新行为模型并进行实证分析，结果发现在我国增强企业家精神有利于提高创新投入，并进而提高整个社会的全要素生产率和经济增长率。

研究者认为企业家创新精神可以通过企业家创新行为在组织内转化为企业的创新能力。创新行为可以分为两种：第一种是个体创造（Sarasvathy，2001），在创意形成并得到落实的过程中充满了风险，企业家需要承担失败的可能性；第二种是企业家挖掘客观存在的机会（Kirzner，1973），挖掘过程中需要了解现有的市场环境信息并进行决策，Wood 和 Pearson（2009）指出若对市场潜在竞争对手以及相关客户的信息所知有限会使这一类创新存在不确定性或者风险。其实，Knight（1921）早已基于契约理论指出企业家就是不确定性决策者，因为企业中可以保险的且已知发生概率的风险决策可以由管理者通过计算做出，而那些发生概率难以估算且无法进行保险的不确定性决策必须由企业家完成，其获取相应的收益或承担相应的损失。Mises（1980）也认为企业家需要承担资本使用过程中可能出现的损失，没有风险承担能力的人不能成为企业家。Palich 和 Bagby（1995）使用认知理论分析发现，企业家更愿意接受有风险的方案，但是他们并不会比一般人预先就能接受更高风险。张维迎和盛斌（2014）的研究为这一现象提供了解释，他们认为企业家的冒险绝不是赌徒式的孤注一掷，而是以全面掌握相关知识和谨慎周密的判断为基础的，企业家通过冒险是为了比他人抢先得到获取利益的机会。以上研究证明创新行为属于典型的不确定性状况下的决策行为。

正如奥地利学派的观点，企业家发现获利机会是市场运行的关键，企业家对内生性和外生性经济租金的追求是市场具有活力的基本动力，并进一步扩展认为虽然所有行为人都要面对并处理不确定性，但是企业家需要承担资本使用过程中可能出现的损失，即没有风险承担能力的人不能成为企业家。那么，这就回答了为什么企业家会选择具有高风险或高不确定性的选项。

对于不确定状况下的决策问题，大到国家政治军事状况的评估，小到个体投资策略的选择，均有涉及。由于物理和生物系统本身具有随机性以及决策者根本不可能实现完全信息状态，因此不确定性（Uncertainty）是不可能完全消除的，但是经典经济学认为决策者可以利用贝叶斯概率降低不确定性。Knight（1921）提出在不确定性情境下进行决策时，可以根据是否已知可选项的概率分布将不确定性分为不可测量的不确定性（Unmeasurable Uncertainty）和可测量的风险（Measurable Uncertainty 或 Risk）。基于以上研究，Von Neuman 和 Morgenstern（1947）提出期望效用可以由有序性、连续性和独立性等一系列偏好公理推导得出并可进行期望效用最大化的计算，进而由此确定理想的决策方案，期望效用理论成为风险条件下个体决策理论的标准化描述。除此之外，风险决策还发展出基于均值方差（即风险衡量指标）的风险—回报决策模型。尽管模型具有规范化的优势，但是在解释真实世界中人类经济决策行为时仍存在诸多问题。

Koellinger 等（2007）认为可以使用一个具有外生给定的多个替代选项的决策框架来研究这一问题，这一框架需要具备四方面的信息：外生给定的行动选项、选项的结果、选项的风险以及决策者的个体效用函数。

## 二、企业家个体效用函数构建

本章将从行为、偏好和信念的角度对企业家精神制度驱动因素的作用机理进行研究。企业家的行为在应对企业经营过程中的不确定性时，能够同时满足决策者的参与约束与激励相容约束。制度对企业家行为正向或负向的影响是其影响企业家精神的直观体现。在研究中，可以利用实验研究方法，对不同制度环境下企业家的偏好、信念、行为进行分析，基于实验经济学的研究成果，深入研究企业家决策的行为基础等。

创新项目投资行为被视为是典型的企业家创新决策，该行为可以使企业获得难以模仿和难以替代的优势资源，已有研究表明在大多数情况下，具有较高创新项目投入的企业在销售情况、盈利水平和市场份额等企业绩效指标上显著优于低投入的企业（Johnson and Pazderka，2010；王素莲、阮复宽，2015）。梳理有关企业创新的文献发现，大多数研究从创新投入和产出专利数方面衡量创新行为，而且认为作为创新主体的企业能够持续性开展创新活动的关键在于长期性的创新投资和高效率的创新产出。

借鉴以往的研究经验，本章将创新项目投资作为实验的决策框架，使用创新投资金额衡量企业家创新精神。同时，本章的实验还利用创新投资后企业的收益体现决策的结果，利用企业收益函数中由系统随机产生的数字体现选项的不确定性特征，利用决策者个体收益体现决策的个体效用，该效用与决策者对创新投资决策的选择相关。

在本章的实验设计中，一个公司有五个股东，用 $Si$（$i=1$，2，3，4，5）表示。公司的股权结构为：公司第一大股东为法人，其控股比例为 44%，$S_1$ 是法人股的控股股东，他在法人股中的持股比例为 51%；$S_2$、$S_3$、$S_4$、$S_5$ 为自然人股东，持股比例分别为 14%。本章的这一设计参考了 2007 年到 2015 年 A 股上市公司具体的股权结构。在我国上市公司中，大多数公司的第一大股东的持股比例在 40%左右，但这一比例有逐年下降的趋势；这些公司中前五大股东拥有绝大部分的股份，其他股东持有的股份额度较少，对公司决策几乎没有什么影响。另外，考虑到金字塔型的股权结构比较常见，同时在公司中普遍存在不同性质的股东，因此本章将 $S_1$ 设计为法人股代表，$S_1$ 占法人股 51%的股份。

实验中先由公司股东选举公司董事长，经过竞选、投票等一系列步骤后，最终确定公司董事长人选，之后由董事长进行创新项目决策。董事长确定公司当期的创新项目投资额（$I_t$）、分红（$D_t$）和董事长自主分配收益（$P_t$）三个指标的数额，同时需要满足公司收益 $Y_t=I_t+D_t+P_t$。其中：①创新项目投资额 $I_t$ 指董事长决定公司第 $t$ 期的创新项目投资额，公司成长系数 $\alpha_t$ 随着 $I_t$ 的增大而增大，因此 $I_t$ 越大在下一期给公司带来的额外收益越多；②分红 $D_t$ 为董事长决定公司收益中分给全部股东的红利，红利根据各位股东的持股比例进行分配；③董事长自主支配收益 $P_t$ 指经过前两步决策后公司收益的剩余部分由董事长在五个股东（包括他自己）之间进行分配，具体分配方案由董事长个人针对每位股东的情况决定。

董事长确定创新项目决策及收益分配方案后，每位股东的当期收益就确定了。每位股东单期获得的收益点数由分红（$D_t$）和董事长自主支配收益（$P_t$）两部分组成，具体计算公式如下：①法人股代表 $S_1$ 单期点数 $=D_t\times44\%\times51\%+4/5P_t$；②其他股东 $S_{2\text{-}5}$ 单期点数 $=D_t\times14\%+4/5P_t$。其中，董事长自主支配收益（$P_t$）部分既可以由董事长独占，也可以被董事长用来收买其他股东支持自己长期任职，从本质上讲属于董事长利用公司资源为自己谋利，可以视为内生性的公司治理的成本损失，因此在 $P_t$ 项前以小于 1（本章使用的是 4/5）的参数进行修正。

在当期期末时公司的收益函数为 $Y_t=100K\times(1+\alpha_{t-1})$，公司收益 $Y_t$ 的具体数值对所有股东公开。其中，$\alpha_{t-1}$ 表示公司成长系数，$\alpha_{t-1}=$ 第 $t-1$ 期创新项目投资累计额÷第 $t-1$ 期累计公司收益，成长系数 $\alpha_{t-1}$ 体现的是公司在第 $t-1$ 期的累计创新投资会在第 $t$ 期给公司带来的额外收益，相应的本期对创新项目的投资也会在下一期给公司带来额外收益，同时 $\alpha$ 的取值越大，在下一期为公司带来的额外收益就越多。$K$ 是系统随机产生的自然数，$1\leqslant K\leqslant3$，用来描述创新投资项目本身的不确定性对公司收益产生的影响。

### 三、单期实验步骤

本实验将有创业经验的本科在校生、MBA 学生以及没有创业经验的本科在校生作为研究对象，使用实验研究方法，研究个体行为偏好对企业家职业选择及企业家决策行为的影响。本实验将在自愿报名参加实验的人选中，随机选择没有参加过类似设计实验的被试，并随机确定其股东角色。实验开始时由实验主持人首先讲解实验说明以及计算机操作界面，讲解后由被试回答测试题，之后由实验助手分别检查答案并进行私下辅导，确认被试充分理解整个实验过程后进行上机实验。

每期实验由 5 名首次参加实验的被试进行 10 期决策，每期决策包括六个步骤，每期实验持续 90~120 分钟。当全部的 10 期决策结束，我们会对每位参与人在每期实验中获得的点数进行累加得到每一位参与人在本次实验中获得的总点数。之后，按照规定的比例将获得的实验点数兑付为人民币并在现场支付，同时保证支付的隐私性。此外，除决策收益外，每位被试还能够获得 10 元的出场费，支付出场费主要是考虑到被试在较长的实验过程中可能产生主观成本，通过支付被试佣金的方式补偿主观成本以消除这一因素对实验结果的影响。

每期实验重复进行 10 期决策，每期决策主要由 6 个实验步骤构成，具体情况如下：

（1）提名选举董事长。每期决策开始时，先进行董事长的提名。提名开始前，每位股东可以在系统中进行公开自由的交流，时间持续 1 分钟。自由交流后，每位股东需要在规定时间内提名一名股东担任董事长（包括提名他自己），也可以选择不提名。每个被提名的股东可以了解提名自己的股东数量，并选择接受或拒绝提名。如果没有人被提名或者没有人接受对他的提名，第一大股东代表 $S_1$ 自动成为董事长；如果只有一个被提名的股东接受提名，则其成为董事长。董事长选举成功后，该环节结束，直接进入“确定公司收益”步骤。

（2）竞选演说。如果至少有两名股东接受提名，那接受提名的候选股东需要做一个公开的“竞选演说”，演说内容向本公司所有股东公布。所有股东在收到竞选演说以后，实验进入“投票选举董事长”的阶段。

（3）投票选举董事长。候选人竞选演说环节过后，每位股东还需要再次选举董事长，投票不允许弃权。每位股东掌握的票数与他的股份数相同，因此总票数为 100 票。按照简单多数的投票原则，得票数超过 50 的候选人成为董事长。如果没有人得票数超过 50，则第一大股东自动成为董事长。

（4）确定公司收益。公司的收益函数为 $Y_t=100K\times(1+\alpha_{t-1})$，公司收益 $Y_t$ 的具体数值对所有股东公开。当时 $t=1$ 时 $Y_t=100K$，这是因为在实验的第一期公司初始的创新项目投资额为 0。

（5）董事长决策分配公司收益。公司收益 $Y_t$ 确定以后，实验进入董事长决策环节。在这一阶段，董事长确定公司当期的创新项目投资额（$I_t$）、分红（$D_t$）和董事长自主分配收益（$P_t$）三个指标的数额，同时需要满足 $Y_t=I_t+D_t+P_t$。

（6）确定每位股东单期收益点数。每位股东单期获得的收益点数由分红和董事长自主支配收益两部分组成。

（7）单期实验结束。在董事长对当期收益分配完毕之后，每一位股东就会被告知董事长的分配方案以及每位股东在该期实验中所获得的点数。至此，单期实验结束，董事长职务及其相关的权利自动解除，系统自动开始进行下一期决策实验。

## 四、设计偏好及信念相关变量

### （一）结果变量

进行恰当的实验设计可以获取决策个体是否有意愿成为一名企业家以及其

是否适合成为一名企业家的相关数据。在实验室实验中，基于董事长提名选举环节的聊天记录和自我提名情况可以获取判断被试是否愿意成为企业家的数据。被选举成为董事长后，被试在公司收益分配环节面对不确定性状况进行决策，所决定的创新项目的投资金额显示出其企业家创新精神的强弱。本章将被试是否有意成为企业家以及创新投资决策作为因变量进行考察。

（二）前因变量

1. 人口学特征

以往文献针对决策个体是否有意愿成为一名企业家以及是否适合成为一名企业家的解释主要从个体层面、组织层面及社会层面进行。本章关注决策个体偏好特征对决策结果的影响，使用调查问卷的方式获取个体特征数据。Koellinger（2008）利用30个国家初创企业2002～2004年的调查数据进行研究发现，企业家创新精神不仅与企业家决策时所处环境有关，还与企业家个体特征有关，证实企业家个体受教育程度、自信水平与企业家创新精神显著正相关。Djankov等（2007）利用巴西400名企业家和540名非企业家的调查数据进行研究，发现父母受教育程度、社会网络等家庭因素对个体是否选择成为企业家有显著的影响，风险态度、自信程度等个体特征因素对个体是否能够成为一名成功的企业家有显著影响。Dean和Holger（2014）从创新机会识别、进入市场决策、利用创新机会、企业退出决策等方面总结企业家精神的影响因素，其中企业家个体特征方面的影响因素主要包括性别、已有经验、认知模式、对风险的评估、情绪体验、文化背景等。基于以上研究结论，本章通过问卷设计主要获取两类数据：一类是个体先天具备的本质特征（Nature），包括性别、年龄、风险偏好、社会偏好、时间偏好以及风险感知水平等；另一类是个体的后天特征（Nurture），包括家庭背景和家庭收入水平等。

2. 风险偏好

测度个体风险偏好可以使用个体效用函数进行，但是这类评估结果是不连续的集合，不符合现实中决策者风险态度的连续性特征。已有的部分研究利用企业家所在企业的风险资产在其总资产中所占的比重来衡量企业家的风险偏好，其依据为：Moers和Peek（2000）研究发现管理者风险偏好水平与管理者风险资产比重的波动性正相关，Sawers（2006）发现拥有较多股票期权的管理者倾向于厌恶风险。还有研究利用过度自信等指标衡量企业家的风险偏好程度（张敏、张一力，2016）。我国学者白云涛等（2007）通过要求被试回答现实情境下的问题的量表获得数据对高层管理团队的风险偏好水平进行测度。然而，这种方法存在决策者对问题描述理解偏差的可能，不同地区或文化下的决策者对其有不同的解释。Weber 和 Milliman（1997）通过考察决策者对风险选项愿意支付的价格测度个体风险偏好水平，这一研究通过判断个体的“确定性等价物”推断其风险偏好，但是在现实世界中决策者大多进行的是选择行为而不是决定一个“确定性等价物”。本章主要关注个体的风险偏好水平对决策行为的影响，因此借鉴了 Hsee 和 Weber（1999）的测量方法。Hsee 和 Weber 等（1999）在问卷设计的情境中设置风险和安全两种备选方案，然后根据被试对两种方案的选择比例来计算被试的风险偏好指数（Risk Preference Index，RPI），通过这一方法获取被试的风险偏好数据，如果被试的 RPI 值高于总样本 RPI 值的均值即属于风险爱好者；反之则属于风险厌恶者。在本章设计的调查问卷中，被试需要在一个确定性支付（如“100%的概率获得 50 元人民币”）和一个风险性支付（如“50%的概率获得 200 元人民币，50%的概率获得 0”）两种备选方案中进行选择，每种情境各有 10 个类似的问题，确定性支付金额固定不变，风险性支付中可获得的金额逐步增加。然后根据被试对两种方案的选择比例来计算被试的风险偏好指数，如果被试在 10 个问题中全部选择确定性支付，则其 RPI 为 1；如果被试在 10 个问题中全部选择风险性支付，则其 RPI 为 11。因此，被试的 RPI 取值范围在 1~11，RPI 取值越大，被试风险偏好越强。另外，通过调查问卷中被试对风险承担行为的自我评价获取被试的风险感知水平。

3. 时间偏好

时间偏好描述人们对近期和远期收益的评价，折现不均匀问题导致人们在不同时期内的行为选择不一致，一般比较近的将来的折现率高于对比较远的将来的折现率。按照本章的实验设计，创新项目投资和创新收益存在时间距离，时间偏好程度高的被试与时间偏好程度低的被试由于时间偏好不同造成创新投资行为不同，因此有必要了解时间偏好对企业家创新精神的影响。在实验中，对于决策者时间偏好的测度主要使用调查问卷进行，问卷中包含两张收益表，每张收益表中列出多道二选一的选择题：选项 A 内容为“今天得到 N 元”，选项 B 内容为“t 天后领取 M 元”，N 值按照题号从低到高依次递增，M 值固定，两张收益表对应的 t 值分别为 7 和 90。被试对收益表中的每道选择题进行单选，按照理性经济人假设被试应该在 N 值较小时选择 B，当 N 值足够大时转而选 A，那么 B 到 A 的转换位置就是被试的无差异点，将利用 t=7 和 t=90 所计算出的不同的 $r_t$ 之间的差值作为解释变量。

4. 社会偏好

社会偏好反映人们在经济交往中不仅会考虑自身的收益，还会将他人的收益情况和行为动机纳入个体收益函数中，已有研究认为个体社会偏好是异质性的，主要通过不平等厌恶偏好、互惠偏好和利他偏好等形式体现。对三种经典社会偏好的测度主要使用调查问卷进行。Fowler（2006）通过独裁者实验和调查问卷互相印证的方式证实了独裁者实验的结果能够在一定程度上反映被试关心他人福利的程度。依据这一结论，本章在调查问卷中设计独裁者博弈的问题，被试需要将固定资产在自己和另一位博弈参与者之间进行分配，如果作为独裁者的被试分配所有资产给对方，则自己的最终收益为0；如果作为独裁者的被试不将资产分配给对方，则自己将获得全部资产。本章将独裁者的资产分配额作为测度决策主体社会偏好的依据。

5. 企业家信念水平

企业家信念影响着他们对自己能力的自信、对梦想的追求与坚持、对个人责任和成长的承担以及对创造力和创新的追求。这些信念激发企业家不断超越自我，追求卓越，并促使个人和企业实现持续的成长和成功。但学者对此过程的探究却刚刚开始。关于对信念的衡量可以分为三种方式，分别是“经验估计法”“自我陈述法”“假设情景法”（罗卫东等，2022）。本章采取假设情景法测度企业家的信念水平。受访者不是针对实际问题汇报自己的信念，而是对研究者设定情景下的问题进行估计或者预测。研究者往往事先设定多个假设情景，并保证在这多个情景中逐步变动某些因素而控制另一些因素，从而使得数据包含更多有效信息。尽管受访者仍然可能根据自己的情况或者根据情景进行联想，但这仍是处理内生性问题的一个具有较多优点的方法。基于这一方法，本章在对企业家进行采访的时候，会设定不同的研究情境，根据企业家在研究情境下针对特定问题的回答，进行信念水平的打分和测度。

6. 企业家过度自信

心理学研究发现人们普遍具有过度自信的认知偏差，而相比于一般大众，企业家的过度自信程度普遍更高。Cooper et al.（1988）研究了美国创业企业家群体。调查结果显示，2994位企业家中，认为自己能成功的概率高达81%，而认为别人能成功的概率则只有59%。其中，有33%的企业家认为自己必定成功，而只有11%的企业家认为别人必定成功。然而，跟踪调查五年后，这些自信的企业家有66%以失败告终。基于此，本文参考张敏等（2017）的相关研究测度企业家过度自信。首先，在各个阶段实验开始之前分别要求被试估计自己所运营公司的绩效在所有参与者中的排序，同时对自身绩效超出所有公司均值的比例进行估计并提交该数值（上限为50%）；其次，在本阶段实验结束后，每个参与者将会看到自己运营公司的实际绩效，此时再要求被试估计自己所运营的公司绩效在所有参与者中的排序，同时对自身绩效超出所有公司均值的比例进行估计并提交该数值（上限为50%）；最后，将被试经营公司的实际绩效水平与所有公司真实绩效的均值进行比较，得到个体绩效超出均值的客观评价数据。如果被试对自身绩效的相对评价高于实际值，则存在过高定位。超过的比例越高，表明过度自信的程度越高。如果个体的估计值低于绩效均值，则取值为0。

## 五、研究假设

### （一）个体偏好及信念特征与企业家职业选择

人们普遍认为追求财富的动机是个体选择企业家职业的主要原因，但实际上个体的这一职业选择受诸多因素的影响。以往研究对个体为什么选择企业家这一职业进行探讨时主要关注个体的特征以及外部因素对个体的影响，发现处于失业状态（Roman et al.，2013）、创业的机会成本较低（Amit et al.，1995；Carnahan et al.，2012；Campbell et al.，2012）、基于家庭的商业模式（Brush et al.，2008）、能够使用决策工具及技术（Patel and Fiet，2009）的情况下个体倾向于选择企业家职业，但是个人能力高低（Bates，1995；Douglas and Shepherd，2000）并不是个体选择成为企业家的根本原因。多项研究还发现，个体动机（Motive）和自我感知（Self-perception）是个体选择成为企业家的关键因素，包括实现自我意义、满足个人发展等动机（Fauchart and Gruber，2011），以及个体对自身能否获得预期结果的判断（Townsend et al.，2010）。

目前基于行为研究框架，从风险偏好和社会偏好等行为偏好特征角度对企业家职业选择的探讨并不多见，主要是Djankov等在巴西、俄罗斯和中国进行调查研究形成的一系列文献。实际上，个体偏好和信念的异质性有助于区分哪些个体会倾向于成为一名企业家。首先，在有限理性假设下，由于企业家认知具有的局限性以及其决策时不可能获取完全信息，因此企业家决策是典型的不确定状况下的决策行为。Podoynitsyna等（2012）认为个体对自身管理风险能力的感知会影响其对企业家职业的选择。Djankov等（2006）发现中国和俄罗斯的企业家与非企业家相比具有更强的风险寻求倾向，但是在巴西并没有发现类似的显著性差异。这说明风险偏好可能影响个体对企业家职业的选择。其次，Djankov等（2007）针对中国企业家进行问卷调查，发现与非企业家相比，企业家表现出更高的信任程度。郑昊力（2017）利用行为实验和脑电技术研究个体信任行为，发现人类亲社会行为存在一定的内在一致性，更利他的被试往往表现出更高的信任度和可信任度，即信任行为显著受到利他偏好和互惠偏好的影响。另外，Fauchart 和 Gruber（2011）区分了三种类型的创业者，包括关注企业经济收益的生存型企业家（Darwinian）、专注于服务客户和社区的社区型企业家（Communitarian）以及专注于成为社会变革推动者的传教型企业家（Missionary）。其中，社区型企业家和传教型企业家的行为动机都具有较强的社会偏好特征，由此可以推断社会偏好也将影响个体对企业家职业的选择。另外，个体的时间偏好会对其在经济活动中的决策产生重要影响（罗鹏飞等，2022）。时间偏好较强的企业家可以有效避免过度投资问题，并且能够未来的长期目标做决策。Djankov 等（2007）针对中国企业家进行问卷调查，研究发现与非企业家相比，企业家表现出更高的信任程度，承担风险的意愿更强（刘华芳和杨建君，2013）。同时，信任是团队合作的重要因素，更高的信任水平对人员配置和团队合作都有积极正向的作用，这都是企业家所必须具备的素质能力。因此，信任水平也将影响个体对企业家职业的选择。过度自信的人渴望挑战和成就感，他们对个人成就有较高的追求。创业给予他们展现自己能力和实现目标的机会，因此他们更愿意从事创业行动。据此，提出以下假设：

假设 5-1：风险寻求倾向的人更倾向于成为企业家。

假设 5-2：社会偏好更强的人更倾向于成为企业家。

假设 5-3：时间偏好更强的人更倾向于成为企业家。

假设 5-4：信任水平更强的人更倾向于成为企业家。

假设 5-5：过度自信的人更倾向于成为企业家。

（二）个体偏好及信念特征与企业家创新精神

哪些个体更适合成为一名企业家呢？在全球化的市场竞争下，创新精神已成为企业家精神的本质属性，企业家创新精神外显为企业家创新行为。首先，不管是个体进行创造并加以落实的创新行为，还是企业家挖掘客观存在的机会的创新行为，都充满了不确定性或者风险。企业家创新行为充斥着高风险，企业家的风险偏好会直接影响企业家创新精神的发挥，进而影响企业创新绩效。大部分研究认为冒险精神对创新行为存在促进作用。Koellinger（2008）研究发现那些能够承受风险的人更容易进行创新行为。文露彬（2014）利用调查问卷展开研究，结果显示企业家风险偏好对企业家能力与企业绩效的关系存在部分调节作用，企业家风险偏好与企业绩效存在显著的正相关关系，同时企业家风险偏好通过企业家机会能力和战略能力对企业绩效产生影响。王素莲和阮复宽（2015）发现风险偏好程度高的企业家更倾向于开发风险大、利润增长点高的项目，且更擅长将企业前期风险投资转化为企业绩效的增长。其次，王颖等（2016）利用扎根理论的方法探讨在企业不同的生命周期中企业家精神与企业家社会责任之间的关系，发现企业家的社会公德和职业道德会对企业创新行为产生决定性影响。社会公德突出的企业家更易推动企业高质量创新的发展。张维迎（1995）指出除了物质报酬之外，企业家要在组织内部进行权力再分配，这对于人才激励起着重要作用。依据王颖等（2016）的研究，一个企业家如果其社会公德越突出，则越倾向于将资产、权力分配给关键创新人才，用于激励关键创新人才创新，同时推动企业不断产出重大创新成果。结合本课题对于社会偏好的定义，企业家将自身资产越多地分配给他人，则其社会偏好越高，可以推断企业家的社会偏好会对企业创新产生正向影响。最后，企业家的创业行为不可能一蹴而就，时间偏好会影响企业家的创新行为。Djankov 等（2007）分析巴西企业家的调查数据发现，与非企业家相比，巴西企业家具有更多的耐心，根据双曲线贴现模型计算的贴现率更低，这说明时间偏好会影响企业家的创新行为。华民（2021）指出企业家是最具远见和洞察力的人，企业家的时间偏好要远远低于政府官员和投资者。企业家作为创新的主体，追求的是价值创造，较低的时间偏好决定了企业家们愿意把更多的时间和精力花在各种各样的创新活动上，而不是通过各种各样的寻租或者交易行为来获取或增加短期收益。

长期以来，信任就一直被认为是影响组织成功的重要因素（Davis 等，2000）。郭霖等（2005）指出企业家的信任水平不仅影响了他自身的行为，而且影响了整个组织的信任水平。高信任水平的企业家很少需要监督控制员工，整个组织之间相互信任，团结互助，员工自由度更高，也更容易挖掘出创新潜能。Bromiley 等（1998）强调信任对创新能力的正面影响，他们指出当组织中缺乏信任时，任何达成有关团队间合作的默契或活动的协助都很难形成，包括组织的任何变革和创新。相反，信任水平高的组织可以将用于监督和控制的成本转移到激励组织创新上，导致组织产出更多的创新成果。因此，企业家的信任水平会通过影响组织的信任水平来影响企业的创新。

张敏和张一力（2016）采用过度自信程度衡量企业家的风险偏好水平，研究显示过度自信促进了企业家的双元创新行为。何邓娇和吕静宜（2018）通过实证检验了企业家过度自信、风险承担与创新绩效之间的关系，发现企业家过度自信能显著提高企业风险承担水平，从而提高企业的创新绩效。过度自信的企业家为了使企业绩效能够达到与其自信水平相匹配的结果，会不断进行创新来促进企业的发展。Hirshleifer（2012）也指出，过度自信的企业家更愿意投资创新项目，并引用更多的专利，在既定研发费用下使其获得更多收益。

因此，企业家的过度自信会推动其创新行为的发生。据此，提出以下假设：

假设 5-6：个体风险偏好与创新行为正向相关。

假设 5-7：个体社会偏好与创新行为正向相关。

假设 5-8：个体时间偏好与创新行为负向相关。

假设 5-9：个体高的信任水平与创新行为正向相关。

假设 5-10：个体过度自信水平与创新行为正向相关。

## 第四节　实验研究的结果及讨论

### 一、变量选取

实验最终选取了两个因变量，其中：描述个体选择企业家职业意愿的变量为 Choice，如果被试有意愿参加董事长选举则取值为 1，否则为 0；描述创新投资决策行为的变量为 Innovation，其取值为董事长确定的创新投资金额，金额取值范围 0~600。自变量主要包括：衡量个体风险偏好程度的变量 RP，描述个体社会偏好程度的变量 SP，描述个体时间偏好程度的变量 TP，描述个体信任水平的变量 TL，描述个体过度自信的变量 OC。控制变量主要包括年龄、性别、家庭背景、家庭收入水平。变量的描述性统计如表 5-1 所示。

表 5-1　变量描述

| 变量名称 | 变量描述 | 取值范围 | 均值 | 标准差 |
|---|---|---|---|---|
| Choice | 是否参加董事长选举 | 参加为 1，不参加为 0 | 0.39 | 0.49 |
| Innovation | 创新项目投资水平 | $0 \leq Innovationt \leq 600$ | 244.92 | 180.61 |
| $RP_i$ | 个体风险偏好 | $RP_i \in \{1, 2, 3, 4, 5, 6, 7, 8, 9, 10\}$ | 4.11 | 2.20 |
| $SP_i$ | 个体社会偏好 | $SP_i \in \{1, 2, 3, 4, 5, 6, 7, 8, 9, 10\}$ | 4.39 | 1.38 |
| $TP_i$ | 个体时间偏好 | $TP_i>0$ | 0.29 | 0.09 |
| $TL_i$ | 个体信任水平 | $TL_i \in \{1, 2, 3, 4, 5, 6, 7, 8, 9, 10\}$ | 4.52 | 1.46 |
| $OC_i$ | 个体过度自信 | $OC_i \in \{1, 2, 3, 4, 5, 6, 7, 8, 9, 10\}$ | 4.16 | 1.85 |

利用 Spearman 检验各变量之间的关系，表 5-2 显示两个被解释变量（是否参加董事长选举、创新项目投资水平）与部分解释变量之间显著相关，说明实验参与者是否参与董事长选举受社会偏好以及信念特征的显著影响。被选举成为董事长的被试决定的创新项目投资水平 Innovation 还需要进一步检验，因为这一投资水平与实验期数显著相关且在第 10 期有明显的截止期效应。

**表 5-2　Spearman 相关系数**

| 变量 | Choice | Innovation | Income | Home | Sex | $RP_i$ | $SP_i$ | $TP_i$ | TLi | OCi |
|---|---|---|---|---|---|---|---|---|---|---|
| Choice | 1 | | | | | | | | | |
| Innovation | 0.0210 | 1 | | | | | | | | |
| Income | -0.099* | 0.036 | 1 | | | | | | | |
| Home | -0.044 | 0.004 | 0.263** | 1 | | | | | | |
| Sex | 0.027 | -0.036 | -0.061* | -0.039 | 1 | | | | | |
| $RP_i$ | -0.023 | 0.006 | -0.106* | -0.084* | 0.026 | 1 | | | | |
| $SP_i$ | 0.123*** | 0.007 | -0.191* | -0.160* | 0.335* | -0.018 | 1 | | | |
| $TP_i$ | 0.020 | 0.029 | 0.160** | -0.095* | 0.003 | -0.215* | -0.068 | 1 | | |
| $TL_i$ | -0.068* | -0.011 | 0.110** | -0.228* | 0.123* | -0.012 | -0.086 | 0.109* | 1 | |
| $OC_i$ | 0.156*** | 0.112*** | 0.038 | 0.016 | 0.064*** | -0.017 | 0.032 | 0.113*** | 0.214*** | 1 |

注：*、**、*** 分别表示相关系数在 0.1、0.05、0.01 水平下显著。

## 二、谁更愿意选择成为企业家

被解释变量 Choice 表示实验参与者是否有意愿参与董事长选举，统计结果显示有 295 名（39%）被试有意愿成为企业家，其中有 83 名男性和 212 名女性，分别占比 28% 和 72%，具体结果如表 5-3（a）和表 5-3（b）所示。利用 Mann-Whitney U 检验发现不同意愿的被试在个体风险偏好及风险感知水平方面没有显著差异，但在社会偏好和时间偏好方面存在显著差异。同时，不同意愿的被试在个体认知水平和个体过度自信上都存在显著差异。

表 5-3　Mann-Whitney U 检验

(a)

| 变量 | 取值 | N | $SP_i$ | | | $TP_i$ | | | $RP_i$ | | |
|---|---|---|---|---|---|---|---|---|---|---|---|
| | | | Ranksum | z | p | Ranksum | z | p | Ranksum | z | p |
| Choice | 0 | 455 | 162622.5 | -2.977 | 0.003 | 165797.5 | -1.750 | 0.080 | 173592.5 | 0.969 | 0.333 |
| | 1 | 295 | 119002.5 | | | 115827.5 | | | 108032.5 | | |

(b)

| 变量 | 取值 | N | TL | | | OC | | |
|---|---|---|---|---|---|---|---|---|
| | | | Ranksum | z | p | Ranksum | z | p |
| Choice | 0 | 455 | 156586.5 | — | 0.004 | 134479.5 | — | -0.05 |
| | 1 | 295 | 136456.5 | 1.996 | | 122136.5 | 2.334 | |

对被解释变量 Choice 利用 Probit 模型计算边际效用值，模型将年龄、性别、家庭背景、家庭收入水平及实验期数作为控制变量，分别使用解释变量风险偏好、时间偏好、社会偏好以及个体信任水平和个体过度自信进行回归。回归结果显示个体社会偏好对是否有意愿成为企业家存在显著影响且边际效用值为正（Coef. =0.10，p>｜z｜=0.01），这说明社会偏好水平越高的个体越有意愿成为企业家。但检验结果中风险偏好、时间偏好与被试参与董事长选举的意愿的关系并不显著。同样，在信念特征的回归结果中，个体信念水平与个体过度自信都对个体是否有意愿成为企业家存在显著影响且边际效用值为正。以上检验支持了假设 5-2、假设 5-4 和假设 5-5，假设 5-1 和假设 5-3 没有得到统计支持。

## 三、谁更适合成为企业家

针对因变量 Innovation 建立 OLS 模型进行回归分析，模型经过检验 VIF（Variance Inflation Factor）值均在 4 以下，因此各解释变量之间不存在严重的多重共线性。同时，考虑到本章关注偏好特征和信念特征对创新投资行为的影响，因此模型将年龄、性别、家庭背景、家庭收入水平及实验期数作为控制变量。另外，实验数据中 Period = 10 时，创新项目投资额存在明显的截止期效应，因此在进行数据分析时将第 10 期创新项目投资额剔除。具体的回归结果如表 5-4 所示，样本量为 135，F 统计量为 1.76、$R^2$ 为 0.257，说明所建立的模型有较好的拟合效果。结果显示创新项目投资水平分别与个体社会偏好及个体信念水平回归结果显著，说明个体社会偏好水平越高、信念水平越高的个体具有更强的创新精神。以上回归检验结果支持了假设 5-7、假设 5-9 和假设 5-10。

**表 5-4 OLS 回归结果**

| 解释变量 | 被解释变量：Innovation | | |
|---|---|---|---|
| | Coef. | t | Std. Err. |
| $SP_i$ | 21.02 * | 1.70 | 12.36 |
| $TP_i$ | -126.97 | -0.66 | 191.84 |
| $RP_i$ | -6.05 | -0.84 | 7.21 |
| $TL_i$ | 36.42 ** | 2.13 | 17.68 |
| $OC_i$ | 45.51 ** | 2.46 | 18.48 |
| _cons | 142.22 | 1.02 | 139.75 |

注：*、** 分别表示相关系数在 0.1、0.05 水平下显著。

企业家精神一直是学术界研究探讨的热点，本章在参考企业家精神相关文献的基础上，从企业家个体偏好特征和信念特征的角度，采用实验研究的方法，严格遵循实验室实验的规范与标准控制整个实验的运行，验证实验结果是否与预期假设相一致。在研究过程中，依据平行原理和价值诱导理论，获取个体在实验环境下的行为决策数据并进行分析，克服实证研究中数据匮乏的问题。通过实验获取个体是否愿意成为企业家以及是否适合成为企业家的相关数据，分析得到以下结论：

第一，实验验证了个体偏好特征与企业家职业选择的关系。企业家个体与非企业家个体在时间偏好、社会偏好方面存在差异。个体社会偏好水平越高或者对风险感知水平越低的个体越有意愿成为企业家。但是在研究中并没有发现风险偏好与企业家职业选择意愿的显著性关系，这与 Palich 和 Bagby（1995）的研究结论一致，即企业家个体并不是能够接受更高的风险，正如张维迎（2014）提到的企业家冒险只是为了抢先得到获取收益的机会，他们只有在对风险的感知水平较低的情况下才会选择成为企业家。

第二，企业家创新精神的强弱分别与个体社会偏好水平和个体信念水平正相关。企业家个体的信念水平越高就越具有创新精神。

本章运用实验研究的方法考察企业家个体及企业家精神是一种尝试性的探索，仍存在一些不足，如实验对企业家创新项目的设计只包含获得框架，没有设计出明显的损失风险，这是以后实验研究扩展的一个方面。另外，Gintis

（2007）提出按照现有行为研究的发展，所有的社会科学分支应该统一在一个共用的个体行为决策模型之上，这个模型应该以行为博弈理论为建模工具，以实验方法为实证手段，以神经科学和演化科学为最终依据。目前的神经经济学方兴未艾，大量研究层出不穷，对企业家精神和企业家决策行为的研究可以借鉴神经经济学的基础性研究，从神经基础层面探讨企业家区别于非企业家的生理特征，这一思路也是未来研究企业家精神的又一路径。

# 第六章　弘扬企业家精神政策效果评估

## 第一节　企业家精神政策的作用机制

### 一、企业家精神政策对创新创业的直接作用效果

#### （一）对就业的影响

在中国经济转型期，非公有制经济的地位和贡献应该得到确立和肯定。有大量的数据证明，在20世纪70年代至80年代，世界经济活动从大企业转向小企业。例如，世界500强企业的就业人员占比从1970年的20%下降到1986年的8.5%（Carlsson，1992）。这种变化主要来自世界经济变革，包括全球竞争和市场份额分割，以及技术进步使工业化国家经济结构发生转变（Carlsson，1992）。创业能够创造更多的就业岗位，从不同层面拉动人力资源需求，增强劳动力市场灵活性，解决就业问题。小企业在经济活动中发挥着重要作用，充当着变革的推动者，刺激了产业发展，并创造了更多的就业机会（Acs，1992）。有学者对23个OECD国家的调查研究表明，1984年至1994年由于创业率（每人拥有企业的数量）的增加，失业率下降（Audretsch and Thurik，2000）。

在中国，企业家精神政策对个体经济及民营经济的发展起到了重要的推动作用。每年劳动力市场都要承载大量的毕业生，大学生就业难问题已然是不争的事实。“以创业带就业”的举措鼓励大学生自主创业对于缓解劳动力市场的压力具有作用，而失业人员自谋职业政策也为其再就业提供了新的选择。一部分个体得益于这些政策，从此摆脱了生活困境。在数字化建设背景下，随着“互联网+”时代的到来，尤其是共享经济及平台企业的发展，劳动用工变得

更加灵活。小额贷款等政策也让更多的劳动者参与到了创业过程中，甚至给农民致富提供了新的渠道。

（二）对经济增长的影响

Schumpeter（1942）认为企业家是具有“创造性破坏”的创新者，并且完整地揭示了企业家推动经济增长的机制。Solow（1956）指出技术进步是经济增长的重要动力。Arrow（1962）、Paul（1986）将技术进步、知识溢出和人力资本纳入经济增长的分析框架，将知识和技术进步内生化，使企业家精神在经济增长的研究中得到体现。因此，经济增长理论的发展为将企业家精神引入经济增长理论提供了可能性，而这种可能性依托于技术进步是企业家创新活动的结果，即企业家精神的总效应（鲁传一、李子奈，2000）。以往的研究通常把企业家精神看作知识溢出的传导机制，即知识溢出是通过企业家精神影响经济增长的，而制度、政策、法治环境、文化氛围等是企业内生增长动力。例如，企业家精神与市场化对经济增长的协同效应大于企业家精神的单一影响（程锐，2016）。企业家将技术转化为产品实现了技术价值的中介作用（Arellano and Bood，1991）。有学者认为，创业精神至关重要，因为它把知识投资转化为社会回报，从而促进经济增长和创造就业。甚至，有学者认为创业与经济增长之间并没有直接关系，而是通过创新或者企业进入与退出的竞争机制跟经济增长取得联系的（Wennekers and Thurik，1999）。在研究企业家精神绩效的八个学派中，有六个学派都认为创新是联系企业家精神与经济增长的关键变量。如图6-1所示，企业家精神政策可以通过多个路径最终影响到经济发展。它既可以通过促进创业，吸引人才，带动就业，推动非公有制经济成长，稳健推进经济发展；又可以通过促进创业，加快创新，推动技术进步，实现经济的高质量发展；还可以通过不断优化和改善营商环境，建立公平有序的市场环境，加快推进企业的创新创业活动，促进经济的持续稳健发展。

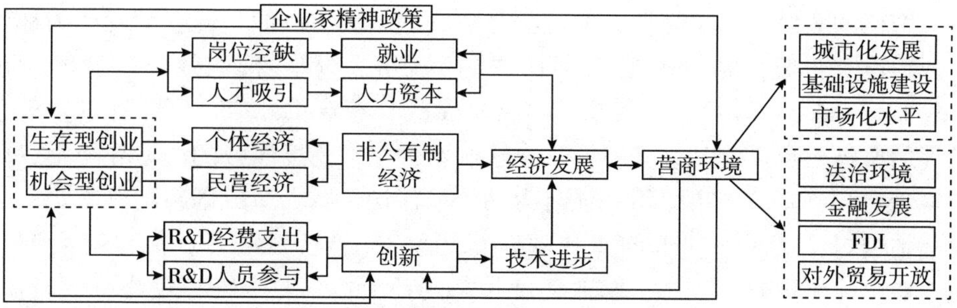


**图6-1 企业家精神政策的作用机理路径**

## 二、企业家精神政策对创新创业的间接作用效果

企业家精神政策为个体经济和民营经济发展创造了更好的营商环境。2017年9月，中共中央、国务院发布《关于营造企业家健康成长环境弘扬优秀企业家精神更好发挥企业家作用的意见》。该意见特别指出“营造企业家健康成长环境，弘扬优秀企业家精神，更好发挥企业家作用”。法治环境、金融发展、市场环境、人力资源供应、政府干预、基础设施等都会对创业和创新产生重要影响。金融、法律、政府干预等制度环境提升了市场化进程对企业家精神的正向效应，而地区腐败则逆转了该正向效应（韩磊等，2017）。市场化改革和金融发展规模均能显著促进企业家精神，市场通过自选择机制和金融发展的规模效应，可以促进高质量型企业家精神（程锐、马莉莉，2019）。因此，弘扬企业家精神，首先要为企业家成长创造一个良好的社会和法治环境，与企业家建立一种友好的伙伴关系，帮助企业家筹措资金，开拓市场。政府与企业家之间更要建立良性关系。因此，企业家精神政策在该方面的支持同样也是在推进和促进创新、创业的发展。

### （一）法治环境的影响

良好的法治环境为企业家的创业和创新行为提供了产权保护和有效契约制度。如果没有相应的法律保护，缺乏司法公正性，那么将危害企业家的创业和创新成果，甚至会严重损害企业家敢于创业、创新的积极性。Djankov 等（2005）认为有效的法律系统是企业家精神形成的关键。一些经验分析表明，转型国家或地区的法治环境普遍比较恶劣，法治对企业家创新精神的发挥可能不产生显著影响（Shleifer and Vasiliev，1996）。但也有研究表明，转型国家的法治状况不利于企业家创新行为的出现（Johnson and Woodruff，2002）。法治水平每提高10%，将使企业家创业量增加2%，但只有将企业家创业量提高到一定门槛值之后，才会显著促进企业家精神发挥（邵传林、张存刚，2016）。

廉洁的政府有助于降低企业家的创业和创新成本。但是，有学者认为地区腐败程度对企业家精神的发挥存在“润滑效应”和“抑制效应”两种假说（Fisman et al.，2014）。也就是政府官员腐败具有双重效应，可能促进企业家精神的发挥，也可能抑制其发挥。在法制不健全、高度腐败的法治环境下，企业家创业和创新的成果得不到强有力的产权保护，则会造成创新动机不足，创业热情衰退，从而不利于创业和创新行为（李后建，2013）。但也有研究表明，在法律制度效率较高、腐败程度较高的地区，企业家精神较能有效发挥，即前者的正面影响大于后者的负面影响（邵传林，2014）。契约制度在中国对

企业生产率提高的作用并不显著（余林徽等，2014）。但也有学者研究表明，腐败对企业家创新和创业精神的打击力度会随着市场化进程的推进呈现非线性变化趋势，即当经济体跨过市场化进程的门槛后，腐败对企业家创新和创业精神的打击力度会弱化（李后建，2013）。

（二）金融发展的影响

立法回应不足、执法公正缺失与司法独立弱化分别构成了金融抑制、金融排斥和金融分割的法律诱因，造成企业家精神的消沉、低迷和式微，从而导致金融发展未能通过支持具有创新精神的企业家来促进经济增长（江春、李安安，2016）。金融发展主要是通过向企业家创业提供支持来促进我国经济增长（尹宗成、李向军，2012）。因此，打造良好的法治环境是让金融发展更好地促进企业家精神作用的发挥进而推动经济增长的重要环节。能够降低企业家的创新成本和创新风险的制度才是有效的制度（官宾，2008）。但制度约束会降低金融市场的效率，这在一定程度上会增加创业的融资成本。因此，金融市场自身的发展对企业家精神的促进具有重要的意义。有学者研究表明，金融市场化水平与企业家创业活动正相关，即地区金融市场化水平越高，越有利于企业家创业精神的发挥（颜为民等，2015）。金融深化每增加 1 个单位，创业活动将增加 0.48 个单位，且在金融深化改革程度越高的地区，民营企业家和个体企业家就越倾向创业（邵传林，2014），另有研究表明地区金融发展水平每提高 1 个单位，创新驱动发展程度将提高 0.27 个单位（秦领，2017）。但也有学者认为，金融发展对企业家精神发挥的影响较弱（陈怡安、赵雪苹，2019）。企业家精神水平越高的地区，金融发展对其的促进作用越明显，而在企业家精神水平较低的地区，金融发展甚至具有阻碍作用（卢立香、牛晓燕，2015）。

目前，我国金融市场化的发展降低了金融市场的信息不对称程度，但还需进一步完善金融监管及风险投资评估机制，对优质企业给予贷款支持（余明桂、潘红波，2008）。金融体系通过对企业家提供资金支持、风险分担、预期收益估计等金融服务，促进企业家的创新和创业（江春、滕芸，2010）。但我国银行体系中也存在信贷约束问题（张杰等，2013）。尤其是那些经营规模较小的民营企业面临融资难的问题，阻碍了其创新发展。《国务院关于进一步支持小型微型企业健康发展的意见》（国发〔2012〕14 号）明确强调了进一步加大对小微企业的财税支持力度，努力缓解融资困难，从而推动创新发展和结构调整。金融发展不仅能够促进金融机构间的良性竞争，更重要的是能拓宽企业的融资渠道，缓解融资压力。在贷款利率市场化改革之后，国有商业银行面临着股份制商业银行、地方金融机构以及各种新型金融机构的激烈竞争，为了保住既有市场份额，推出小额贷款项目，加大对小微企业的信贷支持，为民营企业和个体创业提供了融资支持。2009 年推出创业板市场，2019 年推出科创板市场，一批具有自主创新能力的民营高新技术企业上市，这不仅体现出国家对于科技创新的重视，也提升了企业家创业的积极性，改善了企业家创业预期。

（三）开放度的影响

开放度是影响海归企业家精神溢出效应的重要因素，宽容失败、开放包容的创新文化氛围有利于调动科技人才创新的积极性，发挥人才的创新潜能，但这一点在欠发达地区，如中国西部地区效果并不显著（陈怡安，2017）。有学者利用 GEM 个体数据分析了 FDI 对东道国企业家精神的影响，结果表明这种影响是动态的，在短期内主要表现为抑制作用，长期内主要表现为促进作用，发展中国家 FDI 对企业家精神的短期抑制效应略小，长期促进作用要大很多（刘鹏程等，2013）。李威等（2009）利用中国制造业 28 个行业的数据得到了一致的结论，FDI 对中国企业家精神具有短期打压和长期培育两种不同效应。但也有学者通过 GEM 数据分析得到，FDI 对企业家精神只具有显著正向影响（许和连、梁亚芬，2019）。田毕飞和吴小康（2014）表明，FDI 的流入对国际创业具有显著的溢出效应，但对国内创业具有显著的挤出效应。李政和佟鑫（2013）的实证结果表明，FDI 对我国东中西部三个地区的企业家精神均呈现明显的门槛效应，在东部存在着边际效应递减的促进作用，在中部和西部则具有短期抑制作用和长期培育效应。

## 第二节　企业家精神政策效果评估的指标体系设计

### 一、企业家精神政策效果评估指标选取的原则

企业家精神政策效果评估是指对企业家精神政策对创业、创新活动的促进及推动作用的综合评价。由于政府、企业、个体等不同主体在创业、创新活动中发挥着不同的作用，因此需要建立多维度、多层次、多视角的企业家精神政策效果评估指标体系，才能最大程度地确保其得到全面、准确、客观的评价。指标选取应遵循以下六大原则：

（1）目的性原则。

企业家精神政策效果评估指标的设计应当明确解决什么问题，达到什么目的。只有明确了目的，才能够确定选择哪些指标进行观察和考核，哪些指标作为核心指标和采用何种计算方法等。因此，对企业家精神政策效果评估指标体系进行设计时，应该紧紧围绕所要研究的企业家精神政策的性质、特征和导向，目标明确地选取各个指标，确定评估的各个方面和各个环节。

（2）全面性原则。

全面性包括三方面含义：首先，原始数据应当包括能够评价企业家精神政策效果的全部现象或要素；其次，原始数据应当包括能够反映企业家精神政策效果的全部现象或要素主要方面的数据；最后，在评价企业家精神政策的动态效果时，应占有最大时限内的全部事实。

（3）系统性原则。

按体系、指标群、指标组、指标项的顺序系统组织企业家精神政策效果评估指标，依据指标本身的性质和作用进行分类和分级，同时要全面考虑指标之间的内在联系和相互作用。

（4）代表性原则。

企业家精神政策效果评估指标体系应同时兼顾系统性原则和代表性原则。只有选取能够充分反映全国及区域企业家精神政策对创新、创业推动作用的典型性指标，才能客观评价企业家精神政策效果。

（5）可比性原则。

可比性原则主要有四层含义：①要注意各地区企业家精神政策效果的一致性和不同时期的相对稳定性；②要注意指标统计口径和计算方法的统一问题；③当要改变或修订企业家精神政策效果评估的任何一项指标时，应慎重考虑前后期指标的对比问题；④要尽可能地满足国际对比的需要。

（6）可操作性原则。

设置企业家精神政策效果评估指标体系应充分考虑资料的来源，保证数据的可获得性。为了提高指标测度的可行性，指标设置应考虑我国现行的统计制度和统计基础，在国家各部门、各省份统计数据的基础上，对指标数据进行无量纲化处理，增强企业家精神政策效果评估数据的可操作性，保证最终评价结果的真实可靠。

## 二、企业家精神政策效果评估指标体系的功能

（1）描述功能。

对企业家精神政策整体及其组成部分的规模水平和数量关系进行客观描述，是该指标体系最基础的功能。这项功能可以使人们对企业家精神政策的认识从抽象的概念形态落实到具体的实践活动中，从而达到认识上的具体化。

（2）评价功能。

企业家精神政策效果评估指标体系的评价功能是其描述功能的深化。它是在充分认识企业家精神政策的前提下，采用一定的方法对指标进行加工处理，从而更深刻地反映出企业家精神的发展状况，为完善政策提供依据。

（3）监测功能。

监测功能是指利用企业家精神政策效果评估指标体系所提供的信息对企业家精神的发展状况及其作用的发挥进行跟踪监测，看其是否偏离既定目标，对出现的偏误进行及时有效的调控。

## 三、企业家精神政策效果评估指标体系的构建思路

企业家精神政策效果评估指标体系是由许多有内在联系的单项指标组合而成的，在设计企业家精神政策效果评估指标体系时，既要从总体上全面考虑整个体系所应包括的内容及框架，也要逐一考虑各个单项指标的含义、统计口径及计算方法等。

### （一）设计企业家精神政策效果评估指标体系的总体构架

在确定企业家精神政策效果评估指标的基础上，明确其结构和层次，必要时还应确定哪些指标是中心指标或核心指标。

企业家精神政策效果评估是指对企业家精神政策对创业、创新活动的促进作用的综合评价，本章相关评估指标体系的构建思路如图6-2所示。在参考国内外已有的企业家精神政策效果评估指标体系、企业家精神的内涵及基本特征、企业家精神政策作用的基础上将效果评估设置为创业效果和创新效果两个维度。用个体经济发展效果和民营经济发展效果两个准则层来描述创业效果，用个体工商户数、个体就业人员占比两个指标描述个体经济发展效果，用私营企业户数、私营企业就业人员占比描述民营经济发展效果。用创新投入和创新产出两个准则层来描述创新效果，用R&D人员全时当量、R&D经费投入强度两个指标描述创新投入效果，用专利申请授权量占比、技术市场成交额两个指标描述创新产出效果。在此基础上，本章依据国内外已有的企业家精神政策效

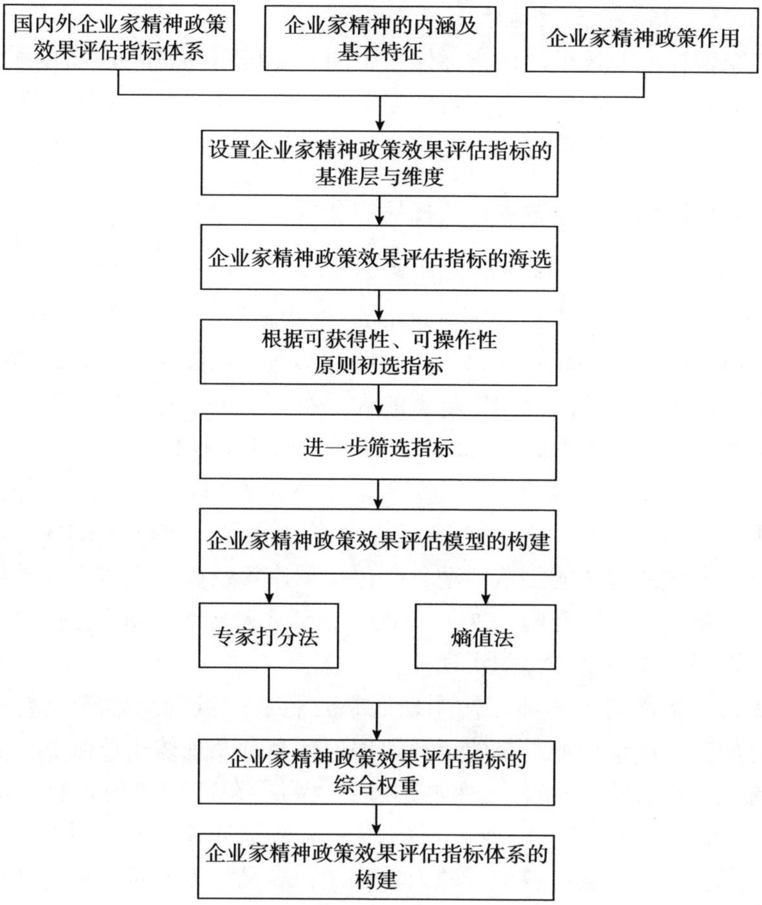


**图 6-2　企业家精神政策效果评估指标体系的构建思路**

果评估指标体系海选指标，并根据指标数据的可获得性、可操作性对指标进行筛选，初步构建企业家精神政策效果评估指标体系。然后，利用 AHP 层次分析法构建评估模型，并通过熵值法无量纲化处理消除指标原始数据量纲的差异性。通过专家打分法和熵值法确定指标的综合权重，最终构建企业家精神政策效果评估指标体系。

（二）确定指标的名称、含义和统计口径

应依据相应的科学概念、实践的需要确定企业家精神政策效果评估指标体系中各项指标的名称和含义，要便于进行实际操作。不同的指标名称有其不同的含义，而指标的名称和含义又影响其统计口径，因此必须根据研究的目的和要求，科学地界定指标的名称、含义和口径。

（三）确定指标的计算方法和计量单位

企业家精神政策效果评估指标体系中的一些指标只需进行简单的计数和汇总计算，而另一有些指标则需进行较复杂的计算，这就需要根据指标的不同性质和要求，分别设定计算方法，确定具体的计量单位。

## 四、企业家精神政策效果评估指标的选取

（一）创业政策效果评估指标的选取

“创业”一词源于英文“Entrepreneur”，意思是“企业家”“创业者”，而此单词来源于法文“Entreprend”，指那些能够抓住资源与机会之间的一个连接点，凭借自己非凡的才能而创造价值的人。在《辞海》中，“创业”一词被解释为“创立基业”。曹俊娜等（2018）认为，创业是指创立个人、集体、社会的各项事业。宋克勤（2002）认为，创业是创业者通过发现和识别商业机会，组织各种资源提供产品和服务，以创造价值的过程。林嵩（2008）认为，创业本质上是一种新价值的创造活动，既包括创建新企业，也包括在成熟的大企业内部开展新业务。席升阳（2008）认为，创业是在各个领域内的行为创新，是人类的发展方式及主体性的实现。

邵传林和张存刚（2016）使用地区私营企业户数与个体户户数总和占总人口的比例作为衡量创业总量的指标，用地区私营及个体企业从业人数占总就业人数比例代表自我雇佣率。卢立香和牛晓燕（2015）使用各省份个体和私营企业雇佣的人员数量占就业人口的比率来衡量创业精神。邵传林（2014）用各地区私营企业户数占各地区总人口比例代表民企创业量，用各地区个体户户数占各地区总人口比例代表个体创业量。李后建（2013）采用私营企业数在总就业人数中占比的对数表示企业家创业精神。杨勇和朱乾（2011）、陈怡安（2017）等用私营企业户数来衡量企业家精神。何文剑等（2019）则以公司研发支出衡量企业家精神。本章选取的创业政策效果评估指标如下：

1. 个体经济发展效果评估的指标

（1）个体工商户数指标。

户仁声（1989）认为，个体经济占有生产资料，主要依靠自己或家庭成员的劳动，从事商品生产、经营或为城乡人民提供劳务服务。刘本旺（2015）认为，个体经济是指在劳动者个人占有生产资料的基础上，从事个体劳动和个体经营的私有制经济。在党的十一届三中全会解放思想、实事求是的思想路线指引下，我国开始恢复城镇个体经济，陆续放宽相关政策。1987年9月《城乡个体工商户管理暂行条例实施细则》的实施，让个体经

营单位（户）工商登记管理工作走上法制化轨道。2011 年 11 月，我国又实施了《个体工商户条例》，其强调“个体工商户的合法权益受法律保护，任何单位和个人不得侵害”。

由上文可知，个体工商户是能够反映个体创业情况，衡量创业效果的重要指标。个体工商户是指领取营业执照，由从事工商业的个体经营者组成的生产经营单位。本章该指标的统计范畴即为《中国统计年鉴》统计的各地区工商登记注册个体工商户数，单位为万户。

（2）个体就业人员占比指标。

个体就业人员占比，是指个体就业人员与从业人员之比。该指标能够反映自我雇佣率、个体创业情况，是衡量创业效果的重要指标。其计算公式为：

$$\text{个体就业人员占比}=\frac{\text{个体就业人员}}{\text{从业人员}}\times 100\%$$

$$=\frac{\text{个体就业人员}}{\text{城镇就业人员}+\text{乡村就业人员}}\times 100\%$$

按照国家统计局的界定，个体就业人员是指在工商管理部门注册登记，经批准从事个体工商经营的就业人员，包括个体经营者和在个体工商户劳动的家庭帮工和雇工，又分为城镇个体就业人员和乡村个体就业人员。本章个体就业人员的统计范畴为《中国统计年鉴》所统计的各地区工商登记注册个体就业人员，是城镇个体就业人员和乡村个体就业人员的总和，单位为万人。

各省份统计年鉴关于从业人员的界定，是指在各级国家机关、党政机关、社会团体及企事业单位中工作，取得工资或其他形式的劳动报酬的全部人员，包括在岗职工、聘用的离退休人员以及在单位中工作的港澳台及外籍人员、兼职人员、借用的外单位人员和第二职业者，但不包括本单位的不在岗职工。本章从业人员的统计范畴为各省份统计年鉴统计的各地区从业人员，单位为万人。

2. 民营经济发展效果评估的指标

（1）私营企业户数指标。

《新编常用法律词典》中指出，私营经济是个体经济发展的必然趋势，属于私有制的经济形式，具有生产资料完全由企业主私人所有和支配，雇工不占有生产资料；私营企业主要依靠雇工从事生产经营活动；私营企业的生产目的是获取剩余价值，追求最大限度的利润；劳动所得投资分配或以按资分配为主的特征。刘本旺（2015）认为，私营经济是指以生产资料私有和雇工劳动为基础的，并以营利为目的和按资分配为主的一种经济类型。改革开放以来，我国私营企业不断发展壮大，已经成为促进经济发展、调整产业结构、繁荣城乡市场、扩大社会就业的重要力量。2010年，国务院颁布了《关于鼓励和引导民间投资健康发展的若干意见》（国发〔2010〕13号）。该文件指出，在毫不动摇地巩固和发展公有制经济的同时，需要进一步拓宽民间投资的领域和范围，鼓励和引导民间资本进入基础产业和基础设施等领域，鼓励和引导民间资本重组联合和参与国有企业改革，推动民营企业加强自主创新和转型升级、积极参与国际竞争。

按照国家统计局的界定，私营企业是指由自然人投资设立或由自然人控股，以雇佣劳动为基础的营利性经济组织，包括按照《中华人民共和国公司法》《中华人民共和国合伙企业法》《中华人民共和国私营企业暂行条例》《中华人民共和国个人独资企业法》规定登记注册的私营独资企业、私营合伙企业、私营有限责任公司、私营股份有限公司和个人独资企业。该指标能够反映私营企业创业情况，是衡量创业效果的重要指标。本章私营企业户数的统计范畴为《中国统计年鉴》统计的各地区工商登记注册私营企业户数，单位为万户。

（2）私营企业就业人员占比指标。

私营企业就业人员占比，是指私营企业就业人员与从业人员之比。该指标能够反映私营企业创业情况，是衡量创业效果的重要指标。其计算公式为：

$$私营企业就业人员占比=\frac{私营企业就业人员}{从业人员}\times100\%$$

$$=\frac{私营企业就业人员}{城镇就业人员+乡村就业人员}\times100\%$$

按照国家统计局的界定，私营企业就业人员是指在工商管理部门注册登记的私营企业投资者和雇工，其又分为城镇私营企业就业人员和乡村私营企业就业人员。本章私营企业就业人员的统计范畴为《中国统计年鉴》统计的各地区工商登记注册私营企业就业人员，是城镇私营企业就业人员和乡村私营企业就业人员的总和，单位为万人。

（二）创新政策效果评估指标的选取

创新一词来源于拉丁语“Innovate”，包括三层含义：更新、创造新的东西、改变，即创造新的事物。赵春艳（2017）认为，创新是指以现有的思维模式提出有别于常规或常人思路的见解为导向，利用现有的知识和物质，在特定的环境中，本着理想化需要或满足社会需求的目的，改进或创造新的事物、方法、元素、路径、环境，并能获得一定有益效果的行为。王瑜（2017）认为，从某种事物以前不存在是新造出来的这层意思来看，创新和创造是同一个意思，除这层含义外，创新还指在原有事物的基础上，更新或创造一个新事物来代替它。

Audretsch（2009）认为确定创新投入和产出是研究创新活动的关键。Aghion（1993）、杨勇等（2014）、陈怡安（2017）等使用发明专利的数量来衡量企业家的创新活动，而 Acs（1992）则将每 1000 人所占有的发明数量作为创新活动的衡量指标。杨勇和朱乾（2011）用每 10 万人申请的专利数来度量创新活动。何予平（2006）利用企业进入比率，即市场中新增企业数量与原有企业数量的比值来衡量企业家精神。而 Birch（1981）将企业规模变化作为企业家精神的度量指标。李后建（2013）采用专利授权数占就业人数的比例衡量企业家创新精神。秦领（2017）则采用三种专利申请授权量占总人口的比例衡量创新驱动发展状况。本章选取的创新政策效果评估指标如下：

1. 创新投入效果评估的指标选取

（1）R&D 人员全时当量指标。

按照国家统计局的界定，研究与试验发展（R&D）是指在科学技术领域，为增加知识总量以及运用这些知识去创造新的应用而进行的系统的、创造性的活动，包括基础研究、应用研究、试验发展三类活动。R&D 人员是指调查单位内部从事基础研究、应用研究和试验发展三类活动的人员，包括直接参加上述三类项目活动的人员以及这三类项目的管理人员和直接服务人员。为研发活动提供直接服务的人员包括直接为研发活动提供资料文献、材料供应、设备维护等服务的人员。

R&D 人员全时当量是指 R&D 人员全时人员（全年从事 R&D 活动累计工作时间占全部工作时间 90%及以上的人员）工作量与非全时人员按实际工作时间折算的工作量之和。该指标是国际上通用的、用于比较科技人员投入的指标，能够反映创新人员投入情况，是衡量创新投入效果的重要指标。本章 R&D 人员全时当量的统计范畴为《中国科技统计年鉴》统计的各地区 R&D 人员全时当量，单位为人年。

（2）R&D 经费投入强度指标。

R&D 经费投入强度，是指 R&D 经费内部支出与国内生产总值（GDP）之比。该指标能够反映创新经费投入情况，是衡量创新投入效果的重要指标。其计算公式为：

$$\text{R\&D 经费投入强度}=\frac{\text{R\&D 经费内部支出}}{\text{国内生产总值}}\times 100\%$$

按照国家统计局和科技部的界定，R&D 经费内部支出是指调查单位在报告年度用于内部开展 R&D 活动的实际支出，包括用于 R&D 项目（课题）活动的直接支出，以及间接用于R&D活动的管理费和服务费、与R&D有关的基本建设支出和外协加工费等，不包括生产性活动支出、归还贷款支出以及与外单位合作或委托外单位进行R&D活动而转拨给对方的经费支出。本章R&D经费投入强度的统计范畴为《中国科技统计年鉴》统计的各地区R&D经费内部支出，单位为万元；国内生产总值参照《中国统计年鉴》的统计范畴，单位为万元。

2. 创新产出效果评估的指标选取

（1）专利申请授权量占比指标。

专利申请授权量占比，是指国内三种专利授权数与从业人员数之比，即每万人所拥有的专利数。该指标能够反映创新产出情况，是衡量创新产出效果的重要指标。其计算公式为：

$$专利申请授权量占比=\frac{国内三种专利授权数}{从业人员}\times 100\%$$

按照国家统计局的界定，专利是专利权的简称，是发明创造经审查合格后，由国务院专利行政部门依据专利法授予申请人对该项发明创造享有的专有权。专利申请授权量能够反映拥有自主知识产权的科技和设计成果的情况，是衡量创新产出效果的重要指标。本章专利申请授权量的统计范畴为《中国统计年鉴》统计的各地区国内三种专利授权数，单位为件。

（2）技术市场成交额指标。

技术交易是指技术供需双方对技术所有权、使用权和收益权进行转移的契约行为。技术交易是技术创新、技术转化和技术扩散的中介，是连接技术和经济的纽带。技术市场成交额是指技术产品在市场中的成交金额总数。该指标能够反映技术成果效益的情况，是衡量创新产出效果的重要指标。本章技术市场成交额的统计范畴为《中国统计年鉴》统计的各地区技术市场成交额，单位为万元。

## 第三节　企业家精神政策效果评估模型的构建

### 一、利用AHP层次分析法进行模型构建及权重设置

#### （一）企业家精神政策效果评估指标的层次结构

企业家精神政策效果评估指标体系是一种非定量或者半定量的体系，各种现有的分析工具，在设计指标的时候都遇到难以量化、过于主观的问题。而

AHP 层次分析法是一种将定性分析与定量分析有机结合在一起的多目标决策分析方法。它将决策人或评价人对复杂问题进行决策和评价这一思维过程数量化，从而能实现科学合理的决策或评价。

通过对企业家精神政策评估的特征及各要素的关联作用进行分析，将企业家精神政策评估指标分为三个层次：2 个一级指标、4 个二级指标和 8 个三级指标。其中，一级指标 A 分为创业效果 A1 和创新效果 A2。创业效果 A1 包括两个二级指标，即个体经济 B1 和民营经济 B2。创新效果 A2 包括两个二级指标，即创新投入 B3 和创新产出 B4。个体经济 B1 包括两个三级指标，即个体工商户数 C1 和个体就业人员占比 C2。民营经济 B2 包括两个三级指标，即私营企业户数 $C_3$ 和私营企业就业人员占比 $C_4$。创新投入 $B_3$ 包括两个三级指标，即 R&D 人员全时当量 $C_5$ 和 R&D 经费投入强度 $C_6$。创新产出 $B_4$ 包括两个三级指标，即专利申请授权量占比 $C_7$ 和技术市场成交额 $C_8$（见图 6-3）。

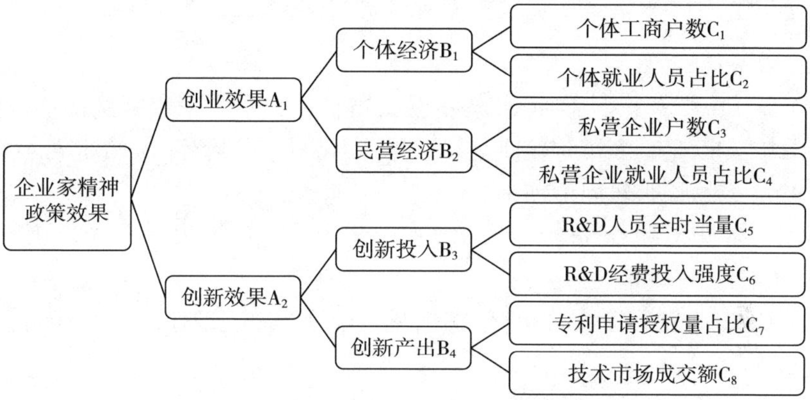


**图 6-3 企业家精神政策效果评估指标的层次结构**

（二）构建判断矩阵

由 10 位该领域的专家确定各层次指标的权重，采用 1~9 标度法，通过构建判断矩阵，让每位专家运用两两比较的方法，对同一级各相关评价指标进行两两比较判断（见表 6-1），最后得到各指标的相对重要性判断值。设定判断值的两个元素分别为 $i$ 和 $j$，指标相对权重值为 $a_{ij}$，判断矩阵 $A=\{a_{ij}\}$，$n$ 为进行比较的指标数。

接下来定义：若矩阵 $A=\{a_{ij}\}$ $n\times n$ 满足 $a_{ij}>0$ 且 $a_{ij}=1/a_{ij}$（$i$，$j=1$，2，…，$n$）的条件，则称之为正互反矩阵（$a_{ij}=1$，$i$，$j=1$，2，…，$n$）。

**表 6-1 比较尺度**

| $a_{ij}$ | 两指标相比 | 解释 |
|---|---|---|
| 1 | 同等重要 | 指标 $i$ 和 $j$ 同样重要 |
| 3 | 稍微重要 | 指标 $i$ 比 $j$ 稍微重要 |
| 5 | 比较重要 | 指标 $i$ 比 $j$ 比较重要 |
| 7 | 十分重要 | 指标 $i$ 比 $j$ 明显重要 |
| 9 | 绝对重要 | 指标 $i$ 比 $j$ 绝对重要 |
| 2，4，6，8 | 介于两相邻重要程度之间 | |
| 以上各数的倒数 | 两目标反过来比较 | |

（三）计算判断矩阵的最大特征值

判断矩阵最大特征值的计算公式如下：

$$\lambda_{max} = \sum_{i=1}^{n} \frac{(AW)_i}{nw_i} \tag{6-1}$$

$$AW = a_{ij} \times w_i \tag{6-2}$$

式（6-1）中，$\lambda_{max}$ 是判断矩阵的最大特征值，本章采用幂法计算得到；$W$ 是特征向量；$W_i$ 是判断矩阵权值；$AW_i$ 表示 $AW$ 的 $i$ 个元素；$w_i$ 是指标权重。

（四）一致性检验

利用一致性指标 $CI$ 进行一致性检验，计算公式如下：

$$CI = (\lambda_{max} - n)/(n-1) \tag{6-3}$$

式（6-3）中，$CI=0$，$A$ 有完全的一致性；$CI$ 近于 0，$A$ 有满意的一致性。

此时取 $A$ 的相应于 $\lambda$ 的归一化特征向量 $w=(w_1, w_2, \cdots, w_n)$，$(\sum w_i = 1)$ 为因素 $\{y_1, y_2, \cdots, y_n\}$ 对目标的权向量。由 $w=(w_1, w_2, \cdots, w_n)$ 分量 $w_i$ 的大小可以对因素的重要性进行排序。

## 二、利用熵值法设置指标权重

指标权重是企业家精神政策效果评估的指挥棒，权重的设计应当突出重点目标，体现出政策的引导方向和实际效果，而且权重的设计也直接影响着评价的结果。确定权重的方法有很多，目前常用的方法包括历史数据参考法、德尔菲法、层次分析法、区间统计法、标杆基准法、熵值法、模糊评价法、灰色关联度法等（见表 6-2）。考虑到专家打分过于主观，为弥补此方法在指标权重计算上的缺陷，利用熵值法设置指标权重。

熵值法是一种基于计算指标信息熵来相对客观地确定指标权重的一种赋权法，其能够避免人为因素对指标权重带来的影响，且具有较高精度和适应性，因此被广泛运用于指标权重的确定。其可以客观、真实地反映评估指标对企业家精神政策效果评估的重要性和影响程度。具体步骤如下：

（一）无量纲化处理

设有 $r$ 个年份，$n$ 个省份，$m$ 个指标，指标标准化处理如下：

$$X'\theta_{ij}=\frac{X\theta_{ij}-\overline{X_j}}{S_j} \tag{6-4}$$

式（6-4）中，$X'\theta_{ij}$ 为第 $\theta$ 年，第 $i$ 个省份，第 $j$ 个指标无量纲化后的数值；$X\theta_{ij}$ 为第 $\theta$ 年，第 $i$ 个省份，第 $j$ 个指标未无量纲化的数值；$\overline{X_j}$ 为 $r$ 个年份，$n$ 个省份第 $j$ 个指标的均值；$S_j$ 为 $r$ 个年份，$n$ 个省份第 $j$ 个指标的标准差。

（二）计算信息熵值

信息熵值的计算公式如下：

$$e_j=-k\sum\nolimits_{\theta}\sum\nolimits_{i}P_{\theta ij}\ln(P_{\theta ij}) \tag{6-5}$$

$$P_{\theta ij}=\frac{X'\theta_{ij}}{\sum\nolimits_{\theta}\sum\nolimits_{i}X'\theta_{ij}} \tag{6-6}$$

$$k=\frac{1}{\ln\ (rn)},\ k>0 \tag{6-7}$$

式（6-5）中，$e_j$ 为第 $j$ 个指标的信息熵值；$P_{\theta ij}$ 为第 $\theta$ 年，第 $i$ 个省份，第 $j$ 个指标的权重；$k$ 为常数项。

（三）计算信息效用值

信息效用值的计算公式如下：

$$g_j=1-e_j \tag{6-8}$$

式（6-8）中，$g_j$ 为第 $j$ 个指标的信息效用值，信息效用值越大，指标越重要。

（四）计算指标权重

权重值的计算公式如下：

$$w'_j=\frac{g_j}{\sum\nolimits_{j}g_j} \tag{6-9}$$

式（6-9）中，$w'_j$ 为第 $j$ 个指标的权重值。

## 三、综合权重结果

### （一）综合处理两种权重结果

利用以下公式综合处理两种权重结果：

$$W_j = w'_j \times w_j \tag{6-10}$$

式（6-10）中，$W_j$ 为第 $j$ 个指标的综合权重；$w'_j$ 为熵值法下得到的第 $j$ 个指标的权重值；$w_j$ 为 AHP 层次分析法下得到的第 $j$ 个指标的权重值。

### （二）计算综合赋值得分

指标的综合得分为：

$$D_{\theta ij} = \sum_j (W_j X'_{\theta ij}) \tag{6-11}$$

式（6-11）中，$D_{\theta ij}$ 为评价指标的综合得分。

**表 6-2　国内有关企业家精神政策效果评估的方法汇总**

| 作者 | 评估方法 | 研究范围 |
|---|---|---|
| 张再生等（2019） | 灰色关联度法、熵值法 | 天津市 |
| 殷群和姜龙（2015） | 问卷调查法、因子分析法 | 南京、扬州、淮安等地的高新技术科技园 |
| 张永安等（2018） | 网络搜索、文本计量法、相关分析法 | 全国 |
| 武建龙等（2016） | 问卷调查法、回归分析法 | 全国 278 家企业 |
| 黄琛虹（2019） | 内容分析法、知识图谱 | 上海市 |
| 邵冰欣等（2018） | 熵值法 | 河南省 |
| 张媛媛等（2017） | 层次分析法、因子分析法 | 全国各省份 |
| 汪晓梦（2018） | 灰色关联度法 | 长三角地区 |
| 佟林杰（2018） | 模糊评价法 | 河北省 |
| 李雯（2019） | 模糊评价法 | 河南省 |
| 张英杰（2018） | 层次分析法 | 浙江省 |
| 杜丹丽等（2019） | PMC 模型 | 京津冀地区 |
| 杨琳和刘园园（2018） | 内容分析法、知识图谱、比较分析法 | 西安市 |
| 肖士恩和陈娜（2019） | 比较和分级加权处理法 | 河北省 |
| 宁凌等（2001） | DEA 分析法 | 广东省高新技术产业 |
| 张炜等（2016） | 模糊评价法、协同分析法 | 江苏省、浙江省、上海市 |
| 尚倩和赵晓庆（2010） | 回归分析、相关分析法 | 浙江省 |

续表

| 作者 | 评估方法 | 研究范围 |
| --- | --- | --- |
| 纪江明（2018） | 层次分析法、德尔菲法、问卷调查法、熵值法 | 长三角地区 |
| 张永安和马昱（2017） | 熵值法 | 北京市 |
| 郭强（2012） | 熵值法 | 全国范围 |
| 伍虹儒和官建成（2018） | 描述分析法 | 上海张江、天津滨海 |
| 葛丹明（2013） | 层次分析法、模糊综合评价法 | 江西省农业龙头企业 |
| 刘晓娥等（2008） | 层次分析法 | 湖北省 |
| 江永真（2012） | 熵值法 | 福建省 |
| 孔婕和谈毅（2009） | 回归分析法 | 深圳中小板上市公司 |
| 吕明洁（2009） | DEA 分析法 | 上海市高新技术产业 |
| 喻金田和吴倩（2010） | 熵值法 | 武汉市 |
| 祝燕君和朱柏铭（2008） | 熵值法 | 浙江省民营科技企业 |
| 2014 年全国企业创新调查资料开发课题组（2017） | 问卷调查法 | 全国企业 |
| 彭富国（2003） | 模糊综合评价法 | 全国范围 |
| 范柏乃等（2013） | 省际面板数据固定效应、随机效应分析 | 全国范围 |
| 蒋栋等（2009） | 问卷调查法、灰色关联度法 | 河北省 |

# 第四节 企业家精神政策效果评估的指标体系构建

## 一、AHP 层次分析法下的指标权重结果及检验

经计算得到判断矩阵权重值、最大特征值及一致性检验结果，具体如下所示：

$A-B$ 的判断矩阵权重值 $W$ 和 $w_i$、最大特征值 $\lambda_{max}$ 和 $CI$ 分别为：

$W=$ $[0.1667, 0.8333]^T$，$w_i=1.0000$，$\lambda_{max}=2.0000$，$CI=0.0000$。

$A_1-B$ 的判断矩阵权重值 $W$ 和 $w_i$、最大特征值 $\lambda_{max}$ 和一致性检验结果分别为：

$W=$ $[0.3333, 0.6667]^T$，$w_i=0.16667$，$\lambda_{max}=2.0000$，$CI=0.0000$。

$A_2-B$ 的判断矩阵权重值 $W$ 和 $w_i$、最大特征值 $\lambda_{max}$ 和一致性检验结果分

别为：

$W=[0.1429, 0.8571]^T$，$w_i=0.8333$，$\lambda_{max}=2.0000$，$CI=0.0000$。

$B_1-C$ 的判断矩阵权重值 $W$ 和 $w_i$、最大特征值 $\lambda_{max}$ 和一致性检验结果分别为：

$W=[0.6667, 0.3333]^T$，$w_i=0.0556$，$\lambda_{max}=2.0000$，$CI=0.0000$。

$B_2-C$ 的判断矩阵权重值 $W$ 和 $w_i$、最大特征值 $\lambda_{max}$ 和一致性检验结果分别为：

$W=[0.1429, 0.8571]^T$，$w_i=0.1111$，$\lambda_{max}=2.0000$，$CI=0.0000$。

$B_3-C$ 的判断矩阵权重值 $W$ 和 $w_i$、最大特征值 $\lambda_{max}$ 和一致性检验结果分别为：

$W=[0.7500, 0.2500]^T$，$w_i=0.1190$，$\lambda_{max}=2.0000$，$CI=0.0000$。

$B_4-C$ 的判断矩阵权重值 $W$ 和 $w_i$、最大特征值 $\lambda_{max}$ 和一致性检验结果分别为：

$W=[0.1429, 0.8571]^T$，$w_i=0.7143$，$\lambda_{max}=2.0000$，$CI=0.0000$。

经整理得到各层次指标的权重值（见表 6-3）。通过专家打分可知相对于创业，创新对企业家精神政策效果的评估更重要，其更能体现企业家精神政策效果，权重值分别是 0.1667 和 0.8333。而创新产出相较于创新投入更重要，民营经济相较于个体经济更重要，其权重值分别为 0.7143、0.1190、0.1111、0.0556。在所有的三级指标中，技术市场成交额是最重要的，其次是专利申请授权量占比，权重值分别为 0.6122 和 0.1020。R&D 人员全时当量比 R&D 经费投入强度重要，权重值分别为 0.0893 和 0.0298；私营企业就业人员占比比私营企业户数重要，权重值分别为 0.0952 和 0.0159；个体工商户数比个体就业人员占比重要，权重值分别为 0.0370 和 0.0185。

**表 6-3　AHP 层次分析法下的指标权重**

| 一级指标 | 指标权重 | 二级指标 | 指标权重 | 三级指标 | 指标权重 |
|---|---|---|---|---|---|
| 创业 $A_1$ | 0.1667 | 个体经济 $B_1$ | 0.0556 | 个体工商户数 $C_1$ | 0.0370 |
| | | | | 个体就业人员占比 $C_2$ | 0.0185 |
| | | 民营经济 $B_2$ | 0.1111 | 私营企业户数 $C_3$ | 0.0159 |
| | | | | 私营企业就业人员占比 $C_4$ | 0.0952 |

续表

| 一级指标 | 指标权重 | 二级指标 | 指标权重 | 三级指标 | 指标权重 |
|---|---|---|---|---|---|
| 创新 $A_2$ | 0.8333 | 创新投入 $B_3$ | 0.1190 | R&D 人员全时当量 $C_5$ | 0.0893 |
| | | | | R&D 经费投入强度 $C_6$ | 0.0298 |
| | | 创新产出 $B_4$ | 0.7143 | 专利申请授权量占比 $C_7$ | 0.1020 |
| | | | | 技术市场成交额 $C_8$ | 0.6122 |

## 二、熵值法下的指标权重结果

由于只能获取胜 1998~2017 年 R&D 人员全时当量的数据，为数据齐整处理，将全部指标数据的年份范围定为 1998~2017 年。通过熵值法计算得到 1998 年到 2017 年各指标的权重结果，及均值化的权重结果，如表 6-4、表 6-5、表 6-6 所示。可以看出，相对于创新，创业对企业家精神政策效果的评估更重要，其更能体现企业家精神政策效果，权重值分别为 0.4119 和 0.5881。民营经济相较于个体经济更重要，创新产出与创新投入的重要性基本一致，权重值分别为 0.3920、0.1961、0.2027、0.2091。在所有的三级指标中，私营企业就业人员占比是最重要的，其次是私营企业户数，权重值分别为 0.2276 和 0.1644。技术市场成交额比专利申请授权量占比重要，权重值分别为 0.1474 和 0.0553；R&D 经费投入强度比 R&D 人员全时当量重要，权重值分别为 0.1340 和 0.0752；个体就业人员占比比个体工商户数重要，权重值分别为 0.1375 和 0.0586。

**表 6-4　熵值法下的企业家精神政策效果评估三级指标权重**

| 年份 | $w'_{C1}$ | $w'_{C2}$ | $w'_{C3}$ | $w'_{C4}$ | $w'_{C5}$ | $w'_{C6}$ | $w'_{C7}$ | $w'_{C8}$ |
|---|---|---|---|---|---|---|---|---|
| 1998 | 0.0178 | 0.0727 | 0.0360 | 0.8016 | 0.0167 | 0.0075 | 0.0333 | 0.0143 |
| 1999 | 0.0121 | 0.2397 | 0.2407 | 0.3220 | 0.0103 | 0.0507 | 0.0241 | 0.1004 |
| 2000 | 0.1314 | 0.0084 | 0.0320 | 0.3669 | 0.1324 | 0.0930 | 0.2228 | 0.0131 |
| 2001 | 0.0101 | 0.0082 | 0.0149 | 0.5872 | 0.0122 | 0.0053 | 0.0179 | 0.3444 |
| 2002 | 0.3355 | 0.0171 | 0.0538 | 0.3226 | 0.1828 | 0.0511 | 0.0130 | 0.0241 |
| 2003 | 0.2397 | 0.0585 | 0.0273 | 0.1423 | 0.0752 | 0.3253 | 0.0386 | 0.0931 |
| 2004 | 0.0132 | 0.2478 | 0.0474 | 0.1381 | 0.0097 | 0.2657 | 0.0193 | 0.2588 |
| 2005 | 0.0105 | 0.1298 | 0.0631 | 0.0670 | 0.0118 | 0.3169 | 0.0311 | 0.3698 |

续表

| 年份 | $w'_{C1}$ | $w'_{C2}$ | $w'_{C3}$ | $w'_{C4}$ | $w'_{C5}$ | $w'_{C6}$ | $w'_{C7}$ | $w'_{C8}$ |
|---|---|---|---|---|---|---|---|---|
| 2006 | 0.0177 | 0.1168 | 0.0923 | 0.1164 | 0.0080 | 0.1831 | 0.0326 | 0.4331 |
| 2007 | 0.0091 | 0.2138 | 0.2447 | 0.0267 | 0.0144 | 0.0372 | 0.1620 | 0.2922 |
| 2008 | 0.0140 | 0.2829 | 0.3627 | 0.0530 | 0.0874 | 0.0689 | 0.0244 | 0.1066 |
| 2009 | 0.0136 | 0.3763 | 0.2990 | 0.1889 | 0.0375 | 0.0215 | 0.0258 | 0.0375 |
| 2010 | 0.0616 | 0.0228 | 0.0873 | 0.4891 | 0.1234 | 0.0875 | 0.0049 | 0.1233 |
| 2011 | 0.0259 | 0.0366 | 0.3125 | 0.2395 | 0.0076 | 0.0348 | 0.3161 | 0.0270 |
| 2012 | 0.0252 | 0.0098 | 0.2935 | 0.0427 | 0.4996 | 0.0447 | 0.0432 | 0.0413 |
| 2013 | 0.0151 | 0.4142 | 0.3344 | 0.0397 | 0.0423 | 0.1437 | 0.0053 | 0.0053 |
| 2014 | 0.0715 | 0.0398 | 0.2343 | 0.1240 | 0.0719 | 0.3508 | 0.0444 | 0.0632 |
| 2015 | 0.0087 | 0.0377 | 0.0109 | 0.3630 | 0.0520 | 0.4646 | 0.0020 | 0.0611 |
| 2016 | 0.0757 | 0.1309 | 0.4188 | 0.0807 | 0.0876 | 0.1006 | 0.0246 | 0.0810 |
| 2017 | 0.0629 | 0.2872 | 0.0828 | 0.0410 | 0.0207 | 0.0261 | 0.0202 | 0.4591 |
| 均值 | 0.0586 | 0.1375 | 0.1644 | 0.2276 | 0.0752 | 0.1340 | 0.0553 | 0.1474 |

**表 6-5 熵值法下的企业家精神政策效果评估一级和二级指标权重**

| 年份 | $w'_{B1}$ | $w'_{B2}$ | $w'_{B3}$ | $w'_{B4}$ | $w'_{A1}$ | $w'_{A2}$ |
|---|---|---|---|---|---|---|
| 1998 | 0.0905 | 0.8376 | 0.0243 | 0.0476 | 0.9281 | 0.0719 |
| 1999 | 0.2518 | 0.5627 | 0.0610 | 0.1246 | 0.8144 | 0.1856 |
| 2000 | 0.1398 | 0.3989 | 0.2254 | 0.2359 | 0.5387 | 0.4613 |
| 2001 | 0.0182 | 0.6021 | 0.0175 | 0.3622 | 0.6203 | 0.3797 |
| 2002 | 0.3526 | 0.3764 | 0.2339 | 0.0371 | 0.7290 | 0.2710 |
| 2003 | 0.2981 | 0.1696 | 0.4005 | 0.1317 | 0.4678 | 0.5322 |
| 2004 | 0.2610 | 0.1855 | 0.2754 | 0.2781 | 0.4465 | 0.5535 |
| 2005 | 0.1403 | 0.1301 | 0.3287 | 0.4009 | 0.2704 | 0.7296 |
| 2006 | 0.1345 | 0.2087 | 0.1911 | 0.4656 | 0.3433 | 0.6567 |
| 2007 | 0.2228 | 0.2714 | 0.0516 | 0.4542 | 0.4942 | 0.5058 |
| 2008 | 0.2969 | 0.4157 | 0.1564 | 0.1310 | 0.7126 | 0.2874 |
| 2009 | 0.3899 | 0.4878 | 0.0590 | 0.0633 | 0.8777 | 0.1223 |
| 2010 | 0.0844 | 0.5763 | 0.2110 | 0.1282 | 0.6608 | 0.3392 |
| 2011 | 0.0625 | 0.5520 | 0.0424 | 0.3431 | 0.6145 | 0.3855 |

续表

| 年份 | $w'_{B1}$ | $w'_{B2}$ | $w'_{B3}$ | $w'_{B4}$ | $w'_{A1}$ | $w'_{A2}$ |
|---|---|---|---|---|---|---|
| 2012 | 0. 0350 | 0. 3362 | 0. 5444 | 0. 0844 | 0. 3712 | 0. 6288 |
| 2013 | 0. 4293 | 0. 3741 | 0. 1860 | 0. 0106 | 0. 8034 | 0. 1966 |
| 2014 | 0. 1113 | 0. 3583 | 0. 4228 | 0. 1076 | 0. 4696 | 0. 5304 |
| 2015 | 0. 0464 | 0. 3739 | 0. 5166 | 0. 0631 | 0. 4203 | 0. 5797 |
| 2016 | 0. 2066 | 0. 4995 | 0. 1882 | 0. 1057 | 0. 7061 | 0. 2939 |
| 2017 | 0. 3501 | 0. 1238 | 0. 0468 | 0. 4793 | 0. 4739 | 0. 5261 |
| 均值 | 0. 1961 | 0. 3920 | 0. 2091 | 0. 2027 | 0. 5881 | 0. 4119 |

**表 6-6　熵值法下的企业家精神政策效果评估指标权重**

| 一级指标 | 指标权重 | 二级指标 | 指标权重 | 三级指标 | 指标权重 |
|---|---|---|---|---|---|
| 创业 $A_1$ | 0. 5881 | 个体经济 $B_1$ | 0. 1961 | 个体工商户数 $C_1$ | 0. 0586 |
| | | | | 个体就业人员占比 $C_2$ | 0. 1375 |
| | | 民营经济 $B_2$ | 0. 3920 | 私营企业户数 $C_3$ | 0. 1644 |
| | | | | 私营企业就业人员占比 $C_4$ | 0. 2276 |
| 创新 $A_2$ | 0. 4119 | 创新投入 $B_3$ | 0. 2091 | R&D 人员全时当量 $C_5$ | 0. 0752 |
| | | | | R&D 经费投入强度 $C_6$ | 0. 1340 |
| | | 创新产出 $B_4$ | 0. 2027 | 专利申请授权量占比 $C_7$ | 0. 0553 |
| | | | | 技术市场成交额 $C_8$ | 0. 1474 |

## 三、企业家精神政策效果评估的指标体系构建

基于 AHP 层次分析法及熵值法计算的指标权重，可得到企业家精神政策效果指标的综合权重（见表 6-7）。通过综合权重可以看出，相对于创业，创新对企业家精神政策效果的体现更多，权重值分别为 0. 2138 和 0. 7862。民营经济相较于个体经济更重要，创新产出相较于创新投入更重要，权重值分别为 0. 1791、0. 0347、0. 7072、0. 0789。在所有的三级指标中，技术市场成交额是最重要的，其次为专利申请授权量占比，权重值分别为 0. 6656、0. 0416；R&D 人员全时当量比 R&D 经费投入强度重要，权重值分别为 0. 0495 和 0. 0294；私营企业就业人员占比比私营企业户数重要，权重值分别为 0. 1598 和 0. 0193；个体就业人员占比比个体工商户数重要，权重值分别为 0. 0188 和 0. 0160。

**表 6-7 企业家精神政策效果评估指标的综合权重**

| 一级指标 | 指标权重 | 二级指标 | 指标权重 | 三级指标 | 指标权重 | 指标内容 |
|---|---|---|---|---|---|---|
| 创业 $A_1$ | 0.2138 | 个体经济 $B_1$ | 0.0347 | 个体工商户数（万户）$C_1$ | 0.0160 | 领取营业执照，从事工商业的个体经营者所组成的生产经营单位的数量 |
| | | | | 个体就业人员占比（%）$C_2$ | 0.0188 | 个体就业人员与从业人员之比 |
| | | 民营经济 $B_2$ | 0.1791 | 私营企业户数（万户）$C_3$ | 0.0193 | 由自然人投资设立或由自然人控股，以雇佣劳动为基础的营利性经济组织的数量 |
| | | | | 私营企业就业人员占比（%）$C_4$ | 0.1598 | 私营企业就业人员与从业人员之比 |
| 创新 $A_2$ | 0.7862 | 创新投入 $B_3$ | 0.0789 | R&D 人员全时当量（人年）$C_5$ | 0.0495 | R&D 人员全时人员工作量与非全时人员按实际工作时间折算的工作量之和 |
| | | | | R&D 经费投入强度（%）$C_6$ | 0.0294 | R&D 经费内部支出与国内生产总值（GDP）之比 |
| | | 创新产出 $B_4$ | 0.7072 | 专利申请授权量占比（件/万人）$C_7$ | 0.0416 | 国内三种专利授权数与从业人员之比 |
| | | | | 技术市场成交额（万元）$C_8$ | 0.6656 | 技术产品在市场中的成交金额总数 |

# 第五节　企业家精神政策的效果评估结果

## 一、企业家精神政策效果的总体水平分析

如图 6-4 和表 6-8 所示，企业家精神政策效果从 1998 年到 2017 年呈指数增长趋势，得分均值为 7.0941，年均增长率为 21.91%。其中，“九五”时期（以 1998 年为起始年计算）得分均值为 1.1192，年均增长率为 4.01%；“十五”时期得分均值为 2.3828，年均增长率为 24.33%；“十一五”时期得分均值为 5.3328，年均增长率为 16.54%；“十二五”时期得分均值为 10.0601，年均增长率为 20.24%；“十三五”时期（计算数据截止到 2017 年）得分均值为

24.8230，年均增长率为18.15%（见表6-9）。可以看出，企业家精神政策效果的全国整体水平在稳步提高，尤其是进入“十三五”时期更是得到了迅猛发展。这与国家把企业家精神提到了一个历史新高度，赋予其新时代特征的背景密不可分。“十一五”时期企业家精神政策效果的年均增长率出现明显下滑，与2007~2009年全球金融危机的背景紧密相关。全球金融危机对于企业尤其是民营企业的生存提出了很大挑战，在这样的外部经济动荡下维持生计成为首要目标。

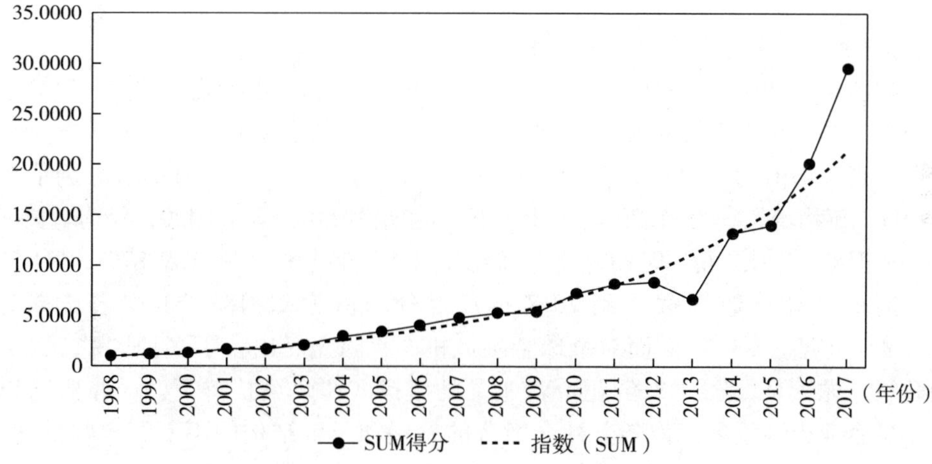


**图6-4　1998~2017年我国企业家精神政策效果的总体水平**

**表6-8　1998~2017年全国水平下企业家精神政策效果的综合得分**

| 年份 | 1998 | 1999 | 2000 | 2001 | 2002 |
|---|---|---|---|---|---|
| 得分 | 1.0000 | 1.1493 | 1.2083 | 1.7304 | 1.6809 |
| 年份 | 2003 | 2004 | 2005 | 2006 | 2007 |
| 得分 | 2.1529 | 2.9156 | 3.4341 | 4.0578 | 4.7989 |
| 年份 | 2008 | 2009 | 2010 | 2011 | 2012 |
| 得分 | 5.2730 | 5.3231 | 7.2112 | 8.1587 | 8.3762 |
| 年份 | 2013 | 2014 | 2015 | 2016 | 2017 |
| 得分 | 6.5698 | 13.2185 | 13.9772 | 20.1103 | 29.5357 |

表 6-9 “九五”时期到“十三五”时期企业家精神政策效果情况

| 时期 | “九五”（以 1998 年为起始年计算） | “十五” | “十一五” | “十二五” | “十三五”（计算数据截止到 2017 年） |
|---|---|---|---|---|---|
| 得分均值 | 1. 1192 | 2. 3828 | 5. 3328 | 10. 0601 | 24. 8230 |
| 年均增长率（%） | 4. 01 | 24. 33 | 16. 54 | 20. 24 | 18. 15 |

## 二、企业家精神政策的创业效果

### （一）创业效果的整体水平分析

如图 6-5 和表 6-10 所示，创业效果在 1998 年到 2017 年波动较大，得分均值为 1. 2645，年均增长率为 40. 72%。其中，“九五”时期（以 1998 年为起始年计算）得分均值为 0. 6099，年均增长率为-3. 12%；“十五”时期得分均值为 0. 4011，年均增长率为-1. 29%；“十一五”时期得分均值为 1. 0420，年均增长率为 119. 34%；“十二五”时期得分均值为 2. 5215，年均增长率为 59. 87%；“十三五”时期（计算数据截止到 2017 年）得分均值为 1. 8183，年均增长率为-53. 30%（见表 6-11）。面对全球金融危机，我国先后出台了多项“稳就业”的政策，尤其是鼓励“以创业带就业”的举措。在政策扶持下，个体经营以及小微企业得到发展。但随着社会经济的发展和经济结构的不断调整与优化，民营企业的地位不断提高，其创新能力迅猛提升，使创业的贡献越来越弱。

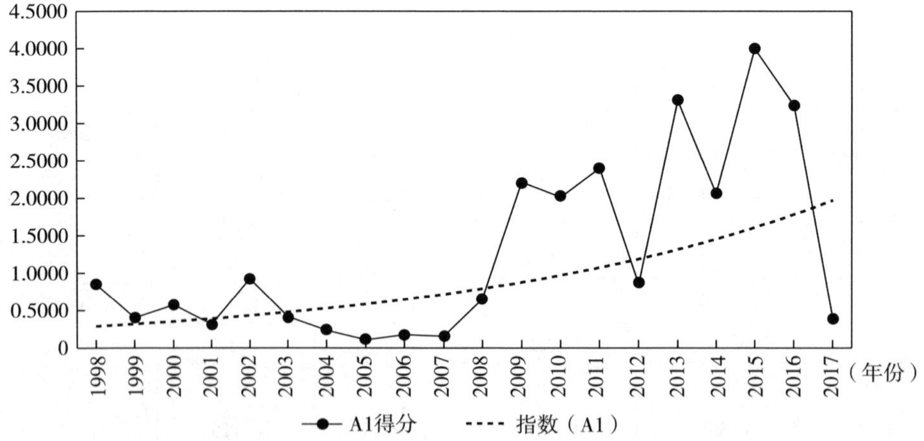


图 6-5 1998~2017 年我国企业家精神政策创业效果的总体水平

表 6-10　1998~2017 年全国水平下企业家精神政策创业效果综合得分

| 年份 | 1998 | 1999 | 2000 | 2001 | 2002 |
|---|---|---|---|---|---|
| 得分 | 0.8503 | 0.4026 | 0.5768 | 0.3176 | 0.9236 |
| 年份 | 2003 | 2004 | 2005 | 2006 | 2007 |
| 得分 | 0.4196 | 0.2361 | 0.1086 | 0.1751 | 0.1569 |
| 年份 | 2008 | 2009 | 2010 | 2011 | 2012 |
| 得分 | 0.6531 | 2.2120 | 2.0130 | 2.3996 | 0.8509 |
| 年份 | 2013 | 2014 | 2015 | 2016 | 2017 |
| 得分 | 3.3059 | 2.0589 | 3.9921 | 3.2392 | 0.3973 |

表 6-11　“九五”时期到“十三五”时期企业家精神政策创业效果情况

| 时期 | “九五”（以 1998 年为起始年计算） | “十五” | “十一五” | “十二五” | “十三五”（计算数据截止到 2017 年） |
|---|---|---|---|---|---|
| 得分均值 | 0.6099 | 0.4011 | 1.0420 | 2.5215 | 1.8183 |
| 年均增长率（%） | -3.12 | -1.29 | 119.34 | 59.87 | -53.30 |

（二）个体经济效果的水平分析

如图 6-6 和表 6-12 所示，个体经济效果在 1998 年到 2017 年波动较大，得分均值为 0.0634，年均增长率为 575.93%。其中，“九五”时期（以 1998 年为起始年计算）得分均值为 0.0388，年均增长率为 39.76%；“十五”时期得分均值为 0.0454，年均增长率为 1583.06%；“十一五”时期得分均值为 0.0452，年均增长率为 74.93%；“十二五”时期得分均值为 0.1049，年均增长率为 412.54%；“十三五”时期（计算数据截止到 2017 年）得分均值为 0.0874，年均增长率为 235.32%（见表 6-13）。可以看出，个体经济在“十五”期间迅猛发展。1997 年中共十五大明确提出，非公有制经济是中国社会主义市场经济的重要组成部分，对私营经济和个体经济要继续鼓励。亚洲金融危机过后，国家经济水平需要得到恢复，而发展个体经济可通过创业创造提供更多的就业岗位。“十二五”时期，个体经济再次得到蓬勃发展，且该期间的政策效果具有良好表现。这与 2011 年以后国家相继推出的大学生创业政策密不可分。一些有能力的大学生以自我价值实现和创新为目标，谋求发展型创业，而原有的生存型创业的格局被打破。

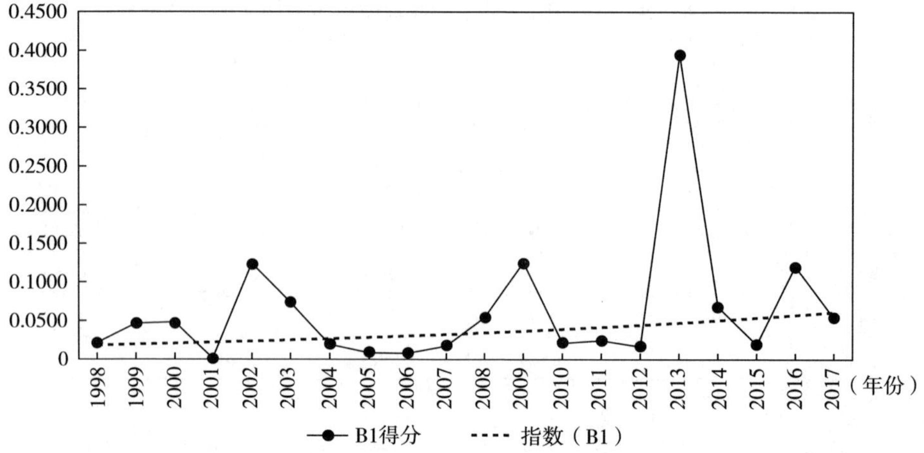


**图 6-6　1998~2017 年我国企业家精神政策个体经济效果的总体水平**

**表 6-12　1998~2017 年全国水平下企业家精神政策个体经济效果综合得分**

| 年份 | 1998 | 1999 | 2000 | 2001 | 2002 |
|---|---|---|---|---|---|
| 得分 | 0.0216 | 0.0466 | 0.0482 | 0.0015 | 0.1239 |
| 年份 | 2003 | 2004 | 2005 | 2006 | 2007 |
| 得分 | 0.0738 | 0.0193 | 0.0085 | 0.0078 | 0.0174 |
| 年份 | 2008 | 2009 | 2010 | 2011 | 2012 |
| 得分 | 0.0542 | 0.1255 | 0.0212 | 0.0246 | 0.0169 |
| 年份 | 2013 | 2014 | 2015 | 2016 | 2017 |
| 得分 | 0.3953 | 0.0682 | 0.0193 | 0.1207 | 0.0541 |

**表 6-13　“九五”时期到“十三五”时期企业家精神政策个体经济效果情况**

| 时期 | “九五”（以 1998 年为起始年计算） | “十五” | “十一五” | “十二五” | “十三五”（计算数据截止到 2017 年） |
|---|---|---|---|---|---|
| 得分均值 | 0.0388 | 0.0454 | 0.0452 | 0.1049 | 0.0874 |
| 年均增长率（%） | 39.76 | 1583.06 | 74.93 | 412.54 | 235.32 |

1. 基于个体工商户数的效果分析

如图 6-7 和表 6-14 所示，个体工商户数的政策效果得分在 1998 年到 2017 年波动较大，得分均值为 0.0240，年均增长率为 697.74%。其中，“九五”时期（以 1998 年为起始年计算）得分均值为 0.0194，年均增长率为 317.00%；“十五”时期得分均值为 0.0382，年均增长率为 2173.51%；“十一五”时期得分均值为 0.0070，年均增长率为 93.65%；“十二五”时期得分均值为 0.0231，年均增长率为 15.62%；“十三五”时期（计算数据截止到 2017 年）得分均值为 0.0405，年均增长率为 446.05%（见表 6-15）。可以看到，个体工商户在“十五”时期得到了大力发展。这也再次说明，亚洲金融危机过后，个体经济所起到的作用，其政策效果明显。淘宝网、京东商城等一系列电商引领了个体商户的发展方向与模式。

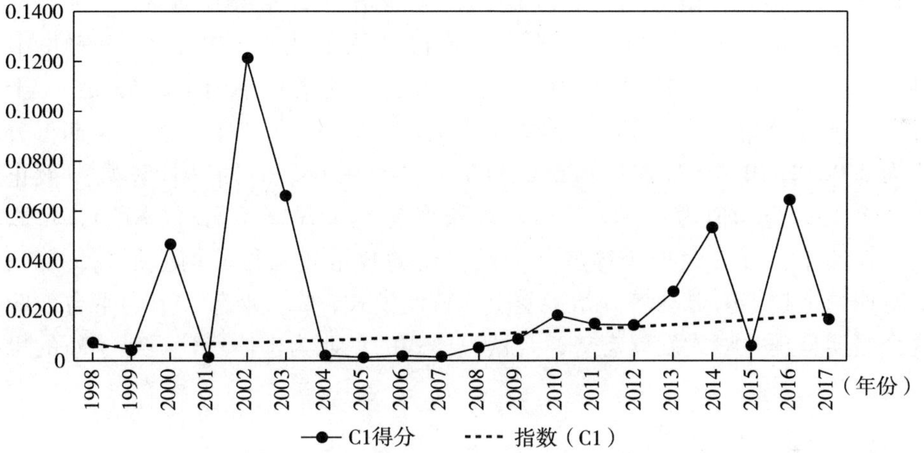


**图 6-7 1998~2017 年我国企业家精神政策个体工商户数效果的总体水平**

**表 6-14 1998~2017 年全国水平下企业家精神政策个体工商户数效果得分**

| 年份 | 1998 | 1999 | 2000 | 2001 | 2002 |
|---|---|---|---|---|---|
| 得分 | 0.0071 | 0.0043 | 0.0467 | 0.0011 | 0.1209 |
| 年份 | 2003 | 2004 | 2005 | 2006 | 2007 |
| 得分 | 0.0660 | 0.0020 | 0.0012 | 0.0019 | 0.0014 |
| 年份 | 2008 | 2009 | 2010 | 2011 | 2012 |
| 得分 | 0.0052 | 0.0087 | 0.0180 | 0.0145 | 0.0142 |
| 年份 | 2013 | 2014 | 2015 | 2016 | 2017 |
| 得分 | 0.0272 | 0.0535 | 0.0061 | 0.0645 | 0.0164 |

表 6-15 “九五”时期到“十三五”时期企业家精神政策个体工商户数效果情况

| 时期 | “九五”（以 1998 年为起始年计算） | “十五” | “十一五” | “十二五” | “十三五”（计算数据截止到 2017 年） |
|---|---|---|---|---|---|
| 得分均值 | 0.0194 | 0.0382 | 0.0070 | 0.0231 | 0.0405 |
| 年均增长率（%） | 317.00 | 2173.51 | 93.65 | 15.62 | 446.05 |

2. 基于个体就业人员占比的效果分析

如图 6-8 和表 6-16 所示，个体就业人员占比的政策效果得分在 1998 年到 2017 年波动很大，得分均值为 0.0394，年均增长率为 781.34%。其中，“九五”时期（以 1998 年为起始年计算）得分均值为 0.0195，年均增长率为 31.87%；“十五”时期得分均值为 0.0072，年均增长率为 153.58%；“十一五”时期得分均值为 0.0382，年均增长率为 79.79%；“十二五”时期得分均值为 0.0818，年均增长率为 2658.31%；“十三五”时期（计算数据截止到 2017 年）得分均值为 0.0470，年均增长率为 145.70%（见表 6-17）。可以看出，在“十二五”时期个体就业人员占比的政策效果得分均值最高，说明这一时期越来越多的劳动者开始接受个体就业模式，“新业态”下的平台就业在这个时期呈现井喷式发展态势，合伙人模式的创业为个体经营提供了新的思路和模式。

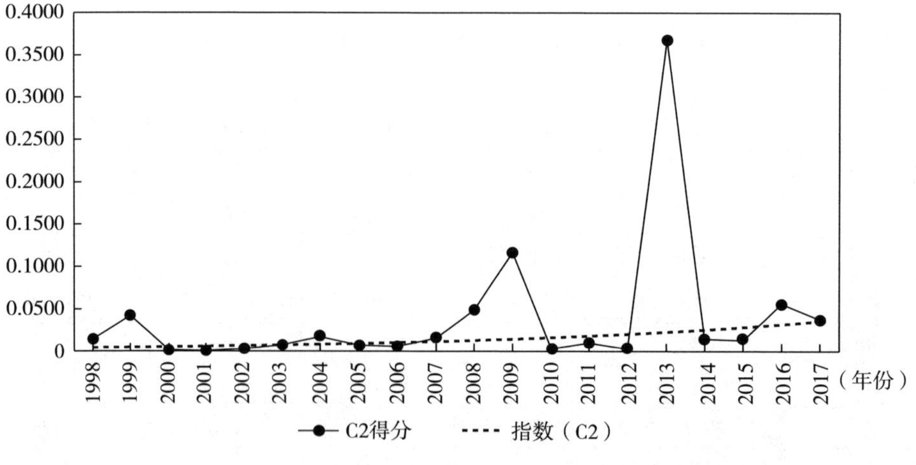


图 6-8 1998~2017 年我国企业家精神政策个体就业人员占比效果的总体水平

表 6-16 1998~2017 年全国水平下企业家精神政策个体就业人员占比效果得分

| 年份 | 1998 | 1999 | 2000 | 2001 | 2002 |
|---|---|---|---|---|---|
| 得分 | 0.0145 | 0.0424 | 0.0015 | 0.0004 | 0.0030 |
| 年份 | 2003 | 2004 | 2005 | 2006 | 2007 |
| 得分 | 0.0078 | 0.0174 | 0.0073 | 0.0059 | 0.0160 |
| 年份 | 2008 | 2009 | 2010 | 2011 | 2012 |
| 得分 | 0.0491 | 0.1168 | 0.0032 | 0.0102 | 0.0028 |
| 年份 | 2013 | 2014 | 2015 | 2016 | 2017 |
| 得分 | 0.3681 | 0.0147 | 0.0132 | 0.0562 | 0.0377 |

表 6-17 “九五”时期到“十三五”时期企业家精神政策个体就业人员占比效果情况

| 时期 | “九五”（以 1998 年为起始年计算） | “十五” | “十一五” | “十二五” | “十三五”（计算数据截止到 2017 年） |
|---|---|---|---|---|---|
| 得分均值 | 0.0195 | 0.0072 | 0.0382 | 0.0818 | 0.0470 |
| 年均增长率（%） | 31.87 | 153.58 | 79.79 | 2658.31 | 145.70 |

（三）民营经济效果的水平分析

如图 6-9 和表 6-18 所示，民营经济效果在 1998 年到 2017 年波动很大，得分均值为 1.2010，年均增长率为 38.99%。其中，“九五”时期（以 1998 年为起始年计算）得分均值为 0.5711，年均增长率为-2.84%；“十五”时期得分均值为 0.3557，年均增长率为-7.02%；“十一五”时期得分均值为 0.9968，年均增长率为 124.72%；“十二五”时期得分均值为 2.4166，年均增长率为 54.27%；“十三五”时期（计算数据截止到 2017 年）得分均值为 1.7309，年均增长率为-55.25%（见表 6-19）。可以看到，民营经济在“十一五”时期和“十二五”时期呈现出良好的政策效果。全球金融危机给中国民营经济带来很大影响，中央推出四万亿元财政刺激计划等措施，有力地减少了全球金融危机对中国企业的负面效应，帮助中国民营经济顺利渡过难关，并且取得了较好的政策效果，进一步推动了民营经济的发展。2011 年政府从清理、规范民营经济准入条件等方面制定政策措施，促进民营经济中新兴产业发展。2014 年党的十八届四中全会强调健全产权保护制度。2015 年国家进一步完善价格机制，鼓励民营企业进入更多领域发展。

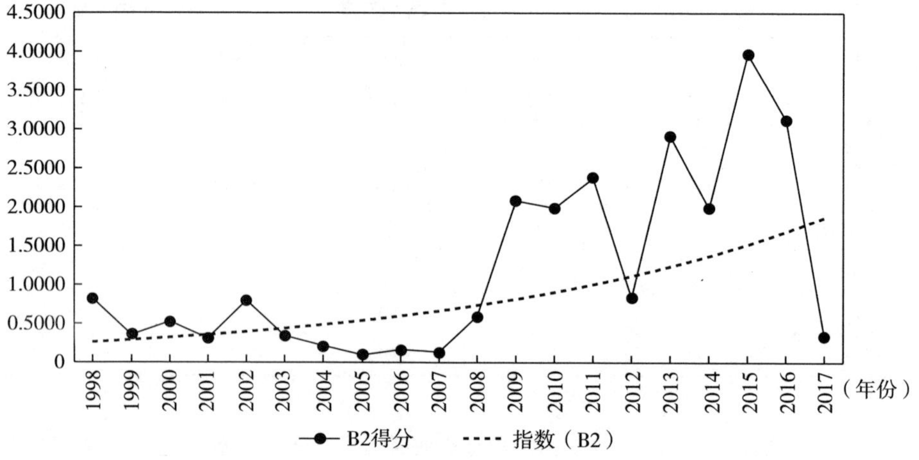


**图 6-9　1998~2017 年我国企业家精神政策民营经济效果的总体水平**

**表 6-18　1998~2017 年全国水平下企业家精神政策民营经济效果综合得分**

| 年份 | 1998 | 1999 | 2000 | 2001 | 2002 |
|---|---|---|---|---|---|
| 得分 | 0. 8287 | 0. 3559 | 0. 5287 | 0. 3161 | 0. 7997 |
| 年份 | 2003 | 2004 | 2005 | 2006 | 2007 |
| 得分 | 0. 3458 | 0. 2167 | 0. 1001 | 0. 1673 | 0. 1395 |
| 年份 | 2008 | 2009 | 2010 | 2011 | 2012 |
| 得分 | 0. 5989 | 2. 0866 | 1. 9919 | 2. 3749 | 0. 8339 |
| 年份 | 2013 | 2014 | 2015 | 2016 | 2017 |
| 得分 | 2. 9106 | 1. 9907 | 3. 9728 | 3. 1185 | 0. 3432 |

**表 6-19　“九五”时期到“十三五”时期企业家精神政策民营经济效果情况**

| 时期 | “九五”（以 1998 年为起始年计算） | “十五” | “十一五” | “十二五” | “十三五”（计算数据截止到 2017 年） |
|---|---|---|---|---|---|
| 得分均值 | 0. 5711 | 0. 3557 | 0. 9968 | 2. 4166 | 1. 7309 |
| 年均增长率（%） | -2. 84 | -7. 02 | 124. 72 | 54. 27 | -55. 25 |

1. 基于私营企业户数的效果分析

如图 6-10 和表 6-20 所示，私营企业户数的政策效果得分在 1998 年到 2017 年波动很大，得分均值为 0. 3155，年均增长率为 429. 50%。其中，“九五”时期（以 1998 年为起始年计算）得分均值为 0.0201，年均增长率为 185.70%；“十五”时期得分均值为 0.0122，年均增长率为 259.21%；“十一五”时期得分均值为 0.2003，年均增长率为 121.19%；“十二五”时期得分均值为 0.7070，年均增长率为 148.08%；“十三五”时期（计算数据截止到 2017 年）得分均值为 0.8260，年均增长率为 2480.48%（见表 6-21）。可以看出，从“十一五”时期开始私营企业户数的政策效果明显提高，在“十二五”时期和“十三五”时期达到了更高水平。随着高新技术产业的不断发展，科学技术领域不断赶超，推动和激发了私营企业的发展，使其规模不断壮大，华为、腾讯、阿里巴巴等逐步成为了私营企业的领头羊和榜样，国家出台的鼓励私营企业发展的政策起到了良好的推动作用。尤其是近些年我国在计算机与通信技术领域不断革新，于 2014 年和 2019 年先后成立了第一期和第二期国家集成电路产业投资基金专门投资半导体芯片领域，大力支持行业龙头企业发展，不断投资 5G、云计算、物联网等“新基建”，在高端制造领域“国产替代”加速前行，使私营企业得到了空前的重视和发展。

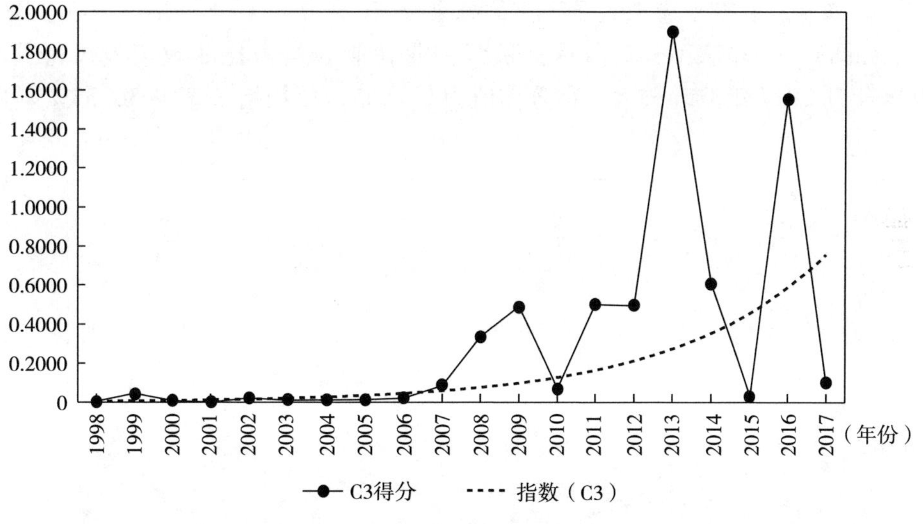


**图 6-10　1998~2017 年我国企业家精神政策私营企业户数效果的总体水平**

**表 6-20　1998~2017 年全国水平下企业家精神政策私营企业户数效果得分**

| 年份 | 1998 | 1999 | 2000 | 2001 | 2002 |
|---|---|---|---|---|---|
| 得分 | 0.0062 | 0.0455 | 0.0087 | 0.0015 | 0.0222 |

续表

| 年份 | 2003 | 2004 | 2005 | 2006 | 2007 |
|---|---|---|---|---|---|
| 得分 | 0.0107 | 0.0122 | 0.0144 | 0.0210 | 0.0856 |
| 年份 | 2008 | 2009 | 2010 | 2011 | 2012 |
| 得分 | 0.3351 | 0.4901 | 0.0696 | 0.5010 | 0.4937 |
| 年份 | 2013 | 2014 | 2015 | 2016 | 2017 |
| 得分 | 1.9032 | 0.6071 | 0.0301 | 1.5518 | 0.1001 |

**表 6-21 “九五”时期到“十三五”时期企业家精神政策私营企业户数效果情况**

| 时期 | “九五”（以1998年为起始年计算） | “十五” | “十一五” | “十二五” | “十三五”（计算数据截止到2017年） |
|---|---|---|---|---|---|
| 得分均值 | 0.0201 | 0.0122 | 0.2003 | 0.7070 | 0.8260 |
| 年均增长率（%） | 185.70 | 259.21 | 121.19 | 148.08 | 2480.48 |

2. 基于私营企业就业人员占比的效果分析

如图 6-11 和表 6-22 所示，私营企业就业人员占比的政策效果得分在 1998 年到 2017 年波动较大，得分均值为 0.8855，年均增长率为 56.37%。其

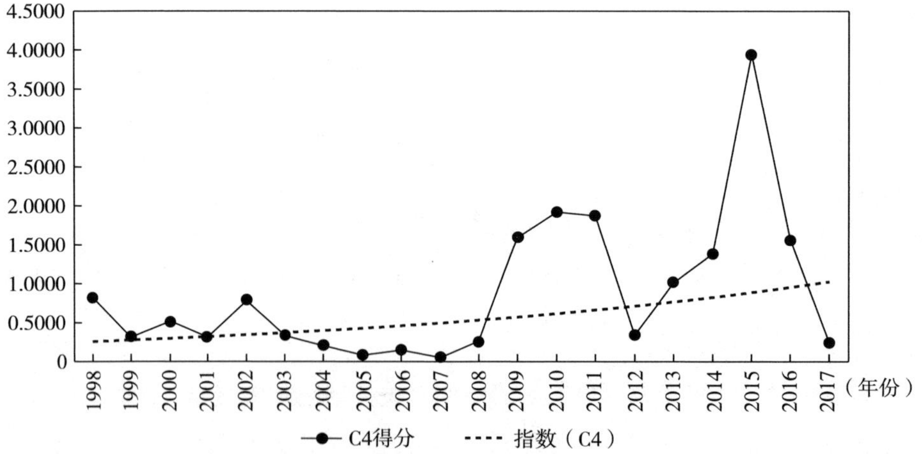


**图 6-11 1998~2017 年我国企业家精神政策私营企业就业人员占比效果的总体水平**

中，“九五”时期（以 1998 年为起始年计算）得分均值为 0.5510，年均增长率为 1.75%；“十五”时期得分均值为 0.3435，年均增长率为-9.26%；“十一五”时期得分均值为 0.7965，年均增长率为 184.54%；“十二五”时期得分均值为 1.7095，年均增长率为 66.82%；“十三五”时期（计算数据截止到 2017 年）得分均值为 0.9049，年均增长率为-72.37%（见表 6-23）。可以看出，私营企业就业人员占比在“十一五”时期和“十二五”时期的政策效果水平最高。私营企业的发展及其社会地位及声望的提高必然会吸引更多的就业者在此寻求更大的个人发展空间。

**表 6-22　1998~2017 年全国水平下企业家精神政策私营企业就业人员占比效果得分**

| 年份 | 1998 | 1999 | 2000 | 2001 | 2002 |
|---|---|---|---|---|---|
| 得分 | 0.8225 | 0.3104 | 0.5200 | 0.3146 | 0.7775 |
| 年份 | 2003 | 2004 | 2005 | 2006 | 2007 |
| 得分 | 0.3351 | 0.2046 | 0.0858 | 0.1463 | 0.0539 |
| 年份 | 2008 | 2009 | 2010 | 2011 | 2012 |
| 得分 | 0.2638 | 1.5965 | 1.9222 | 1.8739 | 0.3402 |
| 年份 | 2013 | 2014 | 2015 | 2016 | 2017 |
| 得分 | 1.0074 | 1.3835 | 3.9427 | 1.5667 | 0.2431 |

**表 6-23　“九五”时期到“十三五”时期企业家精神政策私营企业就业人员占比效果情况**

| 时期 | “九五”（以 1998 年为起始年计算） | “十五” | “十一五” | “十二五” | “十三五”（计算数据截止到 2017 年） |
|---|---|---|---|---|---|
| 得分均值 | 0.5510 | 0.3435 | 0.7965 | 1.7095 | 0.9049 |
| 年均增长率（%） | 1.75 | -9.26 | 184.54 | 66.82 | -72.37 |

## 三、企业家精神政策的创新效果

### （一）创新效果的整体水平分析

如图 6-12 和表 6-24 所示，创新效果在 1998 年到 2017 年呈指数增长趋势，得分均值为 5.8296，年均增长率为 57.71%。其中，“九五”时期（以 1998 年为起始年计算）得分均值为 0.5093，年均增长率为 127.79%；“十五”时期得分均值为 1.9817，年均增长率为 56.98%；“十一五”时期得分均值为

4.2907，年均增长率为14.05%；“十二五”时期得分均值为7.5387，年均增长率为43.24%；“十三五”时期（计算数据截止到2017年）得分均值为23.0048，年均增长率为70.84%（见表6-25）。可以看到，企业家精神政策创新效果的整体水平不断提高，尤其是在“十三五”时期，更是提高到了一个新高度，这与国家的创新发展战略密不可分。近些年国家越来越重视创新，出台了一系列鼓励及奖励性政策。尤其是高新技术产业也在不断加大R&D投入，且产学研的结合也受到了更多重视。宏观层面上，中国自主创新的崛起进程不会因为外部势力干扰而中断；中观层面上，国家产业政策及财税政策全力支持行业发展的战略不会变。在政策引领下，创新效果不断凸显。

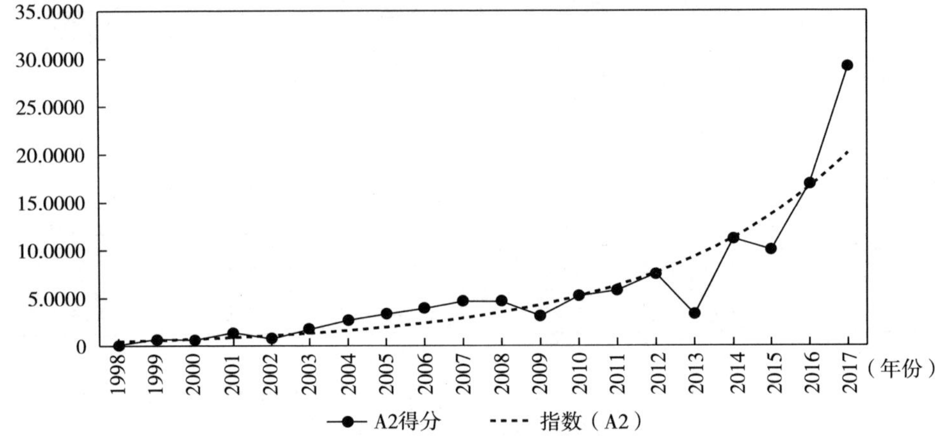


**图6-12　1998~2017年企业家精神政策创新效果的总体水平**

**表6-24　1998~2017年全国水平下企业家精神政策创新效果综合得分**

| 年份 | 1998 | 1999 | 2000 | 2001 | 2002 |
|---|---|---|---|---|---|
| 得分 | 0.1497 | 0.7467 | 0.6314 | 1.4128 | 0.7573 |
| 年份 | 2003 | 2004 | 2005 | 2006 | 2007 |
| 得分 | 1.7333 | 2.6796 | 3.3255 | 3.8827 | 4.6420 |
| 年份 | 2008 | 2009 | 2010 | 2011 | 2012 |
| 得分 | 4.6199 | 3.1110 | 5.1981 | 5.7592 | 7.5254 |
| 年份 | 2013 | 2014 | 2015 | 2016 | 2017 |
| 得分 | 3.2639 | 11.1597 | 9.9851 | 16.8711 | 29.1384 |

**表 6-25　"九五"时期到"十三五"时期企业家精神政策创新效果情况**

| 时期 | "九五"（以1998年为起始年计算） | "十五" | "十一五" | "十二五" | "十三五"（计算数据截止到2017年） |
|---|---|---|---|---|---|
| 得分均值 | 0.5093 | 1.9817 | 4.2907 | 7.5387 | 23.0048 |
| 年均增长率（%） | 127.79 | 56.98 | 14.05 | 43.24 | 70.84 |

### （二）创新投入效果的水平分析

如图 6-13 和表 6-26 所示，创新投入效果得分在 1998 年到 2017 年波动较大，得分均值为 0.4084，年均增长率为 529.50%。其中，"九五"时期（以 1998 年为起始年计算）得分均值为 0.0932，年均增长率为 282.67%；"十五"时期得分均值为 0.1617，年均增长率为 1018.56%；"十一五"时期得分均值为 0.1871，年均增长率为 184.07%；"十二五"时期得分均值为 1.0856，年均增长率为 660.96%；"十三五"时期（计算数据截止到 2017 年）得分均值为 0.3579，年均增长率为-52.75%（见表 6-27）。可以看到，企业家精神政策创新投入效果的得分在"十二五"时期达到了峰值，而这一时期国家出台了一系列创新发展政策，包括《国家中长期人才发展规划纲要（2010—2020 年）》《中共中央　国务院关于深化体制机制改革加快实施创新驱动发展战略的若干意见》。这些政策旨在加强高层次创新型人才队伍建设、建设国家创新体系、实现创新驱动、扶持科技型中小企业。

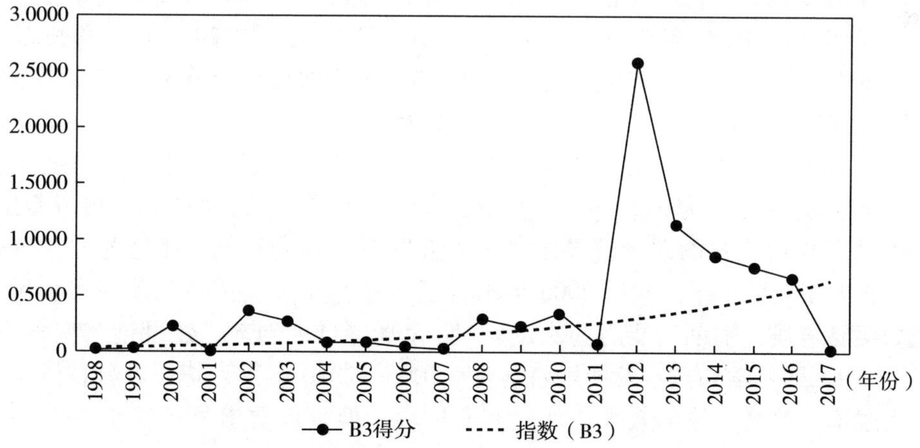


**图 6-13　1998~2017 年我国企业家精神政策创新投入效果的总体水平**

**表 6-26　1998~2017 年全国水平下企业家精神政策创新投入效果综合得分**

| 年份 | 1998 | 1999 | 2000 | 2001 | 2002 |
|---|---|---|---|---|---|
| 得分 | 0.0185 | 0.0259 | 0.2352 | 0.0066 | 0.3557 |
| 年份 | 2003 | 2004 | 2005 | 2006 | 2007 |
| 得分 | 0.2745 | 0.0870 | 0.0849 | 0.0454 | 0.0273 |
| 年份 | 2008 | 2009 | 2010 | 2011 | 2012 |
| 得分 | 0.2930 | 0.2198 | 0.3501 | 0.0724 | 2.5879 |
| 年份 | 2013 | 2014 | 2015 | 2016 | 2017 |
| 得分 | 1.1377 | 0.8657 | 0.7643 | 0.6698 | 0.0460 |

**表 6-27　“九五”时期到“十三五”时期企业家精神政策创新投入效果情况**

| 时期 | “九五”（以 1998 年为起始年计算） | “十五” | “十一五” | “十二五” | “十三五”（计算数据截止到 2017 年） |
|---|---|---|---|---|---|
| 得分均值 | 0.0932 | 0.1617 | 0.1871 | 1.0856 | 0.3579 |
| 年均增长率（%） | 282.67 | 1018.56 | 184.07 | 660.96 | -52.75 |

1. 基于 R&D 人员全时当量的效果分析

如图 6-14 和表 6-28 所示，R&D 人员全时当量的政策效果在 1998 年到 2017 年波动较大，得分均值为 0.3011，年均增长率为 808.63%。其中，“九五”时期（以 1998 年为起始年计算）得分均值为 0.0720，年均增长率为 633.18%；“十五”时期得分均值为 0.0910，年均增长率为 1055.21%；“十一五”时期得分均值为 0.1518，年均增长率为 322.26%；“十二五”时期得分均值为 0.8005，年均增长率为 1315.39%；“十三五”时期（计算数据截止到 2017 年）得分均值为 0.2944，年均增长率为 0.11%（见表 6-29）。可以看出，R&D 人员全时当量的政策效果在“十二五”时期达到峰值，而之前的政策效果一直处于较低水平。我国 2006 年出台了《中共中央　国务院关于实施科技规划纲要增强自主创新能力的决定》，明确坚持自主创新，建设创新型国家；《国家中长期科学和技术发展规划纲要（2006—2020 年）》标志着科技体制的重大改革。政策实施的效果往往具有滞后性，但可以看出早在“十一五”时期国家就非常重视创新发展，并逐步加大了人才队伍建设力度。

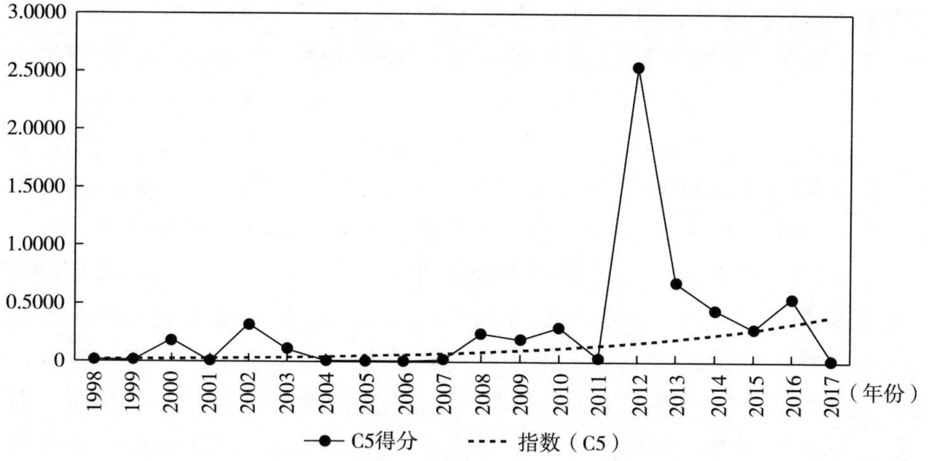


**图 6-14　1998~2017 年我国企业家精神政策 R&D 人员全时当量效果的总体水平**

**表 6-28　1998~2017 年全国水平下企业家精神政策 R&D 人员全时当量效果得分**

| 年份 | 1998 | 1999 | 2000 | 2001 | 2002 |
|---|---|---|---|---|---|
| 得分 | 0. 0161 | 0. 0093 | 0. 1906 | 0. 0058 | 0. 3239 |
| 年份 | 2003 | 2004 | 2005 | 2006 | 2007 |
| 得分 | 0. 1088 | 0. 0080 | 0. 0086 | 0. 0056 | 0. 0160 |
| 年份 | 2008 | 2009 | 2010 | 2011 | 2012 |
| 得分 | 0. 2443 | 0. 1923 | 0. 3010 | 0. 0368 | 2. 5420 |
| 年份 | 2013 | 2014 | 2015 | 2016 | 2017 |
| 得分 | 0. 6860 | 0. 4524 | 0. 2851 | 0. 5514 | 0. 0374 |

**表 6-29　“九五”时期到“十三五”时期企业家精神政策 R&D 人员全时当量效果情况**

| 时期 | “九五”（以 1998 年为起始年计算） | “十五” | “十一五” | “十二五” | “十三五”（计算数据截止到 2017 年） |
|---|---|---|---|---|---|
| 得分均值 | 0. 0720 | 0. 0910 | 0. 1518 | 0. 8005 | 0. 2944 |
| 年均增长率（%） | 633. 18 | 1055. 21 | 322. 26 | 1315. 39 | 0. 11 |

2. 基于 R&D 经费投入强度的效果分析

如图 6-15 和表 6-30 所示，R&D 经费投入强度的政策效果得分在 1998 年到2017年波动较大，得分均值为0.1073，年均增长率为297.03%。其中，“九五”时期（以1998年为起始年计算）得分均值为0.0212，年均增长率为251.13%；“十五”时期得分均值为0.0707，年均增长率为783.82%；“十一五”时期得分均值为0.0353，年均增长率为49.41%；“十二五”时期得分均值为0.2852，年均增长率为178.41%；“十三五”时期（计算数据截止到2017年）得分均值为0.0636，年均增长率为-84.03%（见表6-31）。可以看出，R&D经费投入强度的政策效果也是在“十二五”时期达到了较高水平。R&D经费投入是“自主创新”的保障与基础。一些规模较大的私营企业都具有较高水平的R&D经费投入。国家对高新技术行业中的中小企业的扶持，让这些企业有了更大的发展空间，克服了诸多发展困难。当今这个时代，强调加强自主创新能力，加快实现高端制造的“国产替代”。2019年6月科创板正式开板，7月22日科创板迎来首批公司上市，体现出了国家对自主研发与自主创新的重视。

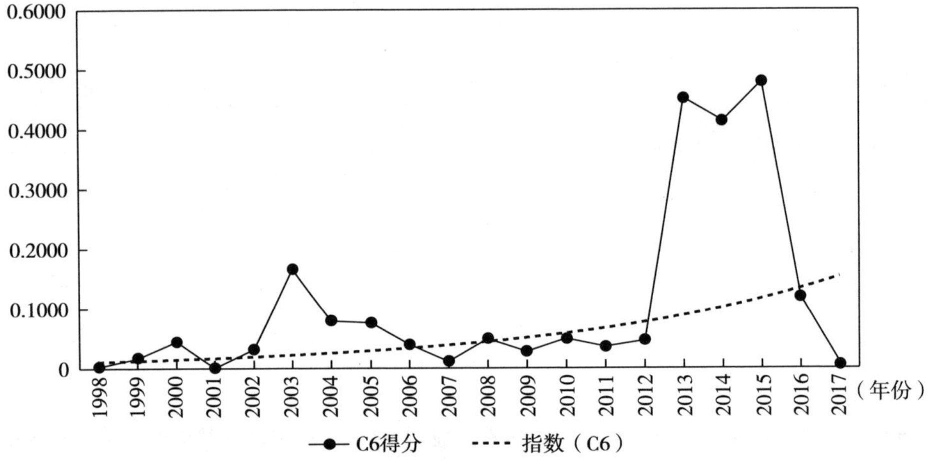


**图6-15　1998~2017年我国企业家精神政策R&D经费投入强度效果的总体水平**

**表6-30　1998~2017年全国水平下企业家精神政策R&D经费投入强度效果得分**

| 年份 | 1998 | 1999 | 2000 | 2001 | 2002 |
|---|---|---|---|---|---|
| 得分 | 0.0024 | 0.0166 | 0.0446 | 0.0008 | 0.0318 |
| 年份 | 2003 | 2004 | 2005 | 2006 | 2007 |
| 得分 | 0.1657 | 0.0791 | 0.0763 | 0.0398 | 0.0113 |

续表

| 年份 | 2008 | 2009 | 2010 | 2011 | 2012 |
|---|---|---|---|---|---|
| 得分 | 0.0487 | 0.0275 | 0.0492 | 0.0356 | 0.0459 |
| 年份 | 2013 | 2014 | 2015 | 2016 | 2017 |
| 得分 | 0.4517 | 0.4134 | 0.4793 | 0.1185 | 0.0086 |

**表 6-31　“九五”时期到“十三五”时期企业家精神政策 R&D 经费投入强度效果情况**

| 时期 | “九五”（以 1998 年为起始年计算） | “十五” | “十一五” | “十二五” | “十三五”（计算数据截止到 2017 年） |
|---|---|---|---|---|---|
| 得分均值 | 0.0212 | 0.0707 | 0.0353 | 0.2852 | 0.0636 |
| 年均增长率（%） | 251.13 | 783.82 | 49.41 | 178.41 | -84.03 |

（三）创新产出效果的水平分析

如图 6-16 和表 6-32 所示，创新产出效果在 1998 年到 2017 年波动较大，得分均值为 5.4212，年均增长率为 78.79%。其中，“九五”时期（以 1998 年为起始年计算）得分均值为 0.4161，年均增长率为 234.82%；“十五”时期得分均值为 1.8199，年均增长率为 109.87%；“十一五”时期得分均值为 4.1036，

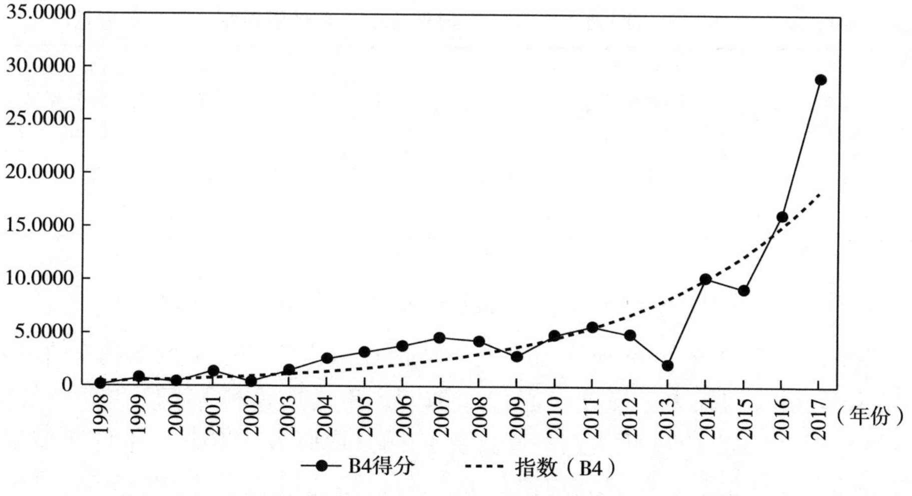


**图 6-16　1998~2017 年我国企业家精神政策创新产出效果的总体水平**

年均增长率为 13. 39%；“十二五”时期得分均值为 6. 4530，年均增长率为 64. 18%；“十三五”时期（计算数据截止到 2017 年）得分均值为 22. 6468，年均增长率为 77. 64%（见表 6-33）。可以看出，创新产出效果从“十五”时期就开始显露，呈稳步上升趋势，在“十二五”时期呈迅速上涨趋势。研发投入最终要以专利或者产品的形式转化为资本再投资。因此，创新产出是检验创新的重要标准。随着国家对自主创新的重视，创新投入和产出效果都有了明显提升，且在“十二五”时期之后表现出了更高的效果水平。

表 6-32　1998~2017 年全国水平下企业家精神政策创新产出效果综合得分

| 年份 | 1998 | 1999 | 2000 | 2001 | 2002 |
|---|---|---|---|---|---|
| 得分 | 0. 1312 | 0. 7208 | 0. 3962 | 1. 4062 | 0. 4016 |
| 年份 | 2003 | 2004 | 2005 | 2006 | 2007 |
| 得分 | 1. 4588 | 2. 5926 | 3. 2405 | 3. 8373 | 4. 6146 |
| 年份 | 2008 | 2009 | 2010 | 2011 | 2012 |
| 得分 | 4. 3269 | 2. 8912 | 4. 8480 | 5. 6868 | 4. 9374 |
| 年份 | 2013 | 2014 | 2015 | 2016 | 2017 |
| 得分 | 2. 1262 | 10. 2939 | 9. 2208 | 16. 2012 | 29. 0924 |

表 6-33　“九五”时期到“十三五”时期企业家精神政策创新产出效果情况

| 时期 | “九五”（以 1998 年为起始年计算） | “十五” | “十一五” | “十二五” | “十三五”（计算数据截止到 2017 年） |
|---|---|---|---|---|---|
| 得分均值 | 0. 4161 | 1. 8199 | 4. 1036 | 6. 4530 | 22. 6468 |
| 年均增长率（%） | 234. 82 | 109. 87 | 13. 39 | 64. 18 | 77. 64 |

1. 基于专利申请授权量占比的效果分析

如图 6-17 和表 6-34 所示，专利申请授权量占比的政策效果得分在 1998 年到 2017 年波动较大，得分均值为 0. 3257，年均增长率为 872. 38%。其中，“九五”时期（以 1998 年为起始年计算）得分均值为 0. 1052，年均增长率为 341. 68%；“十五”时期得分均值为 0. 0241，年均增长率为 50. 55%；“十一五”时期得分均值为 0. 1175，年均增长率为 166. 55%；“十二五”时期得分均值为 0. 9816，年均增长率为 2643. 99%，“十三五”时期（计算数据截止到

2017年）得分均值为0.2907，年均增长率为622.33%（见表6-35）。可以看出，专利申请授权量占比的政策效果在“十二五”时期表现明显。专利的转化更有利于知识产权的保护，而良好的法治环境和专利保护制度能够有效促进创新。随着法治环境的改善以及人们知识产权保护意识的增强，专利申请及授权量大幅度提升。

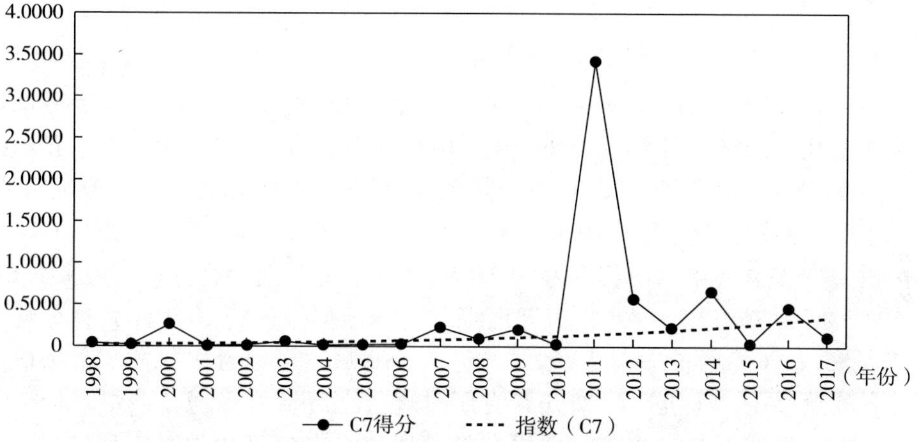


图6-17 1998~2017年我国企业家精神政策专利申请授权量占比效果的总体水平

表6-34 1998~2017年全国水平下企业家精神政策专利申请授权量占比效果得分

| 年份 | 1998 | 1999 | 2000 | 2001 | 2002 |
|---|---|---|---|---|---|
| 得分 | 0.0366 | 0.0221 | 0.2569 | 0.0067 | 0.0191 |
| 年份 | 2003 | 2004 | 2005 | 2006 | 2007 |
| 得分 | 0.0579 | 0.0156 | 0.0214 | 0.0251 | 0.2329 |
| 年份 | 2008 | 2009 | 2010 | 2011 | 2012 |
| 得分 | 0.0903 | 0.2136 | 0.0257 | 3.4264 | 0.5734 |
| 年份 | 2013 | 2014 | 2015 | 2016 | 2017 |
| 得分 | 0.2169 | 0.6584 | 0.0330 | 0.4691 | 0.1122 |

**表 6-35 “九五”时期到“十三五”时期企业家精神政策专利申请授权量占比效果情况**

| 时期 | “九五”（以 1998 年为起始年计算） | “十五” | “十一五” | “十二五” | “十三五”（计算数据截止到 2017 年） |
|---|---|---|---|---|---|
| 得分均值 | 0. 1052 | 0. 0241 | 0. 1175 | 0. 9816 | 0. 2907 |
| 年均增长率（%） | 341. 68 | 50. 55 | 166. 55 | 2643. 99 | 622. 33 |

2. 基于技术市场成交额的效果分析

如图 6-18 和表 6-36 所示，技术市场成交额的政策效果在 1998 年到 2017 年波动上升，得分均值为 5. 0956，年均增长率为 125. 19%。其中，“九五”时期（以 1998 年为起始年计算）得分均值为 0. 3109，年均增长率为 186. 31%；“十五”时期得分均值为 1. 7958，年均增长率为 241. 43%；“十一五”时期得分均值为 3. 9861，年均增长率为 14. 67%；“十二五”时期得分均值为 5. 4714，年均增长率为 76. 74%；“十三五”时期（计算数据截止到 2017 年）得分均值为 22. 3562，年均增长率为 77. 72%（见表 6-37）。可以看出，技术市场成交额的政策效果在“十五”时期开始有所显现，之后呈稳步增长趋势，到“十二五”时期迅速提升。技术市场成交额是创新产出效果的重要衡量指标，其直接反映了知识转化的最终成效，也是衡量投入—产出效率的关键标准。随着国家对自主创新的重视，创新投入不断增加，创新转化效果也不断提高，而这更利于资本运转，进一步推动创新发展。

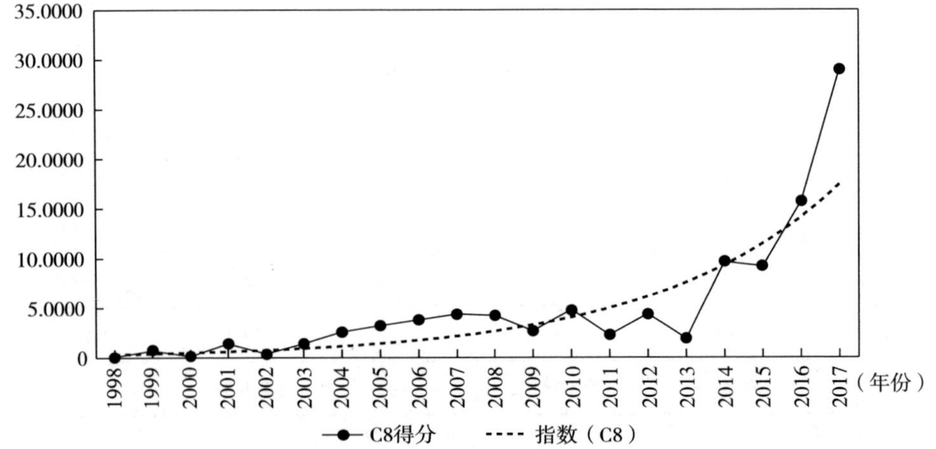


**图 6-18 1998~2017 年我国企业家精神政策技术市场成交额效果的总体水平**

表 6-36　1998~2017 年全国水平下企业家精神政策技术市场成交额效果得分

| 年份 | 1998 | 1999 | 2000 | 2001 | 2002 |
|---|---|---|---|---|---|
| 得分 | 0.0946 | 0.6988 | 0.1393 | 1.3994 | 0.3825 |
| 年份 | 2003 | 2004 | 2005 | 2006 | 2007 |
| 得分 | 1.4009 | 2.5769 | 3.2192 | 3.8122 | 4.3817 |
| 年份 | 2008 | 2009 | 2010 | 2011 | 2012 |
| 得分 | 4.2366 | 2.6776 | 4.8223 | 2.2604 | 4.3640 |
| 年份 | 2013 | 2014 | 2015 | 2016 | 2017 |
| 得分 | 1.9093 | 9.6355 | 9.1878 | 15.7322 | 28.9802 |

表 6-37　“九五”时期到“十三五”时期企业家精神政策技术市场成交额效果情况

| 时期 | “九五”（以 1998 年为起始年计算） | “十五” | “十一五” | “十二五” | “十三五”（计算数据截止到 2017 年） |
|---|---|---|---|---|---|
| 得分均值 | 0.3109 | 1.7958 | 3.9861 | 5.4714 | 22.3562 |
| 年均增长率（%） | 186.31 | 241.43 | 14.67 | 76.74 | 77.72 |

# 第七章　新发展阶段培养企业家精神的对策

## 第一节　新发展阶段制度环境的变化

### 一、百年未有之大变局

以习近平同志为核心的党中央在对当前国际和国内形势进行判断后，提出了“当今世界正面临百年未有之大变局”的论断。目前社会各界对这一论断进行了广泛的探讨，陈宗胜（2021）认为“百年未有之大变局”的基本内容涉及较广，不仅包括新冠病毒疫情、中美贸易摩擦等，还包含更多根本性、系统性、全局性、全球性的大变化，是影响整个世界秩序格局的大变化，指近百年来主导世界的西方资本主义文明开始走向衰落。林毅夫（2021）总结到，百年未有之大变局是由新兴市场的崛起引起的，新兴市场的崛起进而导致世界格局发生变化，影响最明显的两个国家就是中国和美国，中国在全球的影响力不断增强，削弱了美国霸权地位，这种变化给世界各国带来了很多机遇，同时也伴随着很多挑战和不确定性。总的来讲，百年未有之大变局是指全球格局正在经历深刻和重大的革命性变化，新兴市场国家和发展中国家的国际影响力不断增强，国际力量对比更趋均衡，经济呈现出“东升西降”的特征；“一家独大”的单极世界逐渐转变为多极世界协同发展，世界文化呈现出“多元化”的特征。但是世界格局还没有发生根本性的变化，还需要持续的发展以实现由量变到质变的过程，这一过程对于各国来说既有机遇也有挑战和不确定性。因此，需要系统研究和总结百年未有之大变局背景下经济、政治制度的变化趋势及其对培育企业家精神的影响。

就中国来说，我们通过借鉴他国制度优势并将其与自身特点相结合，走出了中国特色社会主义道路。中国特色社会主义制度在实践中逐渐显示出了它的优势，特别是新冠病毒疫情期间，中国有效应对并防止疫情的持续扩散，这一成功进一步推动了中国国际地位的提升，加快了百年未有之大变局的演进。中国要走出百年未有之大变局还需要进一步发展经济，有利条件是我国发展仍处于并将长期处于重要战略机遇期。但是，面对中国的发展和强大，西方大国不断进行打压和遏制，如美国挑起贸易摩擦，打压和制裁中国企业和出口贸易，同时西方国家试图通过虚假信息来攻击中国，对国家安全和发展带来了极大的挑战。中国的发展，逐渐缩小了与发达国家之间的差距，但未来中国的发展需要依靠自身的探索，没有可参照的样本，发展中的风险和不确定性越来越多，发展速度也将放缓。因此，百年未有之大变局这一背景对企业家精神有了更多要求，企业家如何克服和应对未来的风险和不确定性，在发展中如何维护国家利益，如何更好地识别机遇应对各种变化，都将进一步丰富企业家精神的内涵。

### 二、新发展理念

党的十八届五中全会第二次全体会议上习近平总书记指出要坚持创新、协调、绿色、开放、共享的发展理念，新发展理念是更长时期我国发展思路、发展方向、发展着力点的集中体现。其中，创新发展注重解决发展动力问题，创新是引领发展的第一动力，其含义较为丰富，不仅包括科技创新，还包括理论创新、制度创新、文化创新等各个方面的创新。在外部环境越来越复杂的情况下，中国要想实现更好、更快发展，必须将创新贯彻到一切工作中。2015 年以来，我国在一些领域的创新取得了较大的成就，缩小了与西方发达国家的差距，但是自主创新能力还有待进一步提高。协调发展是针对我国经济社会发展不平衡、不协调的问题提出的，是实现共同富裕的重要手段，也是经济持续健康发展的内在要求。协调发展强调城乡、区域间的协调，注重发展的整体性和全面性，突出物质文明与精神文明的共同进步，要求处理好经济发展与自然环境之间的关系，这样才能促进中国经济迈向新阶段。绿色发展强调人与自然和谐共生，注重经济的持续发展。经济发展造成环境污染，资源的过度开发导致资源短缺问题越来越严重，而人民群众对优美环境的追求及美丽中国的建设，都需要处理好人与自然之间的关系，建立资源节约型和环境友好型社会，实现可持续性发展。开放发展强调内外发展的联动，要求用好国内和国际两个市场、两种资源，提高开放水平，发展更高层次的开放型经济，提高中国在国际市场上的话语权，建立更广泛的利益共同体。共享发展强调的是发展的普惠性，我国坚持发展为了人民、发展依靠人民、发展成果由人民共享，我们不仅要将"蛋糕"做大，更要将"蛋糕"分好，缩小城乡、区域和行业收入差距，朝着共同富裕方向稳步前进。

新发展理念为我国当前及未来发展提供了指导，国家制定了一系列政策措施来贯彻落实新发展理念（见表7-1）。在新发展理念的指导和推动下，我国在很多方面都取得了令人瞩目的成就。新发展理念为企业高质量发展和转型发展提供了科学指引，企业只有贯彻落实新发展理念，才能顺应潮流，实现可持续、高质量发展。因此，企业家应将新发展理念融入企业经营的全过程，用新发展理念来指导企业行为。第一，企业家应具备创新精神，特别是在外部环境的不确定性大大提高的情况下，企业家应对公司治理结构、经营模式进行创新，积极响应国家政策，帮助企业获得更多融资、税收优惠等，促进创新，形成一个良性循环系统，增强企业核心竞争力。第二，企业家应贯彻协调发展理念。企业家应注重协调自身与其他企业之间的关系，构建大中小企业相互依存、相互促进的企业发展新生态，促进资源要素在企业间的流动，提高企业生产效率及整体发展质量。第三，企业家应树立绿色发展理念。绿色是实现可持续高质量发展的关键，国家针对绿色循环发展、绿色技术创新、碳达峰、碳中和等主题制定了一系列相关政策，并增加绿色金融供给，为绿色发展助力。企业更应该坚持绿色、低碳的发展模式，为实现碳中和、碳达峰的目标而努力，通过绿色技术创新加快企业转型升级，促进可持续发展，为实现美丽中国建设做贡献。第四，企业家应具备国际视野。我国主张扩大对外开放，用好国内国外两个市场、两种资源，推动世界各国合作共赢。企业家应立足中国，放眼世界，以全球化的视角分析企业发展方向，如此才能更好地抓住机遇、防范风险，在对外开放中实现企业更好的发展。第五，企业家应具有担当精神。企业的发展离不开人民群众的支持，所以企业家必须坚持以人民为中心的发展思想，积极履行社会责任，关心爱护员工，参与慈善公益事业，用企业的发展成果来回报社会，获得广大人民群众的认可，进一步带动企业发展。

**表 7-1 2015~2022 年贯彻新发展理念的部分政策**

| 新发展理念 | 时间 | 相关政策 |
|---|---|---|
| 创新 | 2015 年 | 《中共中央 国务院关于深化体制机制改革加快实施创新驱动发展战略的若干意见》 |
| | 2016 年 | 《“十三五”国家科技创新规划》 |
| | 2016 年 | 《实施〈中华人民共和国促进科技成果转化法〉若干规定》，激励科研人员进行成果转化 |
| | 2017 年 | 《“大众创业 万众创新”税收优惠政策指引》，我国针对创新创业的税收优惠政策措施已达 102 项 |
| | 2019 年 | 《关于新时期支持科技型中小企业加快创新发展的若干政策措施》 |
| | 2021 年 | 《关于实施专利转化专项计划助力中小企业创新发展的通知》 |
| | 2021 年 | 《为“专精特新”中小企业办实事清单》，鼓励中小企业创新 |
| | 2021 年 | 《关于银行业保险业支持高水平科技自立自强的指导意见》，完善科技金融体系 |
| | 2021 年 | 《“十四五”能源领域科技创新规划》，推动专利技术转化 |
| 协调 | 2015 年 | 《京津冀协同发展规划纲要》 |
| | 2016 年 | 《关于深入推进实施新一轮东北振兴战略加快推动东北地区经济企稳向好若干重要举措的意见》 |
| | 2016 年 | 《促进中部地区崛起“十三五”规划》 |
| | 2018 年 | 《中共中央 国务院关于建立更加有效的区域协调发展新机制的意见》，全面落实区域协调发展战略 |
| | 2019 年 | 《“一带一路”债务可持续性分析框架》，为“一带一路”建设提供可持续融资，实现包容增长 |
| | 2019 年 | 《长江三角洲区域一体化发展规划纲要》 |
| | 2021 年 | 《黄河流域生态保护和高质量发展规划纲要》 |

续表

| 新发展理念 | 时间 | 相关政策 |
|---|---|---|
| 绿色 | 2015年 | 《中共中央　国务院关于加快推进生态文明建设的意见》，推进绿色发展、实现永续发展 |
| | 2016年 | 《关于构建绿色金融体系的指导意见》，增加绿色金融供给、助力绿色经济发展 |
| | 2017年 | 《关于推进绿色“一带一路”建设的指导意见》，积极推动“一带一路”绿色产业发展和生态环境保护 |
| | 2018年 | 《国家发展改革委关于创新和完善促进绿色发展价格机制的意见》，将生态环境成本纳入经济运行成本 |
| | 2019年 | 《国家发展改革委　科技部关于构建市场导向的绿色技术创新体系的指导意见》，完善绿色技术创新引导机制 |
| | 2020年 | 《关于构建现代环境治理体系的指导意见》，以实现政府治理、社会调节和企业自治的良性互动 |
| | 2021年 | 《国务院关于加快建立健全绿色低碳循环发展经济体系的指导意见》，推进我国绿色发展迈入新台阶 |
| | 2021年 | 《中共中央　国务院关于完整准确全面贯彻新发展理念做好碳达峰碳中和工作的意见》，以确保如期实现碳达峰和碳中和 |
| | 2021年 | 《2030年前碳达峰行动方案》，以顺利实现碳达峰目标 |
| | 2021年 | 《企业环境信息依法披露管理办法》，用以规范企业环境信息依法披露活动、加强社会监督 |
| 开放 | 2016年 | 《国务院关于同意开展服务贸易创新发展试点的批复》 |
| | 2017年 | 《国务院关于扩大对外开放积极利用外资若干措施的通知》 |
| | 2018年 | 《国务院关于支持自由贸易试验区深化改革创新若干措施的通知》，提升贸易便利化水平 |
| | 2019年 | 《国务院关于促进综合保税区高水平开放高质量发展的若干意见》，打造具有国际竞争力的海关特殊监管区域 |
| | 2019年 | 《粤港澳大湾区发展规划纲要》，深化内地与港澳合作，进一步提升粤港澳大湾区在对外开放中的支撑引领作用 |
| | 2020年 | 《中华人民共和国外商投资法实施条例》，为推动更高水平对外开放提供法治保障 |
| | 2020年 | 《海南自由贸易港建设总体方案》，加快建设高水平的中国特色自由贸易港 |
| | 2021年 | 《自由贸易试验区外商投资准入特别管理措施（负面清单）（2021年版）》 |
| | 2021年 | 《外商投资准入特别管理措施（负面清单）（2021年版）》 |
| | 2021年 | 《中国银保监会办公厅关于明确保险中介市场对外开放有关措施的通知》，进一步扩大保险业对外开放，促进保险业健康有序发展 |

续表

| 新发展理念 | 时间 | 相关政策 |
| --- | --- | --- |
| 共享 | 2016 年 | 《脱贫攻坚责任制实施办法》 |
| | 2018 年 | 《港澳台居民居住证申领发放办法》，支持港澳台同胞共享国家发展机遇 |
| | 2020 年 | 《关于切实解决老年人运用智能技术困难的实施方案》，让技术更好地服务于所有人 |
| | 2021 年 | 《中共中央　国务院关于支持浙江高质量发展建设共同富裕示范区的意见》，推动共同富裕，形成一批可复制可推广的成功经验 |
| | 2021 年 | 《“十四五”全民医疗保障规划》，加快医药卫生体制改革，推动覆盖全民的医疗保障体系的建设 |
| | 2022 年 | 《中共中央　国务院关于做好 2022 年全面推进乡村振兴重点工作的意见》，促进共同富裕的实现 |
| | 2022 年 | 《关于构建更高水平的全民健身公共服务体系的意见》，提高全民健康水平，推动全民共同富裕 |

## 三、“六稳”“六保”精准施策

2018 年，随着中美贸易摩擦加剧，中央首次提出了“六稳”的方针，提出“要做好稳就业、稳金融、稳外贸、稳外资、稳投资、稳预期工作”，实现经济稳中求进。2020 年，新冠病毒疫情的暴发，再一次加剧了外部环境的不确定性，对我国经济造成了较大的冲击，中央在“六稳”的基础上又提出了“六保”的新任务。“六保”主要指的是保居民就业、保基本民生、保市场主体、保粮食能源安全、保产业链供应链稳定、保基层运转。“六稳”与“六保”之间是相互联系的，六稳是大局，六保是前提，“六稳”是高线，“六保”是底线，通过“六保”的落实来实现“六稳”方针，只有坚持底线思维，守住“六保”底线，才能达到更好的“六稳”结果，实现经济稳中求进。

我国为做好“六稳”工作、落实“六保”任务，制定了一系列相关政策。我国在 2020 年分 7 批发布实施了 28 项减税降费政策，支持企业复工复产，阶段性减免企业和拥有雇员的个体工商户的养老、失业、工伤保险单位缴费等，使企业拥有更多流动资金，从而保障市场主体的正常运营，进而保障就业。伴随着一系列减税降费措施的落地，不少企业尤其是中小微企业直接从中获益。同时，国家通过减税降费、保障和扩大市场主体从而为金融市场增添活力，通过财政贴息政策、货币政策、信贷政策落实普惠金融战略，让金融服务支持实体经济的作用得到充分展现。在外部环境不确定性增多的形势下，企业的有序发展离不开国家政策的支持。企业家应用好国家给予的各项优惠政策，使企业健康持续发展，同时也应具备贡献和担当精神，在自身发展良好的情况下，为社会和国家贡献自己的力量。

## 第二节　新发展阶段市场环境的变化

### 一、新发展格局

#### （一）新发展格局的内涵

当今世界正经历百年未有之大变局，我国发展仍然处于重要战略机遇期，但机遇和挑战都有新的发展变化。进入新的发展阶段，我国经济发展环境出现了一系列变化。党的十九届五中全会通过的《中共中央关于制定国民经济和社会发展第十四个五年规划和二〇三五年远景目标的建议》对畅通国内大循环、促进国内国际双循环、加快培育完整内需体系进行了部署，强调要加快构建以国内大循环为主体、国内国际双循环相互促进的新发展格局。加快构建新发展格局，是以习近平同志为核心的党中央根据我国新发展阶段、新历史任务、新环境条件作出的重大战略决策，是习近平新时代中国特色社会主义经济思想的又一重大理论成果。

构建新发展格局，关键在于实现经济循环流转和产业关联畅通。根本要求是提升供给体系的创新力和关联性，解决各类“卡脖子”和瓶颈问题，畅通国民经济循环。而做到这一点，必须深化改革、扩大开放、推动科技创新和产业结构升级。要以实现国民经济体系高水平的完整性为目标，突出重点，抓住主要矛盾，着力打通堵点，贯通生产、分配、流通、消费各环节，实现供求动态均衡。

在构建双循环新发展格局的过程中，推动经济高质量发展的生力军——企业家队伍，起着举足轻重的作用。企业家承担着企业发展、经济发展的社会和历史重任。2020 年 7 月 21 日，习近平总书记在企业家座谈会上发表重要讲话，提出市场主体是经济的力量载体，保市场主体就是保社会生产力。要千方百计把市场主体保护好，为经济发展积蓄基本力量。这不仅为新形势下弘扬企业家精神提供了思想和行动指南，而且强调了新发展格局下企业家深化改革、带动中国企业不断发展壮大的重要作用。

### （二）新发展格局的演变逻辑

#### 1. 历史逻辑

就经济发展国内外循环而言，我国在不同阶段呈现出不同的特征。在中华人民共和国成立之初，我国经济发展主要受苏联影响。我国通过“内循环工业化模式”建设起了相对完备的工业体系，奠定了工业化的基础，但外循环甚少。1971 年，我国在联合国的合法席位恢复，通过与绝大多数西方国家及东南亚国家建立外交联系，打破了中华人民共和国成立以来西方国家对我国的政治和经济封锁。1973 年提出的“四三方案”是改革开放前一次促进“外循环”发展与经济增长的有益尝试。但是，此时我国经济发展仍以经济内循环为主，“外循环”规模极其有限。

改革开放实现了中国社会从内至外各个方面的重大变革。我国企业起初主要通过发挥劳动力的禀赋优势，对资源进行初级加工，再转至发达国家实现产品升级参与全球供应链和产业链，外循环的参与优化了我国的产业结构和经济发展格局。2001 年我国加入 WTO 后，对外贸易迅速发展扩大，我国企业对全球供应链和价值链的参与逐渐加深。同一时期，我国通过引进先进技术与设备、大量吸引外资提升了国内工业水平，以“两头在外、大进大出”的方式推动了外循环的发展（见表 7-2）。

**表 7-2 新发展格局历史演变逻辑**

| 经济发展阶段 | 经济发展模式 |
|---|---|
| 中华人民共和国成立之初 | 我国通过“内循环工业化模式”建设起了相对完备的工业体系，奠定了工业化的基础，在外循环上接触甚少 |
| 1971 年恢复联合国合法席位后 | “四三方案”是改革开放前一次促进“外循环”发展与经济增长的有益尝试，然而我国经济发展模式仍主要以经济内循环为主，“外循环”规模极其有限 |
| 改革开放 | 外循环的参与优化了我国的产业结构和经济发展格局 |
| 2001 年加入 WTO | 我国对外贸易迅速发展扩大，以“两头在外、大进大出”的方式推动了外循环的发展 |
| 新发展格局 | 实行高水平对外开放、要加强国内大循环在双循环中的主导作用，塑造我国参与国际合作和竞争新优势 |

资料来源：倪红福，王文斌，田野．新发展格局的演变逻辑和实践路径：国际比较视角［J］．学习与探索，2022（2）：95-107.

随着我国经济总量增加、国内外环境变化，以及人口红利消失和资源价格上涨，按照比较优势原理引进技术和设备，出口劳动密集型产品，实现合作共赢的时代不复存在。新发展格局是在总结改革开放40多年历史经验的基础上，探索社会主义市场经济发展的内在规律，深化改革开放的成果，科学分析当前的国际局势和国内经济发展形势所作出的科学决策。新发展格局承继了改革开放的理论经验与实践成果，并在此基础上探索更高层次、更深领域的对外发展政策（杜茹、纪明，2022）。新发展格局强调要“实行高水平对外开放”“要加强国内大循环在双循环中的主导作用，塑造我国参与国际合作和竞争新优势”。新发展格局正是改革开放政策在新时期的创新和发展。由对外开放格局到新发展格局，实现了从注重开放城市数量的量变到注重高水平开放的质的飞跃。

2. 政策逻辑

国际大循环与沿海发展战略。1987年，时任国家计委经济研究所副研究员的王建向中央提出了“关于国际大循环经济发展战略的构想”。“国际大循环”的构想引起了中央决策者的重视，并促进了“沿海发展战略”的提出。1992年邓小平发表南方谈话后，中国经济更快融入世界经济秩序，对外开放程度不断提高。2001年中国加入世界贸易组织，中国外向型经济发展格局全面形成。

国际大循环政策重心偏离。在推动国际大循环的过程中，两头在外、出口与投资双驱动所带来的弊端也逐渐显现。2006年初发布的《中华人民共和国国民经济和社会发展第十一个五年规划纲要》指出，应“立足扩大国内需求推动发展，把扩大国内需求特别是消费需求作为基本立足点，促使经济增长由主要依靠投资和出口拉动向消费与投资、内需与外需协调拉动转变”。我国进入外向型经济发展格局的调整期。2011年初发布的《中华人民共和国国民经济和社会发展第十二个五年规划纲要》进一步指出，“构建扩大内需长效机制，促进经济增长向依靠消费、投资、出口协调拉动转变”。国际大循环的思路逐渐发生改变，经济政策的重心逐渐从侧重国际循环，转向国内外循环相协调。

供给侧改革，强大国内市场。2015年末的中央经济工作会议提出推进供给侧结构性改革。此后，国务院印发《关于煤炭行业化解过剩产能实现脱困发展的意见》和《关于钢铁行业化解过剩产能实现脱困发展的意见》，2016年和2017年以去产能为工作重心，并提前完成大部分目标，截至2018年全部完成了去产能预设目标。从2017年末、2018年初开始，供给侧改革的重心逐步转向去杠杆、防风险。截至2019年末，上述工作也取得了重要的阶段性进展。2018年12月的中央经济工作会议明确提出要“畅通国民经济循环”“促进形成强大国内市场”。2019年3月的《政府工作报告》，基本延续了2018年12月中央经济工作会议的思路，再次强调“畅通国民经济循环”“促进形成强大国内市场”。2019年12月中央经济工作会议将“释放国内市场需求潜力”与供给侧结构性改革的“补短板”衔接起来，为“畅通国民经济循环”提出了具体政策抓手。

国内循环为主的双循环。2020年初新冠病毒疫情的暴发、中美关系紧张升级，给外部需求、国际供应链带来了双重冲击。2020年5月14日召开的中央政治局常委会会议，基于供给、需求视角首次提出了“双循环”概念：“深化供给侧结构性改革，充分发挥我国超大规模市场优势和内需潜力，构建国内国际双循环相互促进的新发展格局”。

## 二、新营商环境

自“放管服”改革提出以来，营商环境受到广泛关注。党的十八大以来，我国政府以“放管服”改革为主线来激发市场活力，改善营商环境，提高对企业和居民的服务水平。从2018年开始，“放管服”改革逐渐开始聚焦优化营商环境，改革向优化营商环境倾斜。《中华人民共和国国民经济和社会发展第十四个五年规划和2035年远景目标纲要》提出“政府经济治理”概念，并将“构建一流营商环境”作为提升政府经济治理能力的重要内容。回顾优化营商环境的历史，伴随着参与主体、作用对象、实施机制、考核动力的不断变化，政府经济职能逐步从管理走向治理。

### （一）营商环境与企业家精神

营商环境的优劣影响一个国家或地区的生产力和竞争力。对于企业家来说，其所有的创新创业行为都受当地营商环境的影响，都要在当地的营商环境的制约下发展，正是这些地区性的制度导致企业家精神出现变化（王娟等，2021）。企业家精神只有在由各地方政府主导的营商环境下才能发挥出真正的强大作用。魏下海等（2015）认为在更好的营商制度环境下，企业家的经济活动时间将更长，并且在有限的经济活动时间中，用于生产性的日常经营管理的时间将更多。此外，良好的营商环境能够促进外来移民在迁入地开展创业活动，激发移民企业家精神（林涛、魏下海，2020）。为提高企业家精神的配置效率并引导企业家精神向生产性活动流动，我国应该持续深化“放管服”改革，进一步优化营商环境。

（二）营商环境的变迁历程

营商环境是企业在整个生命周期内从事融资、投资、创新等活动所面临的外部环境（李志军等，2019）。臧姗（2022）将改革开放以来营商环境的变迁历程从参与主体、作用对象、实施机制和考核动力四个方面划分为三个阶段，分别是初步探索阶段、调整优化阶段和全面协同阶段，如表 7-3 所示。

**表 7-3　营商环境变迁历程**

| 营商环境变迁历程 | 参与主体 | 作用对象 | 实施机制 | 考核动力 |
|---|---|---|---|---|
| 初步探索阶段 | 地方政府为主 | 外资企业为主 | 优惠政策 | 投资增长量 |
| 调整优化阶段 | 拓展参与主体 | 内资企业进入 | 审批制度 | 服务效率 |
| 全面协同阶段 | 参与主体多元 | 所有市场主体 | 营造制度软环境 | 营商环境指标体系 |

资料来源：臧姗．政府经济治理视角下营商环境优化的历程、特点及走向［J］．中共四川省委党校学报，2022（1）：78-89.

1. 初步探索阶段

初步探索阶段是从改革开放初期至 21 世纪初，为促进经济发展、提高投资吸引力，我国开始以外资企业为重点，强调对“投资环境”的探索，改革具有政府经济管理的特点。主要特征表现为：参与主体以地方政府为主、作用对象以外资企业为主、实施机制为提供优惠政策、考核动力为投资增长量。

2. 调整优化阶段

调整优化阶段是从 21 世纪初至党的十八大以前。政府经济管理的特点开始转变，真正以职能转变为核心进行机构改革。主要特征表现为：参与主体开始增多、作用对象拓展至内资企业、实施机制为审批制度改革、考核动力为服务效率。

3. 全面协同阶段

全面协同阶段是从党的十八大至今，党的十八届三中全会首次在党的文件中提出“营商环境”概念，并明确提出“建设法治化营商环境”。党的二十大报告中明确指出，要“完善产权保护、市场准入、公平竞争、社会信用等市场经济基础制度，优化营商环境”“营造市场化、法治化、国际化一流营商环境”。自此，“营商环境”逐步取代“投资环境”，政府经济管理开始逐步走向政府经济治理。主要特征表现为：参与主体多元化、作用对象为所有市场主体、实施机制为营造制度软环境、考核动力为营商环境指标体系。

（三）营商环境的制度政策

当前从国际看，全球经济贸易格局面临百年未有之大变局，全球主要经济体营商环境的比拼日趋激烈；从国内看，我国正处在优化经济结构、转换增长动力的攻关期，还需要在培育市场主体、稳定市场预期上下功夫。政府高度重视营商环境优化问题，对营商环境的重视可以追溯到2013年。2013年，党的十八届三中全会提出“推进国内贸易流通体制改革，建设法治化营商环境”，强调要建立公平开放透明的市场规则。自2016年到2021年，国务院和各部委通过下发相关政策文件，推出了诸多富有成效的改革举措，为营商环境各个领域的改革指引方向（见表7-4）。

**表7-4 营商环境相关政策文件**

| 发布日期 | 政策名称 | 主要内容 |
|---|---|---|
| 2013年8月 | 《国务院关于进一步改善外商投资企业生产经营条件的通知》 | 要在改进管理、简化手续、提高效率等方面下功夫，进一步改善企业生产经营条件，切实办好外商投资企业，维护我国对外信誉，增强外商前来投资的信心，以吸引更多的外资和先进技术，促进我国的经济发展和技术进步 |
| 2014年7月 | 《国务院关于促进市场公平竞争维护市场正常秩序的若干意见》 | 立足于促进企业自主经营、公平竞争，消费者自由选择、自主消费，商品和要素自由流动、平等交换，建设统一开放、竞争有序、诚信守法、监管有力的现代市场体系，加快形成权责明确、公平公正、透明高效、法治保障的市场监管格局 |
| 2015年8月 | 《国务院关于推进国内贸易流通现代化建设法治化营商环境的意见》 | 加快法治建设，推动体制机制创新，优化发展环境，完善治理体系，促进内贸流通发展方式转变，推动我国从流通大国向流通强国转变，更好地服务经济社会发展 |
| 2016年5月 | 《2016年推进简政放权放管结合优化服务改革工作要点》 | 在更大范围、更深层次，以更有力举措推进简政放权、放管结合、优化服务改革，使市场在资源配置中起决定性作用和更好发挥政府作用，破除制约企业和群众办事创业的体制机制障碍，着力降低制度性交易成本，优化营商环境，激发市场活力和社会创造力，与大众创业、万众创新和发展壮大新经济紧密结合起来，进一步形成经济增长内生动力，促进经济社会持续健康发展 |
| 2016年9月 | 《国务院关于加快推进“互联网+政务服务”工作的指导意见》 | 优化服务流程，创新服务方式，推进数据共享，打通信息孤岛，推行公开透明服务，降低制度性交易成本，持续改善营商环境，深入推进大众创业、万众创新，最大程度利企便民，让企业和群众少跑腿、好办事、不添堵，共享“互联网+政务服务”发展成果 |

续表

| 发布日期 | 政策名称 | 主要内容 |
| --- | --- | --- |
| 2017年1月 | 《“十三五”市场监管规划》 | 强调从维护全国统一大市场出发，从维护市场公平竞争出发，从维护广大消费者权益出发，对市场秩序、市场环境进行综合监管，为市场监管提供一个明确的框架，给广大市场主体一个清晰的信号和稳定的预期，形成综合监管与行业领域专业监管、社会协同监管分工协作、优势互补、相互促进的市场监管格局 |
| 2018年7月 | 《国务院关于加快推进全国一体化在线政务服务平台建设的指导意见》 | 深入推进“放管服”改革，全面提升政务服务规范化、便利化水平，推动政务服务从政府供给导向向群众需求导向转变，从“线下跑”向“网上办”、“分头办”向“协同办”转变，全面推进“一网通办”，为优化营商环境、便利企业和群众办事、激发市场活力和社会创造力、建设人民满意的服务型政府提供有力支撑 |
| 2018年11月 | 《国务院办公厅关于聚焦企业关切进一步推动优化营商环境政策落实的通知》 | 以市场主体期待和需求为导向，围绕破解企业投资生产经营中的“堵点”“痛点”，加快打造市场化、法治化、国际化营商环境，增强企业发展信心和竞争力 |
| 2019年10月 | 《优化营商环境条例》 | 持续优化营商环境，不断解放和发展社会生产力，加快建设现代化经济体系，推动高质量发展 |
| 2020年7月 | 《国务院办公厅关于进一步优化营商环境更好服务市场主体的实施意见》 | 进一步聚焦市场主体关切，对标国际先进水平，既立足当前又着眼长远，更多采取改革的办法破解企业生产经营中的堵点痛点，强化为市场主体服务，加快打造市场化法治化国际化营商环境，这是做好“六稳”工作、落实“六保”任务的重要抓手。为持续深化“放管服”改革优化营商环境，更大激发市场活力，增强发展内生动力 |
| 2021年2月 | 《国务院反垄断委员会关于平台经济领域的反垄断指南》 | 预防和制止平台经济领域垄断行为，保护市场公平竞争，促进平台经济规范有序创新健康发展，维护消费者利益和社会公共利益 |
| 2021年11月 | 《国务院关于开展营商环境创新试点工作的意见》 | 立足新发展阶段，完整、准确、全面贯彻新发展理念，构建新发展格局，以推动高质量发展为主题，统筹发展和安全，以制度创新为核心，赋予有条件的地方更大改革自主权，对标国际一流水平，聚焦市场主体关切，进一步转变政府职能，一体推进简政放权、放管结合、优化服务改革，推进全链条优化审批、全过程公正监管、全周期提升服务，推动有效市场和有为政府更好地结合，促进营商环境迈向更高水平，更大激发市场活力和社会创造力，更好稳定市场预期，保持经济平稳运行 |

续表

| 发布日期 | 政策名称 | 主要内容 |
|---|---|---|
| 2022年9月 | 《国务院办公厅关于进一步优化营商环境降低市场主体制度性交易成本的意见》 | 提出了优化营商环境、降低制度性交易成本是减轻市场主体负担、激发市场活力的重要举措：进一步破除隐性门槛，推动降低市场主体准入成本；进一步规范涉企收费，推动减轻市场主体经营负担；进一步优化涉企服务，推动降低市场主体办事成本；进一步加强公正监管，切实保护市场主体合法权益；进一步规范行政权力，切实稳定市场主体政策预期 |
| 2022年10月 | 《国务院办公厅关于复制推广营商环境创新试点改革举措的通知》 | 为进一步扩大改革效果，推动全国营商环境整体改善，经国务院同意，决定在全国范围内复制推广一批营商环境创新试点改革举措。包括：进一步破除区域分割和地方保护等不合理限制；健全更加开放透明、规范高效的市场主体准入和退出机制；持续提升投资和建设便利度；更好支持市场主体创新发展；持续提升跨境贸易便利化水平；维护公平竞争秩序；进一步加强和创新监管；依法保护各类市场主体产权和合法权益；优化经常性涉企服务 |

资料来源：根据相关资料整理。

1. 减税降费为营商环境背书

减税降费作为激发市场主体活力的“先手棋”，是优化营商环境的重要举措。2019年以来，国家推出一系列减税降费政策，进行了多层面的助企纾困工作。例如，个人所得税改革、小微企业普惠性税收减免、深化增值税改革和降低社会保险费率等政策陆续发布实施。尤其是新冠病毒疫情暴发后，我国连续出台减税降费让利的扶持政策，既有政府提供的结构性减税降费，也有金融机构的无缝续贷、减息降费和互联网企业的减费让利。2021年《政府工作报告》提出，加快营造市场化、法治化、国际化营商环境。党中央、国务院围绕提振工业经济运行、支持中小微企业发展等方面，打出一套“减税降费+缓税缓费”组合拳，有效助力稳住经济增长、增强发展后劲。

2. 以“放管服”改革为主要抓手

持续优化市场化营商环境的重点在于以“放管服”改革为抓手，推动有效市场和有为政府更好结合。首先，以简政放权放出活力。从2013年开始，我国持续降低市场主体的准入门槛，简化市场主体办事手续，强调要进一步放松对市场主体准入条件，降低准入门槛，优化营商环境，促进市场主体加快发展。其次，以创新监管管出公平。“十四五”规划纲要把“推进监管能力现代化”作为提升政府经济治理能力的一部分单独提出，再次凸显了监管在政府治理中的重要性。最后，以优化服务服出效率。优化政务服务是更好发挥政府作用，推动有效市场和有为政府更好结合的重要举措。一方面，要加快推进政务服务标准化建设；另一方面，要加快完善政务服务平台，充分发挥绩效考核“指挥棒”作用，鼓励各部委加快与地方政府信息共享。

3. 建设高标准市场体系

党的十九届四中全会通过的《中共中央关于坚持和完善中国特色社会主义制度 推进国家治理体系和治理能力现代化若干重大问题的决定》，首次提出建设高标准市场体系的目标，并将其作为坚持和完善社会主义基本经济制度、加快完善社会主义市场经济体制的一项重要内容。国务院印发了《“十四五”市场监管现代化规划》，全面贯彻落实中央关于深化营商环境改革的总体要求和战略部署，将优化营商环境作为规划目标的重中之重，立足于激发各类市场主体活力，提出一系列重点任务，为规范市场竞争秩序、完善现代化市场监管机制等方面工作指明了方向，对于加快建设高标准市场体系、构建更加成熟的社会主义市场经济体制具有重大而深远的意义。建设高标准市场体系，是全面贯彻习近平新时代中国特色社会主义思想的实践，是中国特色社会主义理论体系的又一重要创新成果。公平竞争是市场经济中最基本的特征，也是形成价格、引导资源要素合理配置的前提。要以反垄断和反不正当竞争为重点，完善公平竞争环境。

4. 平台经济反垄断

平台企业已成长为中国举足轻重的微观经济主体，反垄断是约束平台企业行为的有力手段。当前我国平台经济领域反垄断热点问题主要集中在滥用市场支配地位方面，包括不公平价格行为、低于成本销售、大数据杀熟、平台“二选一”、链接封禁等。平台经济领域反垄断涉及垄断协议、滥用市场支配地位、经营者集中、滥用行政权力排除限制竞争四个方面。平台经济领域反垄断能够抑制企业无序扩张和“野蛮生长”，通过限制垄断行为，能够促进竞争，从而推动平台经济规范健康发展。

## 三、新发展动能

目前，数字经济已成为世界各国抢抓发展新机遇、塑造国际竞争新优势的焦点，更是稳定经济、推动经济转型的最强劲动力，我国更是以建设数字中国的战略推进数字经济发展。2022 年《政府工作报告》以“单独成段”的方式对数字经济进行阐述，将数字经济作为第四大重点任务进行说明。中国信息通信研究院《中国数字经济发展白皮书（2021 年）》数据显示，我国数字经济整体规模呈蓬勃发展态势。如图 7-1 所示，2005 年我国数字经济规模约为 2.6 万亿元，2020 年达到 39.2 万亿元，是 2005 年的 15 倍，有效支撑经济社会发展。

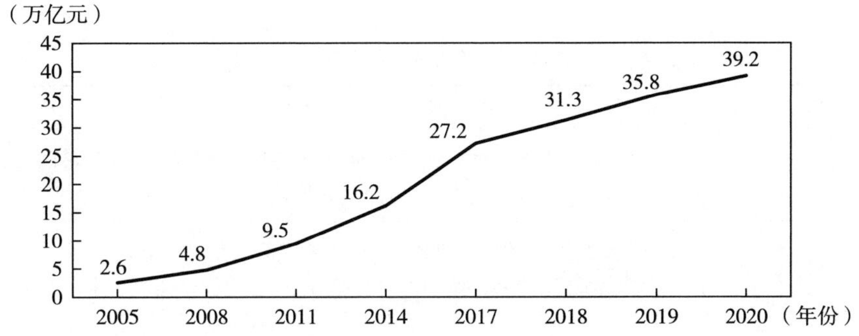


**图 7-1　我国数字经济规模**

### （一）数字经济的内涵和发展

1. 数字经济“两化”框架

《中国数字经济发展白皮书（2017 年）》将数字经济定义为：以数字化的知识和信息为关键生产要素，以数字技术创新为核心驱动力，以现代信息网络为重要载体，通过数字技术与实体经济深度融合，不断提高传统产业数字化、智能化水平，加速重构经济发展与政府治理模式的新型经济形态。同时，提出了数字经济的“两化”框架，即数字产业化和产业数字化。其中，数字产业化是数字经济基础部分，具体业态包括电子信息制造业、信息通信业、软件服务业等；而产业数字化是数字经济融合部分，包括传统产业由于应用数字技术所带来的生产数量和生产效率提升，其新增产出是数字经济的重要组成部分。

2. 数字经济“三化”框架

数字经济的蓬勃发展，使数字经济拓展为“三化”框架，即数字产业化、产业数字化和数字化治理。这是因为数字经济不仅仅推动了经济发展质量变革、效率变革、动力变革，更带来政府、组织、企业等治理模式的深刻变化。其中，数字化治理包括治理模式创新、提升综合治理能力等。

3. 数字经济“四化”框架

《中国数字经济发展与就业白皮书（2020 年）》指出，当前以数据驱动为特征的数字化、网络化、智能化深入推进，数据化的知识和信息作为关键生产要素在推动生产力发展和生产关系变革中的作用更加凸显，经济社会实现从生产要素到生产力，再到生产关系的全面系统变革，为此将数字经济修正为“四化”框架，即数字产业化、产业数字化、数字化治理和数据价值化，具体内容如表 7-5 所示。

**表 7-5　数字经济“四化”**

| “四化”框架 | 内容 |
|---|---|
| 数字产业化 | 信息通信产业（数字经济发展的先导产业），专门为数字经济的发展提供技术支持、产品、服务、解决方案等 |
| 产业数字化 | 将信息技术向传统产业渗透（数字经济发展主要阵地），通过这种方式达到提高生产效率、增加产量的目的 |
| 数字化治理 | 数字经济发展的保障，通过数字化技术，实现行政体制更加优化的新型政府治理模式 |
| 数据价值化 | 数字经济发展的基础，指将价值化的数据作为数字经济发展的关键生产要素 |

（二）数字化转型与企业家精神

企业家精神是经济发展的重要动力，对数字化转型的实践效果具有重要影响（Paoloni et al.，2020）。通过数字化转型形成的供应链集成不仅是对原有供应链系统的改造，更是企业通过资源整合与重组促进资源开发并扩展资源利用途径的创新过程。这与企业家精神的创新精髓在本质上是一致的（李琦等，2021）。虽然企业家精神是企业持续创新发展的关键生产要素（白长虹，2019），但是数字化改变了企业家精神的表征形式（赵东辉等，2021）。已有研究揭示出数字技术会以较低的成本实现企业家精神的涌现，从而为普通人发挥企业家才能提供良好的机会（陈明明、张文铖，2021），企业家精神具备动态演化的特性（李兰等，2019）。数字经济下企业家精神的一个关键演化特征是承载主体的泛在化（赵东辉等，2021）。数字经济厚植了企业家精神成长的“线上”沃土（李言、张智，2021）。

（三）数字经济战略与政策

1. 数字经济重塑产业结构

数字产业化是数字经济发展的先导产业，为数字经济发展提供技术、产品、服务和解决方案等。“十四五”规划提出了数字经济的七大重点产业，分别为云计算、大数据、物联网、工业互联网、区块链、人工智能、虚拟现实和增强现实。就数字经济而言，其以数据为最重要的生产要素，数据的高效清洁、低成本、可复制以及可海量获取等特点克服了传统生产要素的固有缺陷，且能有效解决工业经济时代边际报酬递减等问题，是能够引领产业结构升级的新动能。

2. 新基建驱动产业转型升级

新基建被视为推动产业转型升级和发力数字经济的重要支撑手段。新基建的本质是利用5G、云计算、大数据等新兴信息化技术赋能和推进产业数字化、数字化产业的快速发展，是传统经济模式向以科技创新为驱动的数字经济模式转型的重要基础设施。新基建首推数字基建。5G 基站、千兆光网和数据中心，尤其是“东数西算”工程是边界清晰、不仅仅停留在概念阶段的新基建。我国在京津冀、长三角、粤港澳大湾区等 8 个地区启动建设了国家算力枢纽节点，并规划了 10 个国家数据中心集群，标志着正式全面启动了“东数西算”工程，这对于推动中国数字经济和西部地区发展意义重大。

3. 数字经济相关政策

与数字经济相关的政策如表 7-6 所示。

**表 7-6　数字经济相关政策**

| 发布日期 | 政策名称 | 主要内容 |
|---|---|---|
| 2005 年 1 月 | 《国务院办公厅关于加快电子商务发展的若干意见》 | 发挥企业的主体作用，大力推进电子商务应用 |
| 2012 年 7 月 | 《“十二五”国家战略性新兴产业发展规划》 | 重点发展方向和主要任务包括：新一代信息技术产业，促进信息化与工业化的深度融合 |
| 2015 年 7 月 | 《国务院关于积极推进“互联网+”行动的指导意见》 | “互联网+”协同制造 |
| 2016 年 3 月 | 《中华人民共和国国民经济和社会发展第十三个五年规划纲要》 | 推动信息技术与经济社会发展深度融合，加快推动信息经济发展壮大；组织实施“互联网+”重大工程，培育“互联网+”生态体系 |
| 2016 年 9 月 | 《二十国集团数字经济发展与合作倡议》 | 鼓励数字技术与制造业融合，建设一个更加连接的，网络化、智能化的制造业 |
| 2017 年 10 月 | 《决胜全面建成小康社会夺取新时代中国特色社会主义伟大胜利》 | 加强应用基础研究，为建设科技强国、质量强国、航天强国、网络强国、交通强国、数字中国、智慧社会提供有力支撑 |
| 2018 年 9 月 | 《关于发展数字经济稳定并扩大就业的指导意见》 | 推动数字产业发展壮大，拓展就业新空间；促进传统产业数字化转型，带动更多劳动者转岗提质就业 |

续表

| 发布日期 | 政策名称 | 主要内容 |
|---|---|---|
| 2019 年 10 月 | 《国家数字经济创新发展试验区实施方案》 | 启动国家数字经济创新发展试验区创建工作，通过3 年左右探索，数字产业化和产业数字化取得显著成效 |
| 2020 年 4 月 | 《关于推进“上云用数赋智”行动　培育新经济发展实施方案》 | 明确将数据作为一种新型生产要素写入政策文件，提出加快培育数据要素市场，推进政府数据开放共享，提升社会数据资源价值，加强数据资源整合和安全保护 |
| 2020 年 4 月 | 《中共中央　国务院关于构建更加完善的要素市场化配置体制机制的意见》 | 数据作为生产要素之一，被正式纳入国家所定义的要素市场化配置中 |
| 2020 年 7 月 | 《关于支持新业态新模式健康发展　激活消费市场带动扩大就业的意见》 | 积极探索线上服务新模式，激活消费新市场；加快推进产业数字化转型，壮大实体经济新动能；鼓励发展新个体经济，开辟消费和就业新空间；培育发展共享经济新业态，创造生产要素供给新方式 |
| 2021 年 3 月 | 《中华人民共和国国民经济和社会发展第十四个五年规划和 2035 年远景目标纲要》 | 加快建设数字经济、数字社会、数字政府，以数字化转型整体驱动生产方式、生活方式和治理方式变革；充分发挥海量数据和丰富应用场景优势，促进数字技术与实体经济深度融合，赋能传统产业转型升级，催生新产业新业态新模式，壮大经济发展新引擎 |
| 2021 年 11 月 | 《“十四五”大数据产业发展规划》 | 着力提升产业供给能力和行业赋能效应，统筹发展和安全，培育自主可控和开放合作的产业生态，打造数字经济发展新优势 |
| 2022 年 1 月 | 《“十四五”数字经济发展规划》 | 应对新形势新挑战，把握数字化发展新机遇，拓展经济发展新空间，推动我国数字经济健康发展 |

资料来源：根据相关资料整理。

## 第三节　培育和弘扬企业家精神的对策

### 一、做好顶层设计，营造有利于企业家精神培育和弘扬的社会文化环境

企业家精神的培育与社会文化环境是密不可分的，丰厚的社会文化能够为企业家精神的培育提供肥沃的土壤，让企业家精神能够更好地落地、生根、发芽、成长。进入新发展阶段，创新成为我国经济持续发展强大的源动力，企业

家和企业家精神对经济发展的作用更为凸显，企业家在新形势下更要勇担经济建设使命。因此，国家一定要做好顶层设计，为企业家精神的培养营造出有利的社会文化环境。在新发展理念的指导下，各级政府一定要充分认识培育企业家精神的重要意义，并充分结合地域文化特色，因地制宜地营造崇尚企业家精神、弘扬企业家精神、鼓励创新创业、支持创新创业、相互包容的社会文化环境。社会文化环境深刻地影响着企业家的价值倾向、行为偏好、人生理想和创新创业活动，只有营造尊重企业家、尊重开拓创新、锐意进取的社会文化环境，才能吸引更多的优秀人才参与企业创新创业，才能持续不断地激发和培育企业家精神。社会文化建设非朝夕之功，需要持续不断地进行营造、优化、更新和完善。

## 二、加强理论学习，提高企业家政治站位，增强家国情怀、忧患意识和责任担当

企业家的成长与企业家精神的激发都离不开国际和国内大环境，只有对国际和国内的市场环境和制度环境进行科学的研判和清醒的认识，企业家才能够更好地开展创新创业活动。进入新发展阶段，国际政治局势和全球经济形势变得更加错综复杂，给企业的发展带来更多挑战和不确定性。面对这样的大形势，企业家需要提高自身的政治站位，通过认真系统的学习，深刻领会国家大政方针、战略规划和发展目标，正确领悟并贯彻执行新发展理念。在此基础上，要形成爱国主义精神和家国情怀，具有较强的历史使命感和责任感，以及忧患意识和大局意识，能够把自身发展、企业发展与中华民族伟大复兴紧紧相连，正确把握国际大势，积极投入创新创业活动中来，切实履行企业社会责任，为促进经济持续稳健发展做出应有的贡献。

## 三、加强企业家合法权益保护，激发其冒险精神和创新精神

建立良好的政策环境和法治环境，保障企业家的人身权和产权不受侵犯，保障各类所有制主体在市场活动中的合法性地位。铲除乱收费、乱评比现象，保护企业合法经营权益。大力贯彻落实中央精神，完善产权保护制度，依法保护企业的物权、股权、债权等各种财产权，知识产权及其他各种无形财产权，给企业家吃下定心丸。涉企案件财产保全要秉承审慎态度最大限度地降低对企业正常经营活动的不利影响，执法过程要公正、透明。只有这样才能让企业家安心，增强其对市场的预期和信心，让企业家精神充分发挥出来。同时，扫除竞争壁垒，充分尊重和保障企业家的经营自主权，清理有违各种所有制公平竞争的法律条款，强化非公有制的司法保护与保障，切实维护其合法权益。在此

基础上，努力健全财产制度、知识产权制度，保障企业家合法权益不受侵害，保护企业家精神健康和持续成长。

**四、推进国家创新体制机制改革，引领企业家开展绿色创新和持续追求卓越**

进入新发展阶段，经济社会发展和民生改善比以往任何时候都更需要科学技术提供解决方案，更需要坚持创新驱动引领高质量发展。创新决胜未来，改革关乎国运。科技领域是最需要不断进行改革的领域。以科技体制机制改革为抓手和主线，是全面创新改革的重要实践路径。目前，国家要加快推进科技领域体制机制改革，做好顶层设计，促进创新链深度融合，要进一步加快以企业为核心的协同创新建设，提升科技资源和创新资源转化能力。同时，还要加快科技创新评价体制机制改革，构建高效运行的科研体系，提高各主体对科技创新和成果转化的积极性。

通过推进国家创新体制机制改革，吸引广大企业家参与到科技领域的创新实践中来，充分发挥他们在资金、技术、人才、设备等方面的资源优势，加快关键核心技术攻关、有效破解“卡脖子”技术难题，确保经济社会安全和高质量发展。

**五、推进依法治国、依法治企，强化企业家的法律意识和职业操守**

党的十八大以来，党中央对全面依法治国作出一系列重大决策，要求始终把全面依法治国放在治国理政的重要位置，不断坚持和完善中国特色社会主义制度、推进国家治理体系和治理能力现代化。习近平总书记在中央全面依法治国委员会第一次会议上，用“十个坚持”阐释了全面依法治国新理念新思想新战略，强调加强党对全面依法治国的集中统一领导，坚定不移走中国特色社会主义道路，更好发挥法治固根本、稳预期、利长远的保障作用。法治企业建设是落实法治国家建设、全面依法治国战略的重要方面。依法合规已成为新时期企业改革与发展的核心命题和重要使命。

构建各类经济主体公开、公平、公正参与市场竞争的环境。国家可通过建设全国统一大市场，清理和废除妨碍公平竞争的各种规定和做法，营造各经济主体平等使用生产要素、公平参与市场竞争、同等受到法律保护的营商环境，激发各类市场主体活力。企业家要自觉遵守市场公平竞争规则，积极构建和完善权利平等、机会平等、规则平等的市场环境。

加大执法力度，进一步强化企业家的法律意识和职业操守。通过加强立法与执法并举，积极营造公平竞争、诚信经营的市场监管环境。企业家的理性选择与市场竞争环境密切相关，如果市场竞争不规范、不正当竞争泛滥，就会产生劣币驱逐良币现象。因此要推动市场监管法治化建设，营造公平、诚信的市场竞争环境。例如，建立公平竞争审查制度，对市场主体的竞争行为进行审查，严厉打击行业垄断、盗版侵权等各种不正当竞争行为，为不同所有制企业家提供相同的机会、权利，促使企业公平参与市场竞争。同时，推动企业征信体系建设，建立环保、税务、工商、金融等广泛参与的企业征信机制，完善企业诚信经营的激励约束机制。此外，应当提高市场监管执法的公平性、规范性，提高政府监管行为的可预期性。

# 参考文献


［1］ Abebe M. Electronic commerce adoption, entrepreneurial orientation and small-and medium-sized enterprise (SME) performance ［J］. Journal of Small Business and Enterprise Development, 2014, 21 (1): 100-116.

［2］ Acemoglu D, Johnson S. Unbundling institutions ［J］. Journal of Political Economy, 2005, 113 (5): 949-995.

［3］ Acs Z. Small business economics: A global perspective ［J］. Challenge: Reaching and Teaching the Gifted Child, 1992, 35 (6): 38-44.

［4］ Aghion P, Howitt P. A model of growth through creative destruction ［J］. Econometrics, 1992, 60 (2): 323-351.

［5］ Aghion P. How high are the giants' shoulders: An empirical assessment of knowledge spillovers and creative destruction in a model of economic growth: Comment ［C］//NBER Macroeconomics Annual. Chicago: The University of Chicago Press, 1993.

［6］ Ahmed S U. Risk-taking propensity, locus of control and entrepreneurship ［J］. Personality and Individual Differences, 1985, 6 (6): 781-782.

［7］ Ahn T. Attitudes toward risk and self-employment of young workers ［J］. Labour Economics, 2010, 17 (2): 434-442.

［8］ Ajzen I. The theory of planned behavior ［J］. Organizational Behavior & Human Decision Processes, 1991, 50 (2): 179-211.

［9］ Aldrich H E, Baker T. Blinded by the cites? Has there been progress in entrepreneurship research? ［M］. Chicago: Upstart Publishing, 1997: 377-400.

［10］ Ali A, Kelley D J, Levie J. Market-driven entrepreneurship and institutions ［J］. Journal of Business Research, 2020, 113: 117-128.

［11］ Allen F, Qian J, Qian M. Law, finance and economic growth in China

[J]. Journal of Financial Economics, 2005, 77 (1): 57-116.

[12] Amit R, Muller E, Cockburn I. Opportunity costs and entrepreneurial activity [J]. Journal of Business Venturing, 1995, 10 (2): 95-106.

[13] AnguloGuerrero, María J, PérezMoreno, Salvador, Abadguerrero I M. How economic freedom affects opportunity and necessity entrepreneurship in the OECD countries [J]. Journal of Business Research, 2017, 73 (4): 30-37.

[14] Anokhin S, Schulze W S. Entrepreneurship, innovation, and corruption [J]. Journal of Business Venturing, 2009, 24 (5): 465-476.

[15] Antoncic B. Risk taking in intrapreneurship: Translating the individual level risk aversion into the organizational risk taking [J]. Journal of Enterprising Culture, 2003, 11 (1): 1-23.

[16] Arellano M, Bood S, Some tests of specification for panel data: Monte Carlo evidence and an application to employment equations [J]. Review of Economic Studies, 1991, 58 (2): 277-297.

[17] Arenius P, Minniti M. Perceptual variables and nascent entrepreneurship [J]. Small Business Economics, 2005, 24 (3): 233-247.

[18] Arrow K. Economic welfare and the allocation of resources for invention [M]. Social Science Electronic Publishing, 1962.

[19] Audretsch D B, Heger D, Veith T. Infrastructure and entrepreneurship [J]. Small Business Economics, 2015, 44 (2): 219-230.

[20] Audretsch D B. The emergence of the entrepreneurial society [J]. Business Horizons, 2009, 52 (5): 505-511.

[21] Audretsch D B, Thurik A R. Capitalism and democracy in the 21st Century: From the managed to the entrepreneurial economy [J]. Journal of Evolutionary Economics, 2000, 10 (1-2): 17.

[22] Auerswald P, Kauffman S, Lobo J, Shell K. The production recipes approach to modeling technological innovation: An application to learning by doing [J]. Journal of Economic Dynamics and Control, 2000, 24 (3): 389-450.

[23] Barney J B. Firm resources and sustained competitive advantage [J]. Advances in Strategic Management, 1991, 17 (1): 3-10.

[24] Baron D P. Persistent media bias [J]. Journal of Public Economics, 2006, 90 (1-2): 1-36.

[25] Bates T. Self-employment entry across industry groups [J]. Journal of

Business Venturing, 1995, 10 (2): 143-156.

[26] Baumol W J. Entrepreneurial cultures and countercultures [J]. Academy of Management Learning & Education, 2004, 3 (3): 316-326.

[27] Baumol W J. Entrepreneurship in economic theory [J]. American Economic Review, 1968, 58 (2): 64-71.

[28] Baumol W J. Entrepreneurship, management and the structure of payoff [M]. Cambridge: MIT Press, 1993.

[29] Baumol W J. Entrepreneurship: Productive, unproductive and destructive [J]. Journal of Political Economy, 1990 (5): 893-921.

[30] Baumol W J. The microtheory of innovative entrepreneurship [M]. Economics Books, 2010.

[31] Begley T M. A Comparison of entrepreneurs and managers of small business firms [J]. Journal of Management, 1987, 13 (1): 99-108.

[32] Baumol W. Formal microeconomic structure for innovative entrepreneurship theory [J]. Entrepreneurship Research Journal, 2011, 1 (1).

[33] Becker M C. A framework for applying organizational routines in empirical research: Linking antecedents, characteristics and performance outcomes of recurrent interaction patterns [J]. Industrial and Corporate Change, 2005, 14 (5): 817-846.

[34] Bernardo A E, Welch I. On the evolution of overconfidence and entrepreneurs [J]. Journal of Economics & Management Strategy, 2010, 10 (3): 301-330.

[35] Birch D A. Who creates jobs [J]. Public Interest, 1981, 65 (5): 3-14.

[36] Blanchflower D G. Self-employment in OECD countries [J]. Labour Economics, 2000, 7 (5): 471-505.

[37] Blanchflower D G. Self-employment: More may not be better [R]. Nber Working Papers, 2004, 11 (2).

[38] Bjornskov C, Foss N J. Economic freedom and entrepreneurial activity: Some cross-country evidence [J]. Public Choice, 2008, 134 (3-4):307-328.

[39] Block J, Sandner P, Spiegel F. How do risk attitudes differ within the group of entrepreneurs? The role of motivation and procedural utility [J]. Journal of Small Business Management, 2015, 53 (1): 183-206.

[40] Bloom P N, Gundlach G T, Cannon J P. Slotting allowances and fees: Schools of thought and the views of practicing managers [J]. Journal of Marketing, 2000, 64 (2): 92-108.

[41] Boettke P, Fink A. Institutions fist [J]. Journal of Institutional Economics, 2011, 7 (4): 499-504.

[42] Rokeach M. Beliefs, attitudes, and values: A theory of organization and change [M]. San Francisco: Jossey-Bass, 1968.

[43] Bookstaber R. Risk management in complex organizations [J]. Financial Analysts Journal, 1999, 55 (2): 18-20.

[44] Bowles S. Endogenous preferences: The cultural consequences of markets and other economic institutions [J]. Journal of Economic Literature, 1998, 36 (3): 75-111.

[45] Brockhaus R H. Risk taking propensity of entrepreneurs [J]. The Academy of Management Journal, 1980, 23 (3): 509-520.

[46] Brown S, Dietrich M, Ortiz-Nu Ez A, et al. Self-employment and attitudes towards risk: Timing and unobserved heterogeneity [J]. Journal of Economic Psychology, 2011, 32 (3): 425-433.

[47] Brush C G, Edelman L F, Manolova T S. The effects of initial location, aspirations, and resources on likelihood of first sale in nascent firms [J]. Journal of Small Business Management, 2008, 46 (2): 159-182.

[48] Brush C G. From initial idea to unique advantage: The entrepreneurial challenge of constructing a resource base and executive commentary [J]. The Academy of Management Executive (1993-2005), 2001, 15 (1): 64-80.

[49] Burt R S. Structural holes and good ideas [J]. American Journal of Sociology, 2004, 110 (2): 349-399.

[50] Busenitz L W, Barney J B. Differences between entrepreneurs and managers in large organizations: Biases and heuristics in strategic decision-making [J]. Journal of Business Venturing, 1997, 12 (1): 9-30.

[51] Cai H, Fang H, Xu L C. Eat, drink, firms, government: An investigation of corruption from the entertainment and travel costs of Chinese firms [J]. The Journal of Law and Economics, 2005, 54: 55-78.

[52] Calvo G A, Wellisz S. Technology, entrepreneurs, and firm size [J]. Quarterly Journal of Economics, 1980, 95 (4): 663-677.

[53] Campbell B C, Dreber A, Apicella C L, et al. Testosterone exposure, dopaminergic reward, and sensation-seeking in young men [J]. Physiology & Behavior, 2010, 99 (4): 451-456.

[54] Campbell N D, Rogers T M. Economic freedom and net business formation [J]. Cato Journal, 2007, 27 (1): 23-36.

[55] Carland III J W, Carland Jr J W, Carland J A C, et al. Risk taking propensity among entrepreneurs, small business owners and managers [J]. Journal of Business and Entrepreneurship, 1995, 7 (1): 15.

[56] Carland J C, Carland J W. Managers, small business owners and entrepreneurs: The cognitive dimension [J]. Journal of Business and Entrepreneurship, 1992, 4 (2): 55-66.

[57] Carlsson B. The rise of small business: Causes and consequences [M] // W. J. Adams. Singular Europe, economy and policy of the European community after 1992. Ann Arbor: University of Michigan Press, 1992: 145-169.

[58] Carnahan S, Agarwal R, Campbell B A. Heterogeneity in turnover: The effect of relative compensation dispersion of firms on the mobility and entrepreneurship of extreme performers [J]. Strategic Management Journal, 2015, 33 (12): 1411-1430.

[59] Cassar A, Wydick B. Does social capital matter? Evidence from a five-country group lending experiment [J]. Oxford Economic Papers, 2010, 62 (4): 715-739.

[60] Cetindamar D, Gupta V K, Karadeniz E E, et al. What the numbers tell: The impact of human, family and financial capital on women and mens entry into entrepreneurship in Turkey [J]. Entrepreneurship & Regional Development, 2012, 24 (1-2): 29-51.

[61] Choudhury P. Innovation outcomes in a distributed organization: Intrafirm mobility and access to resources [J]. Organization Science, 2017, 28 (2): 339-354.

[62] Clarissa B, Andreas R, Hannes Z. A Lifespan perspective on entrepreneurship: Perceived opportunities and skills explain the negative association between age and entrepreneurial activity [J]. Frontiers in Psychology, 2017, 8.

[63] Coase R H. The firm, the market, and the law [M]. New York: University of Chicago Press, 1990.

[64] Coase R H. The nature of the firm [J]. Economica, 1937, 4 (16): 386-405.

[65] Cooper A C. Entrepreneurial information search [J]. Journal of Business Venturing, 1995, 10 (2): 107-120.

[66] Cooper A C, Woo C, Dunkelberg W C. Entrepreneurs' perceived chances for success [J]. Journal of Business Venturing, 1988, 3 (2): 97-108.

[67] Dau L A, Cuervo-Cazurra A. To formalize or not to formalize: Entrepreneurship and pro-market institutions [J]. Journal of Business Venturing, 2014, 29 (5): 668-686.

[68] Davidson P, Honig B. The role of social and human capital among nascent entrepreneurs [J]. Journal of Business Venturing, 2003, 18 (3): 301-331.

[69] Djankov S, Miguel E, Qian Y, et al. Who are Russia's entrepreneurs? [J]. Journal of the European Economic Association, 2005, 3 (2-3): 587-597.

[70] Djankov S, Qian Y, Roland G, et al. Who are China's entrepreneurs? [J]. Cepr Discussion Papers, 2006, 96 (2): 348-352.

[71] Djankov S, Qian Y, Roland G, et al. Entrepreneurship in China and Russia compared [J]. Social Science Electronic Publishing, 2006, 4 (2-3): 352-365.

[72] Djankov S, Qian Y, Roland G, et al. What makes a successful entrepreneur? Evidence from Brazil [R]. Working Papers, 2007.

[73] Díez F J, Ozdagli A K. Self-employment in the global economy [R]. Working Papers, 2011.

[74] Dolan S L, Garcia S. Managing by values: Cultural redesign for strategic organizational change at the dawn of the twenty first century [J]. Journal of Management Development, 2002, 21 (2): 101-117.

[75] Douglas E J, Shepherd D A. Entrepreneurship as a utility maximizing response [J]. Journal of Business Venturing, 2000, 15 (3): 231-251.

[76] Douglas E, Shepherd D. Self-employment as a career choice: Attitudes, entrepreneurial Intentions, and utility maximization [J]. Entrepreneurial Theory and Practice, 2002, 26 (3): 81-90.

[77] EIM. The European observatory for SMEs; fifth annual report [R]. Zoetermeer, 1997.

[78] Elert N, Henrekson M. Entrepreneurship and institutions: A bidirection-

al relationship [R]. Working Paper, 2017.

[79] Elfring T, Hulsink W. Networks in entrepreneurship: The case of high-technology firms [J]. Small Business Economics, 2003, 21 (4): 409-422.

[80] Fan Z B, Zhang R H. Financial inclusion, entry barriers, and entrepreneurship: Evidence from China [J]. Sustainability, 2017, 9 (2): 203.

[81] Fauchart E, Gruber M, Darwinian S. Communitarians and missionaries: The role of founder identity in entrepreneurship [J]. Academy of Management Journal, 2011, 54 (5): 935-957.

[82] Fisman R J, Khurana R, Rhodes-Kropf M, Yim S. Governance and CEO Turnover: Do something or do the right thing? [J]. Management Science, 2014, 60 (2): 319-337.

[83] Fossen F M, Sorgner A. The effects of digitalization of work on entry into entrepreneurship [R]. Academy of Management Annual Meeting Proceedings, 2019 (1): 1.

[84] Fox C R, Tversky A. Ambiguity aversion and comparative ignorance [J]. Quarterly Journal of Economics, 1995, 110 (3): 585-603.

[85] Frederick S, Loewenstein G, O'Donoghue T. Time discounting and time preference: A critical review [J]. Journal of Economic Literature, 2002, 40 (2): 351-401.

[86] Fritsch M, Wyrwich M. Entrepreneurship in the east German transition process: Lessons for the Korean peninsula [J]. Historical Social Research, 2016, 41 (3): 256-280.

[87] Fritsch M, Sorgner A. Entrepreneurship and creative professions—A micro-level analysis [R]. Jena Economic Research Papers, 2013.

[88] Fritsch M. New business formation and regional development: A survey and assessment of the evidence [J]. Foundations & Trends in Entrepreneurship, 2011, 9 (3): 249-364.

[89] Fuentelsaz L, González C, Maícas J P, Montero J. How different formal institutions affect opportunity and necessity entrepreneurship [J]. BRQ Business Research Quarterly, 2015, 18 (4): 246-258.

[90] Fukuyama F. Trust: The social virtues and the creation of prosperity [M]. New York: Free Press, 1995.

[91] Gartner W B. A conceptual framework for describing the phenomenon of

new venture creation [J]. The Academy of Management Review, 1985, 10 (4): 696-706.

[92] Gavetti G, Levinthal D. Looking forward and looking backward: Cognitive and experiential search [J]. Administrative Science Quarterly, 2000, 45 (1): 113-137.

[93] Gielnik M M, Frese M, Kaharakawuki A, et al. Action and action-regulation in entrepreneurship: Evaluating a student training for promoting entrepreneurship [J]. Academy of Management Learning & Education, 2017, 14 (1): 69-94.

[94] Gintis H. A framework for the unification of the behavioral science [M]. Behavioral and Brain Sciences, 2007: 1-61.

[95] Glaser B G, Strauss A. The discovery of grounded theory: Strategies for qualitative research [M]. Aldine de Gruyter, 1967.

[96] Glosten L R, Jagannathan R, Runkle D E. On the relation between the expected value and the volatility of nominal excess return on stocks [J]. Journal of Finance, 1993, 48 (5): 1779-1801.

[97] Gohmann S F. Institutions, latent entrepreneurship, and self-employment: An international comparison [J]. Entrepreneurship Theory and Practice, 2010, 36 (2): 295-321.

[98] Colton D A, Roth M S, Bearden W O. Drivers of international e-tail performance: The complexities of orientations and resources [J]. Journal of International Marketing, 2010, 18 (1): 1-22.

[99] Grabowski U, Kittel-Wegner E. Book review: A general theory of entrepreneurship: The individual-opportunity nexus [J]. International Journal of Globalisation & Small Business, 2017, 1 (1): 319-322.

[100] Granovetter M. Economic action and social structure: The problem of embeddedness [J]. American Journal of Sociology, 1985, 91: 481-510.

[101] Grossman S J, Hart O D. The costs and benefits of ownership: A theory of vertical and lateral integration [J]. Journal of Political Economy, 1986, 94 (4): 691-719.

[102] Gu W, Qian X, Lu J. Venture capital and entrepreneurship: A conceptual model and research suggestions [J]. International Entrepreneurship and Management Journal, 2018, 14 (1): 35-50.

[103] Gunawan T, Jacob J, Duysters G. Network ties and entrepreneurial ori-

entation: Innovative performance of SMEs in a developing country [J]. International Entrepreneurship & Management Journal, 2016, 12 (2): 575-599.

[104] Hall J C, Sobel R S. Institutions, entrepreneurship, and regional differences in economic growth [J]. Southern Journal of Entrepreneurship, 2008, 1 (1): 69-96.

[105] Hannibal M, Evers N, Servais P. Opportunity recognition and international new venture creation in university spin-offs—Cases from Denmark and Ireland [J]. Journal of International Entrepreneurship, 2016, 14 (3): 345-372.

[106] Hansen M T, Nohria N, Tierney T J. What' s your strategy for managing knowledge? [J]. Harvard Business Review, 1999.

[107] Harbi S E, Anderson A R. Institutions and the shaping of different forms of entrepreneurship [J]. The Journal of Socio-Economics, 2010, 39 (3): 436-444.

[108] Hart O D, Moore J. Property rights and the nature of the firm [J]. Journal of Political Economy, 1990, 98 (6): 1119-1158.

[109] Hart O D. Firms, contracts, and financial structure [M]. Oxford: Clarendon Press, 1995.

[110] Haynie J M, Shepherd D A, McMullen J S. An opportunity for me? The role of resources in opportunity evaluation decisions [J]. Journal of Management Studies, 2009, 46 (3): 337-361.

[111] Helpman E. Endogenous macroeconomic growth theory [J]. European Economic Review, 1992, 36 (2-3): 237-267.

[112] Herrera-Echeverry H, Jerry H, Benavides J. Foreign direct investment, institutional quality, economic freedom and entrepreneurship in emerging markets [J]. Journal of Business Research, 2014, 67 (9): 1921-1932.

[113] Hitt M A, Ireland R D, Sirmon D G, Trahms C A. Strategic entrepreneurship: Creating value for individuals, organizations, and society [J]. Academy of Management Perspectives, 2011, 25 (2): 57-75.

[114] Holcombe R G. Entrepreneurship and economic growth [J]. The Quarterly Journal of Austrian Economics, 1998, 1: 45-62.

[115] Holmstrom B. Moral hazard and observability [J]. Bell Journal of Economics, 1979, 10: 74-91.

[116] Hsee C K, Weber E U. Cross-national differences in risk preference

and lay predictions [J]. Journal of Behavioral Decision Making, 1999, 12 (2): 165-179.

[117] Hurst E, Lusardi A. Liquidity constraints, household wealth, and entrepreneurship [J]. Journal of Political Economy, 2004, 112 (2): 319-347.

[118] Jiang T, Nie H H. The stained China miracle: Corruption, regulation, and firm performance [J]. Economics Letters, 2014, 123 (3): 366.

[119] Jiménez A, Palmero-Cámara C, González-Santos M J, et al. The impact of educational levels on formal and informal entrepreneurship [J]. Business Research Quarterly, 2015, 18 (3): 204-212.

[120] Johansson E. Self-employment and liquidity constraints: Evidence from Finland [J]. Scandinavian Journal of Economics, 2000, 102 (1): 123-134.

[121] Johnson L D, Pazderka B. Firm value and investment in R&D [J]. Managerial & Decision Economics, 2010, 14 (1): 15-24.

[122] Johnson S, McMillan J, Woodruff C. Property rights and finance [J]. American Economic Review, 2002, 92 (5): 1335-1356.

[123] Johnson S, Woodruff C. Property rights and finance [J]. American Economic Review, 2002, 92 (5): 1335-1356.

[124] Kautonen T, Down S, Minniti M. Ageing and entrepreneurial preferences [J]. Small Business Economics, 2014, 42 (3): 579-594.

[125] Kibler E, Kautonen T, Fink M. Regional social legitimacy of entrepreneurship: Implications for entrepreneurial intention and start-up behaviour [J]. Regional Studies, 2014, 48 (6): 995-1015.

[126] Kihlstrom R E, Laffont J J. A general equilibrium entrepreneurial theory of firm formation based on risk aversion [J]. Journal of Political Economy, 1979, 87 (4): 719-748.

[127] Kim-Soon N, Ahmad A R, Ibrahim N N. Entrepreneurial motivation and entrepreneurship career intention: Case at a Malaysian Public University [J]. Crafting Global Competitive Economies, 2014: 1001-1011.

[128] King R G, Levine R. Finance, entrepreneurship and growth: Theory and evidence [J]. Journal of Monetary Economics, 1993, 32 (1): 513-542.

[129] Kinias, Ioannis G. The importance of the entrepreneurial background in the detection and the utilization of the information [J]. Procedia-Social and Behavioral Sciences, 2013, 73 (Complete): 564-572.

[130] Knight F H. Risk, uncertainty and profit [M]. Houghton Mifflin Company, 1921: 682-690.

[131] Kirzner I M. Competition and entrepreneurship [J]. Southern Economic Journal, 1973, 41 (6) .

[132] Kirzner I M. Entrepreneurial discovery and the competitive market process: An Austrian approach [J]. Journal of Economic Literature, 1997, 35 (1): 60-85.

[133] Koellinger P, Minniti M, Schade C. "I think I can, I think I can": Overconfidence and entrepreneurial behavior [J]. Journal of Economic Psychology, 2007, 28 (4): 502-527.

[134] Koellinger P. Why are some entrepreneurs more innovative than others? [J]. Small Business Economics, 2008, 31 (1): 21-37.

[135] Kotha R, George G. Friends, family, or fools: Entrepreneur experience and its implications for equity distribution and resource mobilization [J]. Journal of Business Venturing, 2012, 27 (5): 525-543.

[136] Kreft S F, Sobel R S. Public policy, entrepreneurship, and economic freedom [J]. Cato Journal, 2005, 25 (3): 595-616.

[137] Laibson D. Golden eggs and hyperbolic discounting [J]. Quarterly Journal of Economics, 1997, 112 (2): 443-477.

[138] Landes D S, Mokyr J, Baumol W J. The invention of enterprise: Entrepreneurship from ancient Mesopotamia to modern times [M]. Kaufman Foundation Series on Innovation and Entrepreneurship, 2010.

[139] Leibenstein H. The theory of economic development: An inquiry into profits, capital, credit, interest, and the business cycle [J]. American Economic Review, 1968, 58 (2): 72-83.

[140] Levitt B, March J. Organizational learning [J]. Annual Review of Sociology, 1988, 14: 319-338.

[141] Li L X, Wu X Y. Housing prices and entrepreneurship in China [J]. Journal of Comparative Economics, 2014, 42 (2): 436-449.

[142] Lichtenberg F R, Siegel D, Jorgenson D, et al. Productivity and changes in ownership of manufacturing plants [J]. Brookings Papers on Economic Activity, 1987 (3): 643-683.

[143] Light I, Dana L. Boundaries of social capital in entrepreneurship

[J]. Entrepreneurship Theory & Practice, 2013, 37 (3): 603-624.

[144] Lindh T, Ohlsson H. Self-employment and windfall gains: Evidence from the swedish lottery [J]. Economic Journal, 1996, 106 (439): 1515-1526.

[145] Lucas R E. On the size distribution of business firms [J]. Economics Letters, 1978, 9 (2): 508-523.

[146] Lumpkin G T, Dess G G. Clarifying the entrepreneurial orientation construct and linking it to performance [J]. Academy of Management Review, 1996, 21 (1): 135-172.

[147] Lynn R. The secret of the miracle economy: Different national attitude to competitiveness and money [M]. London: Crowley Esmonde Ltd., 1991.

[148] Lumpkin G T, Dess G G. Clarifying the entrepreneurial orientation construct and linking it to performance [J]. Academy of Management Review, 1996, 21 (1): 135-172.

[149] Martin S, Scott J T. The nature of innovation market failure and the design of public support for private innovation [J]. Research Policy, 2000, 29 (4-5): 437-447.

[150] McMullen J S, Bagby D R, Palich L E. Economic freedom and the motivation to engage in entrepreneurial action [J]. Entrepreneurship Theory and Practice, 2008, 32 (5): 875-895.

[151] Minniti M. Entrepreneurial activity and economic growth [J]. Global Business and Economic Review, 1999, 1: 31-42.

[152] Mirrlees J. Optimal tax theory—A synthesis [J]. Journal of Public Economics, 1976, 6: 327-358.

[153] Monteiro F, Birkinshaw J. The external knowledge sourcing process in multinational corporations [J]. Strategic Management Journal, 2017, 38 (2): 342-362.

[154] Moreira S, Markus A, Laursen K. Knowledge diversity and coordination: The effect of intrafirm inventor task networks on absorption speed [J]. Strategic Management Journal, 2018, 39: 2517-2546.

[155] Nystrom K. The institutions of economic freedom and entrepreneurship: Evidence from panel data [J]. Public Choice, 2008, 136 (3-4): 269-282.

[156] Obschonka M, Fisch C, Boyd R. Using digital footprints in entrepreneurship research: A Twitter-based personality analysis of superstar entrepreneurs

and managers [J]. Journal of Business Venturing Insights, 2017, 8: 13-23.

[157] Obstfeld D. Social networks, the tertius iungens orientation, and involvement in innovation [J]. Administrative Science Quarterly, 2005, 50 (1): 100-130.

[158] Olawumi T O, Chan D W M. A scientometric review of global research on sustainability and sustainable development [J]. Journal of Cleaner Production, 2018, 183: 231-250.

[159] Omri A. Formal versus informal entrepreneurship in emerging economies: The roles of governance and the financial sector [J]. Journal of Business Research, 2020, 108: 277-290.

[160] Palich L E, Bagby D R. Using cognitive theory to explain entrepreneurial risk-taking: Challenging conventional wisdom [J]. Social Science Electronic Publishing, 1995, 10 (6): 425-438.

[161] Patel P C, Fiet J O. Systematic search and its relationship to firm founding [J]. Entrepreneurship Theory & Practice, 2009, 33 (2): 501-526.

[162] Paul M R. Increasing returns and long run growth [J]. Journal of Political Economy, 1986, 94 (5): 1002-1037.

[163] Peek E, Moers F. An empirical analysis of the role of risk aversion in executive compensation contracts [J]. Research Memorandum, 2001 (13).

[164] Pfeifer C. Risk aversion and sorting into public sector employment [J]. German Economic Review, 2011, 12 (1): 85-99.

[165] Podoynitsyna K, Bij H V D, Song M. The role of mixed emotions in the risk perception of novice and serial entrepreneurs [J]. Entrepreneurship Theory & Practice, 2012, 36 (1): 115-140.

[166] Putnam R D. Bowling alone: America's declining social capital [J]. Journal of Democracy, 1995, 6 (1): 65-78.

[167] Rogers E M. Diffusion of innovations [M]. New York: The Free Press, 1983.

[168] Román C, Congregado E, Millán J M. Start-up incentives: Entrepreneurship policy or active labour market programme? [J]. Journal of Business Venturing, 2013, 28 (1): 151-175.

[169] Romer P M. Endogenous technical change [J]. Journal of Political Economy, 1990, 98 (5): 71-102.

[170] Runyan, Ge R C, Baoshan Dong, et al. Entrepreneurial orientation in cross-cultural research: Assessing measurement invariance in the construct [J]. Entrepreneurship Theory & Practice, 2012, 36 (4): 819-836.

[171] Sarasvathy S D. Causation and effectuation: Toward a theoretical shift from economic inevitability to entrepreneurial contingency [J]. Academy of Management Review, 2001, 26 (2): 243-263.

[172] Schultz T W. Institutions and the rising economic value of man [J]. American Journal of Agricultural Economics, 1968, 50 (5): 1113-1122.

[173] Schumpeter J A. A theory of economic development [M]. Bloomsbury Business Library-Management Library, 1934: 61-116.

[174] Schumpeter J A. Capitalism, socialism, and democracy [M]. New York: Harper, 1942.

[175] Shane S, Venkataraman S. The promise of entrepreneurship as a field of research [J]. Academy of Management Review, 2000, 25 (1): 217-226.

[176] Shell K. Toward a theory of inventive activity and capital accumulation [J]. The American Economic Review, 1966, 56 (1-2): 62-68.

[177] Shleifer A, Vasiliev D. Corporate governance in central Europe and Russia: Volume 2. Insiders and the state [M]. Central European University Press, 1996.

[178] Simoes N, Crespo N, Moreira S B. Individual determinants of self-employment entry: What do we really know? [J]. Journal of Economic Surveys, 2015 (4).

[179] Singh R P, Hills G E, Lumpkin G T, et al. The entrepreneurial opportunity recognition process: Examining the role of self-perceived alertness and social networks. [J]. Academy of Management Proceedings, 1999 (1): G1-G6.

[180] Sobel R S. Testing baumol: Institutional quality and the productivity of entrepreneurship [J]. Journal of Business Venturing, 2008, 23 (6): 641-655.

[181] Solow R M. A contribution of the theory of economic growth [J]. Quarterly Journal of Economics, 1956, 70 (1): 65-94.

[182] Stevenson H C. Raising safe villages: Cultural ecological factors that influence the emotional adjustment of adolescents [J]. Journal of Black Psychology, 1998, (24): 44-59.

[183] Stewart W H, Watson W E, Carland J C, et al. A proclivity for entre-

preneurship [J]. Journal of Business Venturing, 1999, 14 (2): 189-214.

[184] Stopford J M, Baden-Fuller C W F. Creating corporate entrepreneurship [J]. Strategic Management Journal, 1994, 15: 521-536.

[185] Strauss A L. Qualitative Analysis for Social Scientists [M]. Cambridge University Press, 1987.

[186] Sun Y, Cao C. The evolving relations between government agencies of innovation policy making in emerging economies: A policy network approach and its application to the Chinese case [J]. Research Policy, 2018, 47 (3): 592-605.

[187] Tang Z, Rothenberg S. Does perceptual acuity matter? —An investigation of entrepreneurial orientation, perceptual acuity, and firm performance [J]. Journal of Enterprising Culture, 2009, 17 (1): 79-102.

[188] Tang Z, Kreiser P M, Marino L, et al. Exploring proactiveness as a moderator in the process of perceiving industrial munificence: A field study of SMEs in four countries [J]. Journal of Small Business Management, 2010, 48 (2): 97-115.

[189] Thai M T T, Turkina E. Macro-level determinants of formal entrepreneurship versus informal entrepreneurship [J]. Journal of Business Venturing, 2014, 29 (4): 490-510.

[190] Timmons J. A., Spinelli S. New venture creation: Entrepreneurship for the 21st century with power web and new business mentor CD [M]. Singapore: Irwin/McGraw-Hill, 2003.

[191] Townsend D M, Busenitz L W, Arthurs J D. To start or not to start: Outcome and ability expectations in the decision to start a new venture [J]. Journal of Business Venturing, 2010, 25 (2): 192-202.

[192] Tsai W. Knowledge transfer in intraorganizational networks: Effects of network position and absorptive capacity on business unit innovation and performance [J]. Academy of Management Journal, 2001, 44 (5): 996-1004.

[193] Yay T, Yay G G, Aksoy T, Impact of institutions on entrepreneurship: A panel data analysis [J]. Eurasian Economic Review, 2018, 8 (1): 131-160.

[194] Tversky A, Kahneman D. Advances in prospect theory: Cumulative representation of uncertainty [J]. Journal of Risk & Uncertainty, 1992, 5 (4): 297-323.

[195] Ucbasaran D, Westhead P, Wright M. The extent and nature of oppor-

tunity identification by experienced entrepreneurs [J]. Journal of Business Venturing, 2009, 24 (2): 99-115.

[196] Urban B, Kujinga L. The institutional environment and social entrepreneurship intentions [J]. International Journal of Entrepreneurial Behaviour & Research, 2017, 23 (4): 638-655.

[197] Vigna S D. Psychology and economics: Evidence from the field [J]. Journal of Economic Literature, 2009, 47 (2): 315-372.

[198] Vivarelli M, Baumol W J. The microtheory of innovative entrepreneurship [J]. Journal of Economics, 2011, 103 (2): 199-202.

[199] Von Neumann J, Morgenstern O. Theory of games and economic behavior [M]. Princeton University Press, 1944.

[200] Vries M F R K D. The entrepreneurial personality: A person at the crossroads [J]. Journal of Management Studies, 2010, 14 (1): 34-57.

[201] Weber E U, Milliman R A. Perceived risk attitudes: Relating risk perception to risky choice [M]. Informs, 1997.

[202] Wang L, Prieto L, Hinrichs K T. Direct and indirect effects of individual and environmental factors on motivation for self-employment [J]. Journal of Developmental Entrepreneurship, 2010, 15 (4): 481-502.

[203] Wennekers S, Thurik R. Linking entrepreneurship and economic growth [J]. Small Business Economics, 1999, 13 (1): 27-56.

[204] Wickham P A. Strategic entrepreneurship: A decision-making approach to new venture creation and management [M]. London: Pitman publishing, 1998.

[205] Wiklund J, Patzelt H, Shepherd D A. Building an integrative model of small business growth [J]. Small Business Economics, 2009, 32 (4): 351-374.

[206] Wiseman T, Young A. Economic freedom, entrepreneurship, & income levels: Some US state-level empirics [R]. Working Papers, 2013.

[207] Wood M S, Pearson J M. Taken on faith? The impact of uncertainty, knowledge relatedness, and richness of information on entrepreneurial opportunity exploitation [J]. Journal of Leadership & Organizational Studies, 2009, 16 (2): 117-130.

[208] Yao F K, Chang S. Do individual employees' learning goal orientation and civic virtue matter? A Micro-Foundations perspective on firm absorptive capacity [J]. Strategic Management Journal, 2017, 38 (10): 2041-2060.

[209] Yayavaram S, Srivastava M K, Sarkar M. Role of search for domain knowledge and architectural knowledge in alliance partner selection [J]. Strategic Management Journal, 2018, 39 (8): 2277-2302.

[210] Ylirenko H, Janakiraman R. How customer portfolio affects new product development in technology-based entrepreneurial firms [J]. Journal of Marketing, 2008, 72 (5): 131-148.

[211] Zahra S A, Covin J G. Contextual influences on the corporate entrepreneurship performance relationship: A longitudinal analysis [J]. Journal of Business Venturing, 1995, (10): 43-58.

[212] [美] 彼得·德鲁克. 创新与企业家精神 [M]. 蔡文燕译. 北京: 机械工业出版社, 2009.

[213] [美] 道格拉斯·诺斯. 制度、制度变迁与经济绩效 [M]. 上海: 上海三联书店, 1990.

[214] "2014 年全国企业创新调查资料开发" 课题组. 政策对企业创新的影响分析——2014 年全国企业创新调查资料开发系列分析报告之三 [J]. 调研世界, 2017 (1): 4-10.

[215] 白云涛, 郭菊娥, 席酉民. 高层管理团队风险偏好异质性对战略投资决策影响效应的实验研究 [J]. 南开管理评论, 2007, 10 (2): 25-30.

[216] 蔡华. 民营企业家精神的测量与分析 [J]. 统计与决策, 2009 (16): 163-165.

[217] 曹俊娜, 闫建勋, 张瑞祺, 赵良君. 当代大学生创业精神培育研究 [M]. 北京: 经济日报出版社, 2018.

[218] 陈柏福, 邓子璇, 杨建清. 改革开放 40 年以来我国对外文化贸易政策变迁研究 [J]. 中国软科学, 2018 (10): 39-51.

[219] 陈刚, 陈敬之. 产权保护与企业家精神——基于微观数据的实证研究 [J]. 经济社会体制比较, 2016 (1): 81-93.

[220] 陈佳贵. 关于企业家精神的探讨 [J]. 中国工业经济, 1989 (3): 57-61.

[221] 陈伟, 赵富洋. 自主创新过程中的企业家精神 [J]. 科技管理研究, 2008 (3): 11-12.

[222] 陈其进, 陈华. 中国居民个体风险态度及影响因素分析——基于城镇居民、农民工和农村居民的对比研究 [J]. 上海经济研究, 2014 (12): 78-89.

［223］陈怡安，赵雪苹．制度环境与企业家精神：机制、效应及政策研究［J］．科研管理，2019，40（5）：90-100.

［224］陈怡安．中国海归回流企业家精神的空间溢出效应研究［J］．世界经济文汇，2017（3）：103-120.

［225］陈长江，高波．制度、企业家精神与中国经济增长动力的再检验［J］．经济经纬，2012（1）：22-26.

［226］陈国权，孙锐，赵慧群．个人、团队与组织的跨层级学习转化机制模型与案例研究［J］．管理工程学报，2013，27（2）：23-31.

［227］程承坪．企业家人力资本开发及其与企业绩效关系研究［M］．北京：经济管理出版社，2002.

［228］陈忠卫，郝喜玲．创业团队企业家精神及其测量［J］．商业经济与管理，2008（9）：23-28.

［229］程俊杰．制度变迁、企业家精神与民营经济发展［J］．经济管理，2016，38（8）：39-54.

［230］程锐，马莉莉，张燕，唐旖晨．企业家精神、要素配置效率与制造业出口升级［J］．产业经济研究，2019（6）：89-101.

［231］程锐，马莉莉．市场化改革、金融发展与企业家精神［J］．北京工商大学学报（社会科学版），2019，34（4）：100-114.

［232］程锐．市场化进程、企业家精神与地区经济发展差距［J］．经济学家，2016（8）：19-28.

［233］崔凯．中国企业家精神与企业财务绩效的实证研究［D］．上海：同济大学，2007.

［234］戴建中．现阶段中国私营企业主研究［J］．社会学研究，2001（5）：65-76.

［235］丁栋虹，张翔．国内团队企业家精神研究评述——基于文献分析法［J］．北京理工大学学报（社会科学版），2013，15（1）：63-70.

［236］杜丹丽，原琳，高琨．2010-2017年京津冀中小企业科技创新政策评价［J］．中国科技论坛，2019（10）：100-109.

［237］范柏乃，段忠贤，江蕾．中国自主创新政策的效应及其时空差异——基于省际面板数据的实证检验［J］．经济地理，2013，33（8）：31-36.

［238］范军，欧阳敏．论近现代杰出出版人的企业家精神［J］．华中师范大学学报（人文社会科学版），2013，52（6）：154-160.

［239］方虹．企业家精神与领导艺术［M］．北京：中国人民大学出版

社，2012.

［240］付桂生，郭锦墉．企业家精神与经济增长［J］．江西农业大学学报，2004（3）：83-84.

［241］高波．文化、文化资本与企业家精神的区域差异［J］．南京大学学报（哲学·人文科学·社会科学版），2007（5）：39-47+143.

［242］高闯，陈彦亮．企业惯例演化的动因、路径及其模型构建［J］．商业经济与管理，2012（3）：19-26.

［243］葛丹明．农业龙头企业对技术创新政策满意度模糊综合评价［J］．科技广场，2013（1）：164-168.

［244］郭强．基于省级数据的区域科技创新政策评估［J］．统计与决策，2012，351（3）：81-84.

［245］韩磊，王西，张宝文．市场化进程驱动了企业家精神吗？［J］．财经问题研究，2017（8）：106-113.

［246］韩磊，王西，张新谊．制度环境驱动了企业家精神吗？——基于法与金融的实证研究［J］．现代财经（天津财经大学学报），2017，37（2）：39-54.

［247］韩文龙．"技术进步—制度创新—企业家精神"的创新组合及其增长效应［J］．社会科学辑刊，2019（3）：202-212.

［248］何邓娇．企业家背景特征、过度自信与企业风险承担［J］．吉林工商学院学报，2018，34（6）：42-50.

［249］何文剑，苗妙，张红霄．制度环境、企业家精神配置与企业绩效——来自中国制造业上市公司的经验证据［J］．山东大学学报（哲学社会科学版），2019（4）：40-54.

［250］何轩，马骏，李胜文．报酬结构、税收制度与企业家精神配置［J］．科研管理，2017，38（2）：44-51.

［251］何予平．企业家精神与中国经济增长——基于C-D生产函数的实证研究［J］．当代财经，2006（7）：95-100.

［252］贺新峰，杨昌明．高科技产业集群中风险投资融资方式的分析研究［J］．台声·新视角，2005（6）：53-54.

［253］洪银兴．关于企业家制度建设的几个问题［J］．中国工业经济，2001（4）：60-63.

［254］户仁声．个体工商户之友［M］．成都：成都电讯工程学院出版社，1989.

［255］黄琛虹．上海市激发和保护企业家精神的政策研究——基于内容分析法［J］．经济与管理，2019（3）：137-141.

［256］黄菁菁，原毅军．产学研合作研发中企业家精神的价值［J］．科学学研究，2014，32（6）：902-908.

［257］黄少坚．“前惯例”与企业惯例的形成机制研究［J］．华东经济管理，2010，24（8）：108-110.

［258］纪江明．基于熵权 TOPSIS 的长三角区域科技创新政策评估实证研究［J］．中国经贸导刊，2018（4）：44-48.

［259］贾良定，周三多．论企业家精神及其五项修炼［J］．南京社会科学，2006（9）：29-35.

［260］江春，李安安．法治、金融发展与企业家精神［J］．武汉大学学报（哲学社会科学版），2016，69（2）：90-97.

［261］江春，滕芸．企业家精神与金融发展关系研究评述［J］．经济学动态，2010（2）：110-115.

［262］江春，周宁东，张龙耀．中国企业家精神的动态变化与政策支持［J］．财政研究，2012（5）：69-72.

［263］江永真．区域自主创新政策绩效评估模型构建及实证分析［J］．福州大学学报（哲学社会科学版），2012，108（2）：21-25.

［264］蒋栋，李婷，李志祥．自主创新科技政策在河北省的实施效果评价［J］．中国软科学，2009（1）：88-111.

［265］解维敏．市场化进程对企业家创新精神的影响研究——基于我国非金融类上市公司的经验证据［J］．财经问题研究，2016（12）：114-119.

［266］靳卫东，高波．企业家精神与经济增长：企业家创新行为的经济学分析［J］．经济评论，2008（5）：113-120.

［267］柯兹纳．竞争与企业家精神［M］．杭州：浙江大学出版社，2013.

［268］科斯．企业市场与法律［M］．上海：上海三联书店，1990.

［269］孔婕，谈毅．我国上市公司的国家创新政策绩效评估实证研究［J］．科学技术与工程，2009，9（24）：7416-7423.

［270］乐国林，毛淑珍．企业家精神地区差异与区域民营经济增长［J］．商业经济与管理，2011（7）：44-50.

［271］李贵成．返乡农民工企业家精神培育的环境调适与优化研究［J］．河南社会科学，2019，27（11）：106-112.

［272］李后建．市场化、腐败与企业家精神［J］．经济科学，2013

(1)：99-111.

[273] 李健，谭智丹．社会企业家精神、内涵维度、功能价值及培育路径 [J]. 江苏师范大学学报（哲学社会科学版），2019（1）：101-106+124.

[274] 李兰，仲为国，彭泗清，郝大海，王云峰．当代企业家精神：特征、影响因素与对策建议——2019 中国企业家成长与发展专题调查报告 [J]. 南开管理评论，2019，22（5）：4-12+27.

[275] 李磊，郑妍妍，刘鹏程．金融发展、职业选择与企业家精神——来自微观调查的证据 [J]. 金融研究，2014（6）：193-206.

[276] 李路路．社会资本与私营企业家——中国社会结构转型的特殊动力 [J]. 社会学研究，1995（6）：46-58.

[277] 李梦琳．我国企业家精神缺失的原因 [J]. 管理科学，2018（1）：183-184.

[278] 李诗和，徐玖平，刘玉邦．基于 ISM 模型的企业家精神系统核心内涵分析 [J]. 科技管理研究，2016，36（23）：193-201.

[279] 李威，黄顺武，喻鑫．FDI 对中国企业家精神的影响——基于制造业面板数据的分析 [J]. 中央财经大学学报，2009（5）：69-73.

[280] 李巍，丁超．企业家精神、商业模式创新与经营绩效 [J]. 中国科技论坛，2016（7）：124-129.

[281] 李雯．河南省科技创新政策效果评价研究 [J]. 智库时代，2019（7）：139-145.

[282] 李伟，刘军，董瑞华．关系网络在技术创新知识流动过程中的作用——基于信息空间理论的视角 [J]. 科学管理研究，2009，27（2）：68-71.

[283] 李艳双，朱丽娜．激发保护民营企业的企业家精神 [J]. 宏观经济管理，2019（11）：75-80.

[284] 李燕萍，刘金璐，洪江鹏，李淑雯．我国改革开放 40 年来科技人才政策演变、趋势与展望——基于共词分析法 [J]. 科技进步与对策，2019，36（10）：108-117.

[285] 李政，艾尼瓦尔．不确定性是实行产业政策的主因——企业家追求创业机会的视角 [J]. 社会科学研究，2018，236（3）：26-32.

[286] 李政，佟鑫．FDI 是否抑制了中国企业家精神的形成——基于面板门限模型的分析 [J]. 社会科学研究，2013（2）：44-50.

[287] 李政．新时代企业家精神：内涵、作用与激发保护策略 [J]. 社会科学辑刊，2019（1）：79-85.

［288］林善浪，宋时达．为培育企业家精神营造良好制度环境［J］．人民论坛，2019（28）：64-65.

［289］林嵩．创业学：原理与实践［M］．上海：上海财经大学出版社，2008.

［290］凌斌，王重鸣．创业专业人才的机会识别与开发策略模型：基于建构主义视角［J］．心理科学进展，2013，21（4）：701-710.

［291］刘本旺．参政议政用语集（修订本）［M］．北京：群言出版社，2015.

［292］刘美玉．创业动机、创业资源与创业模式：基于新生代农民工创业的实证研究［J］．宏观经济研究，2013（5）：62-70.

［293］刘鹏程，李磊，王小洁，刘斌．FDI 对东道国企业家精神的动态影响［J］．当代经济科学，2013（7）：32-41.

［294］刘晓娥，卢艳红，喻金田．企业技术创新政策效果评价［J］．统计与决策，2008（269）：56-58.

［295］刘烨，孙凡云，惠士友等．企业家资源、动态能力和企业创业期的绩效——兼与台湾高科技企业的对比研究［J］．科学学研究，2013，31（11）：1680-1686.

［296］刘志彪，王建国．工业化与创新驱动：工匠精神与企业家精神的指向［J］．新疆师范大学学报，2018（3）：35-40.

［297］龙海军．制度环境对企业家精神配置的影响：金融市场的调节作用［J］．科技进步与对策，2017，34（7）：94-99.

［298］卢立香，牛晓燕．金融发展对企业家精神影响的区域差异性研究［J］．东岳论丛，2015，36（11）：97-103.

［299］鲁传一，李子奈．企业家精神与经济增长理论［J］．清华大学学报（哲学社会科学版），2000（3）：42-49.

［300］鲁兴启，王琴．企业家精神与当代经济增长［J］．商业研究，2006（2）：19-21.

［301］鲁兴启．当代经济增长中的企业家精神初探［C］．企业家理论与企业成长国际研讨会论文集，2001.

［302］罗敏，朱雪忠．基于共词分析的我国低碳政策构成研究［J］．管理学报，2014，11（11）：1680-1685.

［303］罗敏，朱雪忠．基于政策工具的中国低碳政策文本量化研究［J］．情报杂志，2014，33（4）：12-16.

［304］罗卫东，袁月美，许彬．信念与人力资本投资研究进展［J］．经济学动态，2022（9）：132-146.

［305］吕爱权，林战平．论企业家精神的内涵及其培育［J］．商业研究，2006（7）：92-95.

［306］吕明洁．我国自主创新政策绩效评价的 DEA 分析——以上海市高新技术产业为例［J］．经济论坛，2009，468（20）：83-85.

［307］吕相伟．政策不确定性与企业家活动配置［J］．经济管理，2018，40（3）：22-39.

［308］吕勇斌，李丽．制度视角下的企业家精神［J］．生产力研究，2004（12）：79-81.

［309］马光荣，杨恩艳．社会网络、非正规金融与创业［J］．经济研究，2011（11）：83-94.

［310］马莉莉，李泉．中国投资者的风险偏好［J］．统计研究，2011，28（8）：63-72.

［311］毛良虎，王磊磊．企业家精神、组织学习与企业绩效——基于先进制造业的实证研究［J］．科技管理研究，2015（15）：137-140.

［312］毛一翔．新一轮改革开放呼唤新时代企业家精神［J］．红旗文稿，2018（10）：20-22.

［313］奈特．风险、不确定性与利润［M］．北京：华夏出版社，2011.

［314］宁凌，汪亮，廖泽芳．基于 DEA 的高技术产业政策评价研究——以广东省为例［J］．国家行政学院学报，2001（2）：99-103.

［315］庞长伟，李垣．制度转型环境下的中国企业家精神研究［J］．管理学报，2011，8（10）：1438-1443.

［316］彭富国．中国地方技术创新政策效果分析［J］．研究与发展管理，2003，15（3）：17-21.

［317］钱海燕，张骁，杨忠．企业家精神与中小企业国际化——基于企业家社会资本的分析［J］．南京大学学报，2009（6）：63-70.

［318］秦领．金融支持创新驱动发展的效果评价与政策应对［J］．北京化工大学学报（社会科学版），2017，98（1）：25-32.

［319］萨伊．政治经济学概论［M］．北京：商务印书馆，1963.

［320］沙彦飞．企业家社会责任与企业家精神［J］．商业经济评论，2010（11）：36-37.

［321］尚倩，赵晓庆．基于计量经济学的区域创新系统政策的定量评价

[J]. 科学学与科学技术管理，2010，31（12）：91-95.

［322］邵冰欣，姜春艳，房磊．河南省科技创新政策实施效果评价研究［J]. 创新科技，2018，18（4）：31-36.

［323］邵传林，张存刚．法治如何影响了企业家精神？［J]. 经济与管理研究，2016，37（1）：89-95.

［324］邵传林．法律制度效率、地区腐败与企业家精神［J]. 上海财经大学学报，2014，16（5）：48-57.

［325］邵传林．制度变迁视域下的金融深化与企业家精神——来自中国省级层面的经验证据［J]. 中国经济问题，2014（5）：3-18.

［326］时鹏程，许磊．论企业家精神的三个层次及其启示［J]. 外国经济与管理，2006（2）：44-51.

［327］宋克勤．创业成功学［M]. 北京：经济管理出版社，2002.

［328］宋来胜，苏楠．企业家精神对地区生产率的影响——基于省级动态面板数据的广义矩分析［J]. 科技管理研究，2013（5）：246-249.

［329］宋铁波，曾萍．合作还是创新？企业家精神对动态能力的影响——基于广东温氏的经验发现［J］. 研究与发展管理，2011（5）：12-20.

［330］宋志平．以企业家精神激发市场活力［N］. 经济日报，2017-03-31.

［331］苏敬勤，林菁菁，张雁鸣．创业企业资源行动演化路径及机理——从拼凑到协奏［J]. 科学学研究，2017，35（11）：1659-1672.

［332］孙黎，朱蓉，张玉利．企业家精神：基于制度和历史的比较视角［J]. 外国经济与管理，2019，41（9）：3-16.

［333］孙英杰，林春，刘融冰．企业家精神与全要素生产率提升研究——基于省级面板数据的实证分析［J]. 中国科技论坛，2019（1）：152-160.

［334］孙早，刘李华．社会保障、企业家精神与内生经济增长［J]. 统计研究，2019，36（1）：77-91.

［335］唐国华．企业家精神、产品创新与内生经济增长——理论模型和基于中国数据的经验研究［J］. 经济问题，2014（3）：11-16.

［336］田毕飞，吴小康．FDI 对国际创业的溢出效应——基于 GEM 面板数据的实证研究［J]. 财经论丛，2014（8）：3-9.

［337］田凯．构建时代的企业家精神［J]. 社会科学研究，1998（3）：38-40.

［338］佟林杰．河北省科技创新政策实施效果模糊综合评价研究［J］．中国集体经济，2018，31（11）：100-101.

［339］万良杰，李晓翠．准企业家精神与高新技术企业成长［J］．经济问题，2006（7）：159-161.

［340］汪川，陈晓霞，朱曦济．年龄结构与企业家精神：基于中国省级数据的实证分析［J］．当代经济研究，2014（7）：76-81.

［341］汪丁丁．我思考的经济学［M］．北京：生活·读书·新知三联书店，1997.

［342］汪丁丁．企业家的形成与财产制度——评张维迎《企业的企业家—契约理论》［J］．经济研究，1996（1）：62-68.

［343］汪晓梦．长三角科技创新政策实施效果评估实证研究［J］．重庆科技学院学报（社会科学版），2018（6）：58-60.

［344］王德才，赵曙明．创业制度与公司企业家精神关系——基于珠三角高科技企业的实证研究［J］．科技进步与对策，2013，30（19）：83-88.

［345］王坤，荣兆梓．小企业向大公司演化的机理——一种新企业家精神视角［J］．华东经济管理，2005（10）：50-54.

［346］王素莲，阮复宽．企业家风险偏好对 R&D 投入与绩效关系的调节效应——基于中小企业板上市公司的实证研究［J］．经济问题，2015（6）：80-83.

［347］王效俐，马利君．政府管制对企业家精神的影响研究——基于 30 个省份的面板数据［J］．同济大学学报（社会科学版），2019，30（2）：107-117.

［348］王颖，孙笑明，汤小莉等．关键创新人才与企业家品德关系对企业二元创新行为的影响［J］．中国人力资源开发，2016（15）：6-14.

［349］王瑜．产业价值链下模块化组织价值创新——理论模型、运作机理及实现机制［M］．上海：同济大学出版社，2017.

［350］吴传清，张庆．企业家精神与产业集群成长［J］．学习与实践，2008（10）：36-43.

［351］伍虹儒，官建成．科研人员创新创业政策评价研究——以上海张江与天津滨海为分析对象［J］．技术经济与管理研究，2018（2）：42-47.

［352］武建龙，于欢欢，王宏起．面向企业创新创业的政策工具效果研究——来自 278 家企业的问卷调查［J］．科技进步与对策，2016，33（19）：88-93.

［353］席升阳．我国大学创业教育的观念、理念与实践［M］．北京：科学出版社，2008.

［354］项国鹏，潘凯凌，张文满．网络关系、创业机会识别与创业决策——基于浙江新创企业的实证研究［J］．科技管理研究，2018，38（22）：176-184.

［355］肖士恩，陈娜．河北科技创新政策评估的实证研究［J］．中国科技论坛，2009（9）：28-36.

［356］谢智敏，王霞，曾铖．基于城市群视角的企业家精神研究：区域差异与政策启示［J］．经济体制改革，2019（4）：55-62.

［357］辛杰，兰鹏璐，李波．企业家文化价值观的双元影响效应研究——以企业家精神为中介［J］．中央财经大学学报，2017（4）：72-80.

［358］邢以群．企业家及其企业家精神［J］．浙江大学学报（社会科学版），1994（2）：67-74.

［359］许和连，梁亚芬．外商直接投资与企业家精神［J］．财经研究，2019（11）：26-38.

［360］薛红志，张玉利，杨俊．机会拉动与贫穷推动型企业家精神比较研究［J］．外国经济与管理，2003（6）：2-8.

［361］颜为民，邵传林，裴志伟．地区腐败、金融市场化与企业家精神——基于中国省级层面的经验证据［J］．当代经济管理，2015，37（4）：91-97.

［362］杨琳，刘园园．地方政府创新创业政策评估研究——以陕西省西安市为例［J］．开发研究，2018（2）：110-116.

［363］杨艳，胡蓓．社会网络、创业自我效能感与创业意图的关系研究［J］．软科学，2011，25（6）：59-63.

［364］杨勇，朱乾，达庆利．中国省域企业家精神的空间溢出效应研究［J］．中国管理科学，2014，22（11）：105-111.

［365］杨勇，朱乾．企业家精神的决定因素——来自中国省级面板数据的经验［J］．经济经纬，2011（5）：71-74.

［366］叶勤．企业家精神的兴起对美国经济增长的促进作用及其启示［J］．外国经济与管理，2000（10）：16-20.

［367］殷群，姜龙．中小企业自主创新政策效果研究——基于企业调查问卷的分析［J］．南京邮电大学（社会科学版），2015，17（1）：27-36.

［368］时鹏程，许磊．论企业家精神的三个层次及其启示［J］．外国经济

与管理，2006（2）：44-51.

［369］尹宗成，李向军．金融发展与区域经济增长——基于企业家精神的视角［J］．中央财经大学学报，2012（11）：38-44.

［370］游静．创新主体时间偏好对协同创新行为决策的影响研究［J］．管理工程学报，2017（2）：143-153.

［371］余林徽，陆毅，路江涌．解构经济制度对我国企业生产率的影响［J］．经济学（季刊），2014（1）：127-150.

［372］余明桂，潘红波．政府干预、法治、金融发展与国有企业银行贷款［J］．金融研究，2008（5）：1-22.

［373］喻金田，吴倩．武汉市自主创新政策实施效果评价［J］．科技创业月刊，2010（12）：122-124.

［374］袁红林，蒋含明．中国企业家创业精神的影响因素分析——基于省级面板数据的实证研究［J］．当代财经，2013（8）：65-75.

［375］张爱丽．试析个人因素与机会因素的匹配对创业机会识别的作用［J］．外国经济与管理，2009，31（10）：59-65.

［376］张海丰，杨虎涛．制度、企业家精神与长期经济增长［J］．学习与实践，2015（5）：5-12.

［377］张杰，刘元春，翟福昕等．银行歧视、商业信用与企业发展——来自中国企业的微观经验证据［J］．世界经济，2013（9）：94-106.

［378］张美岭，陈勇勤．企业家精神的影响因素分析与政策启示［J］．现代管理科学，2015（7）：12-14.

［379］张敏，张一力．风险偏好还是网络偏好？网络环境下跨代企业家双元创新实施路径探究［J］．科学学与科学技术管理，2016，37（3）：125-135.

［380］张婷婷．企业家能力与职能匹配及企业家精神培育［J］．青海社会科学，2008（2）：5-9.

［381］张维佳．基于“党管干部原则”的国有企业企业家精神培育路径构建［J］．理论探讨，2017（3）：101-105.

［382］张维迎，盛斌．企业家［M］．上海：上海人民出版社，2014.

［383］张维迎．企业的企业家—契约理论［M］．上海：上海三联书店，1995.

［384］张炜，费小燕，肖云等．基于多维度评价模型的区域创新政策评估——以江浙沪三省为例［J］．科研管理，2016，37（4）：614-622.

[385] 张秀娥，祁伟宏，李泽卉. 创业者经验对创业机会识别的影响机制研究 [J]. 科学学研究，2017，35 (3)：419-427.

[386] 张英杰. 科技创新创业政策效果评价与优化研究——基于浙江省的监测数据 [J]. 科技管理研究，2018 (5)：57-62.

[387] 张永安，宋晨晨，王燕妮. 基于网络搜索的科技创新政策调控效果研究 [J]. 软科学，2018，32 (9)：24-29.

[388] 张永安，马昱. 基于熵权 TOPSIS 法的区域技术创新政策评价研究 [J]. 科技管理研究，2017 (6)：92-97.

[389] 张玉利，谢巍. 改革开放、创业与企业家精神 [J]. 南开管理评论，2018，21 (5)：4-9.

[390] 张玉利，杨俊，任兵. 社会资本、先前经验与创业机会——一个交互效应模型及其启示 [J]. 管理世界，2008 (7)：91-102.

[391] 张玉利. 创业、企业家精神与企业成长 [J]. 南开学报，2004 (1).

[392] 张媛媛，潘冬，陈利馥. 我国科技创新政策实施效果的省域评估分析——基于综合赋权法 [J]. 湖北经济学院学报，2017，15 (4)：79-84.

[393] 张再生，张奕野，杨庆. 创新驱动发展战略实施效果评估及政策优化研究——以天津市为例 [J]. 经济与管理研究，2019，40 (3)：107-116.

[394] 赵春艳. 管理学 [M]. 广州：华南理工大学出版社，2017.

[395] 赵观兵，梅强，万武. 基于环境宽松性的创业者特质对创业机会识别影响的实证研究 [J]. 中国科技论坛，2010 (8)：109-113.

[396] 赵宜萱，赵曙明，杜鹏程等. 逆全球化风险下的企业家精神、组织变革与雇佣关系——第九届 (2017 年) 企业跨国经营国际研讨会综述 [J]. 经济管理，2017，39 (11)：185-195.

[397] 郑昊力. 信任、风险和社会偏好——基于实验经济学和神经经济学的研究 [D]. 杭州：浙江大学，2017.

[398] 中共中央、国务院印发《关于营造企业家健康成长环境弘扬优秀企业家精神更好发挥企业家作用的意见》(中发〔2017〕25 号) [EB/OL]. http://www.cec-ceda.org.cn/2017yijian/view.php? id=2269，2017-09-08.

[399] 中国企业家调查系统. 中国企业家成长 20 年：能力、责任与精神——2013・中国企业家队伍成长 20 年调查综合报告 [J]. 管理世界，2014 (6)：19-38.

[400] 钟卫东，黄兆信. 创业者的关系强度、自我效能感与创业绩效关系的实证研究 [J]. 中国科技论坛，2012 (1)：131-137.

[401] 周评．企业家的社会责任：做最好的产品和服务 [J]．中国流通经济，2011，25 (12)：65-68.

[402] 周业安，连洪泉，陈叶烽等．社会角色、个体异质性和公共品自愿供给 [J]．经济研究，2013，48 (1)：123-136.

[403] 朱富强．如何引导“企业家精神”的合理配置——兼论有为政府和有效市场的结合 [J]．教学与研究，2018 (5)：51-58.

[404] 朱乾，杨勇，陶天龙，达庆利．企业家精神影响因素的国外研究综述 [J]．东南大学学报（哲学社会科学版），2012，14 (4)：52-57+72+127.

[405] 朱乾，杨勇．空间视域下的市场化进程、区域企业家精神与经济增长 [J]．南通大学学报（社会科学版），2014，30 (1)：125-134.

[406] 朱秀梅，费宇鹏．关系特征、资源获取与初创企业绩效关系实证研究 [J]．南开管理评论，2010，13 (3)：125-135.

[407] 祝燕君，朱柏铭．浙江民营科技企业技术创新政策实施效果评价 [J]．中国民营科技与经济，2008，232 (6)：27-29.

[408] 庄子银．企业家精神、持续技术创新和长期经济增长的微观机制 [J]．世界经济，2005 (12)：32-43.

[409] 何邓娇，吕静宜．企业家过度自信、风险承担与创新绩效 [J]．新会计，2018 (10)：10-14.

[410] 郭霖，帕德瑞夏·弗莱明．企业家信任水平、组织结构与企业成长——中国中小高科技企业的一个实证分析 [J]．厦门大学学报（哲学社会科学版），2005 (1)：103-110.

[411] 罗鹏飞，段依竺，张勇．时间偏好不一致企业家动态投资策略研究 [J]．中国管理科学，2022，30 (1)：54-63.

[412] 刘华芳，杨建君．大股东参与度、战略共识与企业突破式创新的实证研究 [J]．管理学报，2013，10 (7)：1034-1040.

[413] 刘安冉．CEO 过度自信对企业财务重述行为的影响研究 [D]．西安：西安理工大学，2023.

[414] 饶育蕾，贾文静．影响 CEO 过度自信的因素分析——来自我国上市公司的经验证据 [J]．管理学报，2011，8 (8)：1162-1167.

[415] 郝颖，刘星，林朝南．我国上市公司高管人员过度自信与投资决策的实证研究 [J]．中国管理科学，2005 (5)：144-150.

# 附录 《改变世界》34 位企业家的访谈内容

附表 34 位企业家访谈资料记录

| 企业家编号 | 资料记录 |
| --- | --- |
| E1<br>张瑞敏 | 正如克雷曼先生所说，管理没有最终的答案，只有永远的追求。我们现在的追求就是颠覆传统的管理模式，建立互联网时代企业模式（1-1）。我们正在走别人没有走过的一条路，所以非常艰难（1-2）。所以现在我受到很多人的质疑，他们认为这是没有人做过的事，这是不可能做成的事，但是今天这个奖给了我勇气，给了我信心，我想我一定会做成（1-3）。 |
| | 海尔文化每个人都认同的就是自以为非，而不是自以为是，要不断挑战自我、不断战胜自我（1-4）。 |
| | 搞企业呢，就是战战兢兢、如履薄冰，可以说生活在水深火热之中。我搞企业这么多年，就坚持四个字“剩者为王”，不是胜利的胜，是剩下的剩（1-5）。 |
| | 我们坚持人单合一双赢战略，人就是员工，单就是用户价值，能不能将每个人和他的用户价值联系起来，每个人找到自己的用户（1-6）。 |
| | 对我最大的挑战，是不可能认准了一条路归零再重新开始。本来这两条路是平行线，传统企业和互联网企业，你不可能从这个线上停下来，直接切过去。你要逐渐挪过去，同时利润又不能下来，这个是最难的。有的时候就是矛盾的，我们的员工也反映了相关问题，你觉得有新的办法，不用旧的渠道，但不能保证利润，这很现实的（1-7）。 |
| | 我认为百年企业就是“自杀”重生，你不“自杀”，就要被“他杀”。被谁杀了？被时代所杀（1-8）。 |
| | 优秀的产品是优秀的人创造出来的，人的素质如果提高不起来，再好的全面质量管理手段和工具都没有用（1-9）。 |
| | 不是我愿意来，当时是没有办法，必须有一个人来，至于到底能不能行，心里并没有底（1-10）。 |
| | 当时砸冰箱是因为大家觉得可以将其作为处理品处理掉。但是我们认为如果这种观念不改变，今天处理 76 台，明天一定出现 760 台。一流的设备也一定会生产出三流的产品（1-11）。 |

续表

| 企业家编号 | 资料记录 |
|---|---|
| E1<br>张瑞敏 | 中国的管理其实借鉴的是日本的经验，全面质量管理下道工序就是用户，用户永远是对的（1-12）。 |
| | 管理的东西，我们学得更多的还是德鲁克的理论，我们永远关注两方面的东西，即外部的用户和内部的员工。当然不同的时期，诉求是不一样的，但是这两部分人永远是你的主体（1-13）。 |
| | 日清日毕、日毕日高，这八个字说到家就是要变成例行管理方法。我看德鲁克的《有效的管理者》这本书，给我印象最深的一句话就是，管理好的企业没有任何激动人心的事情发生（1-14）。 |
| | 当时我就想，中国的企业喜欢搞运动，喜欢搞得轰轰烈烈，实际上是杂乱无章的。我认为管理的关键，就是大部分的管理都成为例行管理，例外管理应该是少之又少（1-15）。 |
| | 企业的定位要改变，现在企业就是一个管控组织，要把管控组织变成一个投资平台。将来我们会有很多企业，有很多组织，它们不是管控关系，而是投资关系。我可能控股，不控股也无所谓，不控股可以采用 VIE 的概念，协议控制（1-16）。 |
| | （主持人：到现在为止有没有什么特别满意的案例?）这个没有，永远是明天吧（1-17）。 |
| | 现在有一个问题就是，传统的观点认为一个新事物产生以后，应该马上把它固化下来，大家都照着做，而且可以复制。我们现在的困难就是不可能把它固化下来，因为可能过一段时间它又要变化。互联网时代就是这样，没有什么是可以固化的（1-18）。 |
| | 这个很难把握，说起来好说，但是做起来很难。我觉得这个探索其实是蛮重要的，只不过你最后的结果可能是两个，要争取成为先驱，不要成为先烈（1-19）。 |
| | 百事可乐公司总裁有一句话说得很好，你要想卖一辈子糖水的话，这样干就不错。但是你要想提高全世界人民的生活素质的话，那你就要付出加倍的努力。不管做到什么程度，可能都很难达到（1-20）。 |
| | 所有企业都可能有成功的那一天，可是成功的实践，往往会被自己忽略掉，甚至疑惑我为什么会成功呢，可能自己都没预料到会成功。实际上，就是不经意间和时代的节拍同步了（1-21）。 |
| | 但是你能不能永远跟上时代的节拍呢，肯定是不行的，因为谁也没有先见之明。所以德鲁克说，你永远不可能引领时代，你只能适应时代，对你来讲最大的挑战是你能不能认识你自己，认识外部的时代，跟上那个时代，这个其实是永远的命题（1-22）。 |
| E2<br>雷军 | 参考同仁堂，做真材实料的好东西（2-1）。 |
| | 大胆地进行商业创新，像沃尔玛、Costco（好市多）学习，要效率，通过模式创新，把价格降低，绝大部分东西，只要采用这个模式，都能降低一半的价钱（2-2）。 |
| | 向海底捞学习，把用户当朋友，一定要做出超预期的口碑（2-3）。 |
| | 一定要有技术过硬并能带队伍的技术带头人，小米的技术积累，我觉得关键在人，对于小米的八个创始人，我觉得大家严重低估了他们在技术上的积累，整个公司除了客户服务以外，几乎 80%的人是工程师，所以在我们这里，技术是最被重视的（2-4）。 |

续表

| 企业家编号 | 资料记录 |
| --- | --- |
| E2<br>雷军 | 我认为我们传统低效的产业要升级，不升级死路一条，小米压缩了这个进度，加大了这个力度。我觉得如果没有这种鲇鱼，没有外力，我们的产业就起不来，只能进行低水平的重复（2-5）。 |
| | 比如一个10000毫安的电源，当时在网上卖两三百元，电芯质量、制造质量、设计水平我就不评价了。我们用LG、三星顶级的电芯制作，铝合金的外壳，所有器件都是最好的，最后做成10400毫安，卖69元，一夜之间成为了世界第一，移动电源的世界第一（2-6）。 |
| | 中国一年要卖4亿个插线板，我们每家每户用的插线板都有各种问题，我想要不我用2000万元人民币做个艺术品插线板试试，而且卖得超便宜（2-7）。 |
| | 小米的整个商业逻辑就是硬件、软件和互联网服务相结合，我们想创办的公司就是以手机为平台，我希望用户每天都用，我们天天见面，这样我才有衍生收入的机会（2-8）。 |
| | 我不是为了卖手机，而是为了获取客户，这个客户对我们至少不反感，才有机会衍生收入，衍生收入需要构建生态链（2-9）。 |
| | 金山很强大，但是就是干不过互联网，我一直思考到2005年，基本想明白了，就是你一定站在风口（2-10）。 |
| | 击败雅虎的绝不是第二个雅虎，后来出现了谷歌，击败谷歌的也绝不是第二个搜索引擎，一定是别的东西，后来出现了脸书，但谷歌很快就做了安卓，所以互联网取代一个东西一定是用更新的东西，绝对不是一个模仿者（2-11）。 |
| | 下一个台风口是什么，2006年我推断是移动互联网，将会是世界级的机会，比PC互联网大十倍以上……我觉得至少还能持续20年以上，这个创新源源不断，包括智能设备（2-12）。 |
| | 小米之所以发展这么顺利，我跟他们说不是我雷军多厉害，也不是小米公司多厉害，而是我们就站在台风口（2-13）。 |
| | 针对互联网我总结出了两点，第一点就是一个七字口诀，即专注、极致、口碑、快（2-14）；第二点是参与感，参与感的本质就是群众路线，就是发动群众运动，把用户们全部动员起来（2-15）。 |
| | 小米以口碑为核心，第一是你要做出超出客户预期的产品，第二是你要给客户提供超出预期的服务，第三是你要把用户拉进来变成你的朋友，变成自己人（2-16）。 |
| | 我不希望国货在中国人眼里、在世界的眼里是低价劣质的产品（2-17）。 |
| | 我们有个不小的梦想，希望把小米创办成中国的国民企业，就像20世纪70年代的索尼一样，带动整个工业的转型升级，改变中国产品劣质的印象，极重视产品品质、设计、创新。我觉着这是关键（2-18）。 |
| | 如果用十年的时间，小米有二三十个单品成为了世界第一，我觉得小米就能够带领中国的整个产业改变世界对我们印象（2-19）。 |

续表

| 企业家编号 | 资料记录 |
| --- | --- |
| E2<br>雷军 | 互联网绝大部分公司的模式有点像游击队的模式，就是小团队，快速反应，然后扁平化，快速决策，我觉得这就是互联网公司成功的关键，所以小米在追求超级扁平化，这样我们每个合伙人都了解所有的细节。小米在追求超级扁平化，去管理化，自己不是老板，自己就是一线工程师（2-20）。 |
| | 别的公司具体在运作的人可能只有三五年的经验，我们则有十几二十年的经验，这就是差别。传统公司的老板是听报告的，具体干活的可能是毕业三五年的大学生，这跟我们完全不一样，我觉得这是大家不理解小米为什么强的原因（2-21）。 |
| | 一个好的CEO，至少应该用70%的时间去招人，比招人更有挑战的，其实是用人（2-22）。 |
| E3<br>宗庆后 | 压力太大你可能也发展不了，所以毛泽东说在战略上要藐视敌人，战术上要重视敌人（3-1）。 |
| | 我觉得我们要从中国自己的实践中去总结营销理论，那才是比较有用的。中国的营销渠道比其他任何国家都复杂，中国的市场变化也比其他任何市场都复杂，怎样把消费者的心牢牢地拴住，比较难（3-2）。 |
| | 中国搞活了全世界的饮料行业，以前整个饮料行业就三类产品，橙味汽水、柠檬味汽水、可乐，现在各种各样的饮料，各种各样的口味层出不穷（3-3）。 |
| | 当时营养液很畅销，供不应求，但到了年底还是有坏账，这坏账有我们业务员造成的，也有我们经销商不讲诚信造成的，所以我当时想建立联销体，先给我打保障金，打保障金我也不让你吃亏，当时给了1.5%的利息，全年的利息就18%（3-4）。 |
| | 这么多年我比较讲诚信，他们也比较信任我，这个联销体我就可以当作我自己的企业去管理。原来是你自己的企业在市场中跟人家竞争，现在变成了联合几千家企业跟人家一起竞争（3-5）。 |
| | 你得让他人赚钱，你才能赚钱，互赢互利生意才能做长久（3-6）。 |
| | 我们的管理实际上是扁平化的，但是规模大了以后也在授权管理。后来我们也设立了很多部长，这个部长实际上就相当于人家的副总经理。他也管理一部分的工作，但是他没有权力和你叫板，是下一层。你做事的时候可以和他商量，你让他服从的时候他必须服从。要不然讨论来讨论去，什么都决定不了（3-7）。 |
| | 第一是我们有信息化的管理，没有信息系统现在根本无法经营。第二是我们每个月开一次例会，把所有外地公司的经理包括省级的、销售经理全叫过来，总结这个月的工作，并布置下个月的工作（3-8）。 |
| | 竞争机制和激励机制共同作用才能把企业管理好（3-9）。 |
| | 一个企业办得好坏，经营者肯定是一个关键因素，但只有全体员工努力才能真正把企业搞好。只有关心员工的小家，他能安心努力工作，企业才能搞好，才能发展这个大家（3-10）。 |
| | 企业如果不履行社会责任也搞不好，企业最终要报效国家（3-11）。 |
| | （关于应对的冲击）应该是没问题，我还是比较与时俱进的，我的思想应该比他们年轻人还要解放（3-12）。 |

续表

| 企业家编号 | 资料记录 |
| --- | --- |
| E4<br>茅忠群 | 当时我父亲和我说点火枪比较困难，让我毕业以后回来共同创业，我很快就决定回来了（4-1）。 |
| | 我们从2001年开始抓内部管理，就是以卓越绩效的导入来全面提升自己的经营管理水平，我们每年做自评，每年做改善，所以后来我们内部管理的功底是比较深的，包括西方管理的功底（4-2）。 |
| | 比如产品研发，最早的时候我们产品型号比较少，只有一个型号打天下。最畅销的一个产品型号是1997年开发的，年销售最高达到40多万台，奠定了方太成功的基础（4-3）。 |
| | 我们引入了IPD流程，就是集成化的产品开发系统，这个流程最早是IBM公司在使用，后来华为公司在国内首先引入，我们也是引入比较早的。现在无论开发多少产品型号，研发管理始终都是有条不紊的（4-4）。 |
| | 其实我们观察发现，你如果完全用西方的管理方法来管理中国的企业，效果并不是很好，为什么不好，因为我们能引进西方的制度管理方法，但是我们没办法引进他们员工的宗教信仰。一个管理要有效，一定是两条腿走路的，一条腿就是员工的信仰价值观，另一条腿就是制度管理（4-5）。 |
| | 我们有句古话，叫"半部《论语》治天下"，其实《论语》在如何治理国家上有大量完整的思想。企业也是一个组织，儒家思想既然能够用来治理一个国家（4-6），那用它来治理企业，应该也没有太大的问题。 |
| | 后来经过长时间的探索，形成了一个框架，即从儒家思想仁者爱人这个根源核心价值观出发，推出两条主线（4-7），第一条就是以顾客为中心，就是我们要发自内心地爱我们的顾客，第二条是要以员工为根本，让员工获得物质跟精神两方面的幸福。 |
| | 我们前几年也一直在寻找适合非上市公司的中长期激励机制。我们发现了身股制（4-8），整个框架是我亲自设计的，但是对于身股制的覆盖面多大，是覆盖到高层，还是中高层，还是怎么样，大家讨论时产生了分歧。大家普遍认为，其只覆盖一小部分人。那我就反问大家，我们坚持儒家思想，我们视员工为家人，那为什么只有中高层能享受这种福利，基层员工就轮不到（4-9），最后我们决定实行全员身股制。 |
| | （为什么不上市）其实很简单，就是为了专注于自己想做的事情（4-9）。方太是一家由使命愿景驱动的公司，我希望我们做的所有的事情都围绕着使命愿景，而没有其他因素。大家知道上市以后，企业会受到资本方、股东方以及股民的影响，这是不可避免的，那这样就会让我们分心。 |
| | 我们能不能真正在实践中做到中西合璧，基于儒家文化的管理思想和管理模式，真正非常有效（4-10），所以其他一些问题也会迎刃而解。 |

续表

| 企业家编号 | 资料记录 |
|---|---|
| E5<br>茅理翔 | 到了 1993 年和 1994 年的时候，不是有几家工厂模仿我，是有三四十家工厂模仿我，原来可以独家垄断，但后来却有亏损。我开始思考一个问题，为什么我们企业生产的电池点火枪已经做到产销世界第一，会连续出现三次危机，原因是什么，因为没有自主品牌，没有自主技术。所以我二次创业必须要做自己的品牌、自己的技术。那个时候我就把我的想法和儿子进行了交流（5-1）。 |
| | 我们第一代企业家，在成长过程中慢慢摸索，没有形成一套管理模式，即中国特色的管理模式（5-2）。当时我提出要把管理模式从传统家族制转变成现代家族制，现在我儿子提出方太的管理模式要成为方太儒家管理模式，比我的高了一个层次。我的现代家族制管理模式解决了一个方法问题，他解决了道的问题（5-3）。 |
| | 方太的理念就是关注三品合一，即人品、企品、产品（5-4）。 |
| E6<br>刘永好 | 其实我不是一个特别强势的人，我觉得我是一个比较尊重、懂得分享的人。不要强迫别人去做，而要让别人愿意、高兴去做，这样我觉得才好（6-1）。 |
| | 事物是不断发展前进的，你快一步往往会踩虚脚，重心还没转过去，往往会掉下去。快半步的话，虽然重心还没过去，但是你有超前，我们就是按照这样的思想在做的（6-2）。 |
| | 我们这个时代正是国家改革开放的时代，没有开放就没有我们，再大的本事都不行，这是我们的运气。这个时候，恰好我们还年轻还能做事，所以说我们实际是伴随着中国的改革开放进步、成长和发展起来的（6-3）。 |
| | 到 1982 年，国家提倡发展专业户，我们就想我们到农村去发展专业户行不行，我们找到了县委书记，县委书记说行，现在提倡科技兴农，你们到农村发展专业户我们支持。就这样，我们开始创业。 |
| | 毕竟养鹌鹑是个小产业，不可能做太大，通过养鹌鹑我们自己配饲料，那么我们就进入饲料业。四川是中国的养猪大省，我们就开始研究猪饲料，通过我们的努力，我们的猪饲料得到了市场的认可，然后在全国推广。邓小平“南方谈话”以后形势非常好，我们开始在全国收购兼并亏损的国有的饲料企业。 |
| | 以前的饲料生产企业几乎都是国有的，是粮食系统的或者供销系统的，又或者是其他系统的，我们大概用了一年的时间，收购了近 40 家国有的饲料企业，把它变成了混合所有制的企业，我们控股这个国有的企业，它们用土地资产作价占 30%或 40%，而我们用资金技术管理入股，占 60%或者 70%。 |
| | 我们明显感觉到市场在变，2011 年我们到了一个销售顶峰，900 亿元。我们非常兴奋，就制定了一个跨千亿元的目标，认为很容易就能达到。同时也提出了利润还要增长 20%~30%的目标，结果 2012 年不理想，没有完成我们的目标，甚至比 2011 年还略有倒退。一方面宏观经济形势开始变化，另一方面出现了禽流感、消费结构的变化、用工成本的增加等因素。 |
| | 不像以前，前几年就是大刀阔斧地去投资建厂招人，努力去干总会有收益。但后来发现，我们这个模式走不下去了，因为建的工厂越多，用的人越多，成本就增长了，而市场并没有跟着增长，市场这几年增长得较慢，竞争加剧，以前一篇蓝海，现在处处都是红海。 |

续表

| 企业家编号 | 资料记录 |
| --- | --- |
| E6<br>刘永好 | 因为我们大概经过30年的发展以后，跟我们一起创业的干部年龄都偏大了，50多岁的、60多岁的，在主要的岗位上，他们对新生事物，对互联网经济，对于国际化的认识显然远不如年轻人。所以就开始从我开刀，我就从四五十家公司的董事长，变为一两个公司的董事长，甚至包括在我们最大的公司，我也不当董事长了，而让刘畅去当董事长，我培养我的女儿刘畅让她走到前台，其实她更是一个干部年轻化的一个标志。 |
| | 企业的发展规模做大以后，不管做什么，最关键的只有一个，就是人，就是管人。其实我现在有四五百家工厂，绝大多数没去过，有一次国家一位领导人在海外出访，说到我们公司去看看，他的秘书打电话问我公司在哪里，我说我也不知道在哪里。确实靠什么呢，其实不靠你直接去管、管得多，相反你直接管，管多了以后反而往往管得不好，更重要的是让一批经理人成为企业家，所以我们公司今后要少提职业经理人，多提企业家精神。 |
| | 这几年互联网冲击特别大，那我们不能消极被动地去埋怨去抱怨，我们只能积极去面对，所以我们就提出要变革创新互联网，以及国际化，到一些正在发展中的国家去，发现我们的优势还比较大，因为我们的技术、我们的规模、我们的管理，我们运营的思路是有价值的，所以我们开始在海外做投资。现在我们在海外设厂20年了，已经在30个国家有差不多50家企业。 |
| | 我们形成了一个我们自己的原则，即在发展中国家建工厂，发达国家买技术、买品牌，或者求合作。 |
| | 我们决定成立一个创新的集团，这个创新的集团叫什么名字呢，大家研究讨论最后决定叫草根资本，或者叫草根集团。 |
| | 在传统的农业和食品产业上，我们是一个引领者。另外，我们的草根集团能够成为在创新变革互联网的格局下进步成长的一个新型的公司。 |
| | 新希望是一个命运共同体，与员工同命运，与农民朋友同命运，与数以亿计的消费者同命运，这就是我们的新希望。 |
| E7<br>王正华 | 我们可以说是当时中国最小的旅行社，两平方米的铁皮房子，同行之间没有人瞧得起我们（7-1）。 |
| | 当时主要是国有企业占主导……既然做了旅行社，你就一定要研究世界。……带回来一本书——《世界旅游业及其哲学》，这本书把出门24小时，一百千米以外，非居住型的空间转移行为，统统称为旅游行为。1981年和1982年，中国几乎全是做团队的，工厂企业工会完全做团队。做团队最大的好处是做一笔赚一笔，没有大风险。但是这本书讲当时欧洲的散客自己掏腰包出去旅游的占了70%~80%。我在一开始做的时候，就追寻这一目标（7-2）。 |
| | 你必须去看中这个目标，我感觉这个可能是我成功的原因。我想总有一天去开放。为什么会找到我，就是我瞄准这个方向，非我莫属，人家请我的（7-3）。 |

续表

| 企业家编号 | 资料记录 |
| --- | --- |
| E7<br>王正华 | 人家说是噱头，但我是必须要这么做，比如当时批给我上海飞济南的航班，飞到济南是12点，你说济南当时有谁12点会到上海来，飞机完全空着，票始终卖不出去，我就在济南卖一块钱。一块钱一下子就把我的飞机装得满满的，不管怎么样燃油费也要五十六十的，总比空着回来好很多（7-4）。 |
| | 这个不是我搅局，我生存在这个环境里，第一符合我的经济利益，第二要让很多没有乘过飞机的人乘上飞机（7-5）。 |
| | 这钱呢，还是我老妈妈和我说，叫一半是赚一半是省。我们现在是个航空公司，实际上我的票价，总成本总费用加在一起，会比别人低25%~30%。飞机尽可能飞得高一点，能够省油。飞机上很重的杂志，一般很少有人看，可以尽可能薄一点。水箱里的水，当飞四个小时的时候我们要求装满它，飞两个小时的时候则只需装一半……当时我还说把飞机后面的大厨房去掉，很多人说我疯了……现在已经实现了，一下子增加了六个座位，每架飞机的座位成本可以减少2%（7-6）。 |
| | 我们有些总经理的办公室有我这个五六倍大，布置得富丽堂皇的，完全没必要。用得着的东西你把它放着，没有用的东西根本没有必要去做装潢（7-7）。 |
| | 任何东西都要去创造，不要去模仿别人（7-8）。 |
| | 互联网对我们每个人和对我们整个行业都会有非常大的影响。20世纪80年代末90年代初我就这么认为，任何东西都要去创造，不要去模仿别人（7-9）。 |
| | 有非常大的冲击，也觉得非常兴奋，觉得可以在这里进一步发展自己（7-10）。 |
| | IT系统很神奇，有时候办成大事不需要花很多精力。当时我们做一个离岗系统……就是一个我们自己的工程师带了一个年轻的工程师，买了两台电脑，最后大概就花了二三十万元就做成了（7-11）。IT这个世界就像万花筒似的，我们整个就把IT的技术与现实衔接了起来，都不是很复杂的事情（7-12）。 |
| | 比如海南岛的杧果，任何水果都可以，早上7点去摘，9点装上飞机，运到上海，12点、1点，下午2点或2点半要到达柜台，卖最新鲜的。卖不掉的不要放到冰箱，卖低价呀（7-13），卖得比水果店还便宜。 |
| | 要我想做成一件事情，第一要想明白，第二要持之以恒（7-14），既然选择了这个目标，就不要轻易放弃。 |
| E8<br>柳传志 | 我刚出来的时候是1984年，那个时候其实对环境是什么样的，心理是没有把握的，我确实是不甘心过过去那样的生活。当发现给了我一定的管理范围，让我的管理能力有所施展，而且当时的经济是由计划经济向市场经济转变，当时中国科学院的院长提出希望把科研成果转化为产品，转化成为生产力（8-1）。 |
| | 都是你选的路，你知道这不理想，所以你就能够用一个很好的心态去接受这个痛苦（8-2）。其实最烦的时候，就是要把事儿全搁下，静下心来去重新捋一遍，考虑半天，考虑一天，后来就形成一个习惯（8-3）。很多事情是不能轻易决定的。 |

续表

| 企业家编号 | 资料记录 |
| --- | --- |
| E8<br>柳传志 | 要把嘴皮子磨热了再做，不是说我一说，人家不理解，我再说，慢慢劝说人家理解。而是在我说的时候会受到人家反驳，我要再重新思考一下，这个想法对不对。我觉得去想事儿本身，应该是一个企业家必须具备的素质。不然的话，你会完全沉陷于事务之中。 |
| | 在联想有四五百个人的时候，我每个月要给大家开一次会，就是给大家讲我们船要往哪儿开，所以这个讲话本身实际就是一次总结的过程。在这个总结的过程中，就不停地调整。后来在1997年前后，在一次讲话过程中，明确提出了管理三要素。 |
| | 如果没有底线或者突破我的底线会怎么样呢，或者不要我的底线会怎么样呢，走捷径会怎么样呢。最后年轻人给我出的主意，我另外办一个电脑公司，好业务转过去，资金又差不太多，我去那儿是最大的股东，而且不触犯任何法律，因为没上市嘛，当年也有不少企业是这么过去的。假如我当年真做了那样的公司，可能我内心会觉得非常对不起周光召院长，因为那是对科学院的重大打击，于是我们明确提出了我们有股权要求，院长真的非常好，到今天想起来我也是无比感动，他一听到要求就说，应该的。 |
| | 通过这件事我想明白，要有底线，我不做苟且之事，但是我还要有追求，向那个方面去努力，后来就坚持不懈地努力。 |
| | 一个企业确实有大有小，如果你的愿景是希望企业持续发展，有盈利的发展，那就要有一个不断挑高的目标。一个创业者拿到融资，然后上市，并不是就成功了，如果你没有不断挑高的目标，没有跟随着环境的变化而变化，其实是走不远的。因此对目标的追求，认真地追求，目标就会约束你，会让你诚信，一直坚持。 |
| | 当时并购（联想与IBM）的时候，包括朋友和家人，都认为太冒险，但是我提前有所部署，万一不行，后头这一块会逐渐发展起来的，反复权衡了解了以后，我相信搏一把是有五成胜算的。 |
| | 我们的愿景很清楚，就是希望在若干个领域有领先企业，这当然会很困难，但这也说明了我们的实业心态，这有点像爬山。王石为什么要爬珠穆朗玛峰呢，因为那是顶峰。 |
| | 重视言传身教，强调领头人的打样和表率作用。你会发现，尤其你做一个企业的领头人，实际是这个企业的一杆机制，因此呢，既要能指路，又要带头走在最前面，我想这也许跟我当兵的经历有关，身先士卒，身教重于言教，这点我觉得是非常重要的。 |
| | 我选拔人才就是要选那些敢冲、敢打、敢负责任的人。企业家一定是能打、能冲、敢负责任的人 |
| | 如果把联想变成为年轻人提供的舞台，真的在多个领域里面，都会有领军的人物、有领军的企业，如果联想成为这样一个公司，大家认可的公司，其实我心里会很快乐。 |
| E9<br>董明珠 | 中国强大起来，必须有实体经济。有人说未来董明珠、王健林都会搞金融，错，我不会搞（9-1）。 |
| | 我们承认每年对股民要分红，如果有一天我们这个上市公司突然垮了，那些投资者血本无归的时候，就会社会不稳定（9-2）。 |

续表

| 企业家编号 | 资料记录 |
| --- | --- |
| E9<br>董明珠 | 所以有时候你一定会失去一部分东西才能得到东西。不一定是财富上的得到，更多的是一种大爱的得到（9-3）。 |
| | 所以我会对所有伤害格力的人，坚决干到底，绝不妥协，不管你是谁（9-4）。 |
| | 我认为信心不是隐瞒，坦诚才会更有信心，所以我不会因为董事长安排不要说我就不说，我是一定要说（9-5）。 |
| | （旁白：从最基层的销售做起，崭露头角的第一步就是不依不饶，连续40天追讨一笔42万元的欠款）我当时从业务员被调来做销售部长，不是因为被谁关照，而是我们几十个业务员，我一个人占了1/4的销售额，而且我是唯一一个不欠公司债的。我做的业务，没有一分钱应收款（9-6）。 |
| | 这个价格是低于我们的成本的，如果我们妥协，就意味着我们99%的经销商全部是受害者，而且这一批人全部被它整死了（9-7）。 |
| | 就我的平台来说我要维护诚信，维护这么多人的利益。所以我就坚持采取这个措施（9-8）。 |
| | 当时这个事情轰动很大，我记得当时有媒体还说格力离开国美必死无疑。但是那一年我们增长了30亿元（9-9）。 |
| | 我这一路都是拼拼杀杀走过来的，但是成功是因为我们的拼杀不是为了个人的利益（9-11）……我认为，制度是标准。不是我是标准，也不是哪个领导是标准（9-10）。 |
| | （张近东和您还是老乡）我们21号还要去见个面（玩笑语气），媒体估计又要说他们翻脸现在又和好了，是因为什么什么问题，其实都不是，我觉得关键是大家要达成共识，不是敌人，那为什么不能成为朋友呢，这个就要看你自己内心到底有多强大（9-11）。 |
| | 一个企业它的风格依赖于一把手，一把手很重要。重要到你的一言一行都会形成企业文化，所以我一直致力于打造格力的管理模式，没有外来的东西。我们很多的是总结，我觉得总结很重要，总结过程中我们能够找到一个正确的理念，这个核心的方向不能变（9-12）。 |
| | 我们提出的核心就是创新，这一直没有变过。那我觉得我证明了这个方向是对的。只要方向对了，后面有一点小偏差也没有太大的关系（9-13）。 |
| | （利润）来自企业的管理，我们之前螺钉损耗7000多万元，那现在螺钉损耗才200元。管理产生了效益，这就是它的竞争力（9-14）。 |
| | 诚信是我的底线，另外要积极地去思考去做一些策略，但是最重要的一点就是制度建设。有人觉得董明珠很挑事，天天跟别人斗，实际上我根本不是跟别人斗，这是制度建设的需要（9-15）。 |
| | 所以我讲制度建设，你今天设定的制度是好的，明天未必是好的，所以你要不断去完善改变，废除一些不合理制度，设定一些更好的制度，这可能就是格力电器成功的地方（9-16）。 |

续表

| 企业家编号 | 资料记录 |
| --- | --- |
| E9<br>董明珠 | 独裁霸道那都是不讲道理，但是如果不做决策的话，都做好人那怎么办。一定有一个人要讲原则，这个讲原则很重要。我经常在公司骂人，但是这个骂人不是侮辱，就是恨铁不成钢，我相信我对任何人都不是恶意（9-17）。 |
| | 我不希望传递关爱，比如董明珠很关爱我，我并不希望去传递这个信息。我认为在工作中，别人要知道我是非常严厉的。我们现在的关爱是什么，我们现在的一线员工都是一人一房，我不需要你表扬我（9-18）。 |
| | 我觉得营销做得再好，如果没有产品做支持，营销就是个骗子。你看我的专利，2000 年才有专利，到 2011 年才 7000 项，但现在是 2 万多项（9-19）。那为什么一个不懂技术的人做了董事长以后专利这么多，我觉得我调动了所有人，让他们充分发挥作用，让他们清楚自己的研究方向，过去是盲目的。我们过去搞研究，说穿了，不是闭门跟随性的，真正好的技术就是闭门出来的，而不是开门出去的（9-20）。 |
| | 我们这么大一个国家，如果我们不能因为技术去改变世界，那我们存在的价值跟别人的价值比差得太远了。我们做加工，必须买进口的，我曾经想过买国产的，但是精度不够。我现在应该有这个能力去做这件事情，一定要走进智能装备行业（9-21）。我准备投入 300 亿元去做这件事情。但我不是为了我这一代人，我真正是要把格力打造成一个百年的企业（9-22）。所以我现在不在乎我这个楼层有多高，而在乎我这个地基有多牢（9-23）。 |
| | 我们创造了很多新的技术，现在应该很自豪，在国际上都是独一无二的。我觉得坚守这样一个精神，不仅是格力，中国应该有更多的企业能够崛起。中国缺的不是产品，是品牌，我们要走向世界一个格力是远远不够的（9-24）。 |
| E10<br>李东生 | 我们公司在 20 多年前呢，诸侯文化的痕迹比较明显，这和我们企业的背景有关系。早期我们属于地方国有企业，1997 年开始改制，才慢慢成为股份制企业。但是呢，我们并没有什么资源，政府也没有投资过。所以各个区域的业务发展，更多的要靠区域的主管或者是业务线的主管去打拼。这种方式的好处呢，是使管理层有主人翁的感觉。因为他觉得我就是企业的主人（10-1）。 |
| | 当时出席的时候，我亲自见了每一个地区的销售，我认识他们，对他们都很了解。所以他们的业务做得怎么样，他们跟我讨论工作的时候，哪些是真话，哪些是假话，我都听得出来（10-2）。 |
| | 早年我们最大的竞争对手就是山寨企业，我们本身就是个山寨企业。山寨企业最大的优势就是发展速度快、效率高，诸侯文化不能简单说就不好。在 TCL 早期发展中，这叫作企业家精神，敢于去创新、敢于去试错，对吧（10-3）。这样的精神，在企业发展初期，我觉得它的正面效应更大。 |
| | 经济全球化、企业国际化，是一个必然的趋势。你如果只守国内市场，你会越守越辛苦。所以基于这样一个判断我们在当时比较大胆地做了两个跨国并购（10-4）。其实对跨国并购这两个项目的风险评估是 50 对 50 的，风险是比较大的。我们不是说不知道，当时做这个决定前的两三个月，我确实是经常晚上睡不着觉，在想（10-5）。 |
| | 不仅考察过，还亲自和他们谈，就一年的时间，我那个航空公司的卡就从白卡升级为钻石卡，特别纠结。最后呢，多数意见还是干（10-6）。 |

续表

| 企业家编号 | 资料记录 |
| --- | --- |
| E10<br>李东生 | 《鹰的重生》是我们内部的交流文章，是在2006年写的。2004年，我们做了两个大的跨国并购项目，现在回头看，就是我们事先准备还是不够充分的。在2005年和2006年，这种整合的过程给我们带来了很大的冲击。这种转变呢，我们一下适应不了（10-7）。 |
| | 其实2005年和2006年业绩不好，我被《福布斯》中文版评为最差的CEO，其实说真话，我那时候心态已经调整得很好。看到这样的消息，我真的是不生气，我觉着这很正常（10-8）。在国际化的竞争中，其实我们还有很多东西要学习。我想一定要靠业绩，把这个帽子给甩掉（10-9）。 |
| | 2004年初，集团整体上市，上市以后呢，公司是一个股份制企业。你必须要和股东交代和披露所有重要的经营信息，这也要求公司制定出相应严谨的管理规则和制度。否则的话，就很容易触犯法律。因为公司不是我自己的公司，也不是我和政府的有限合伙人公司，而是一个公众公司（10-10）。 |
| | 中国企业和欧洲企业差异是比较大的。具体讲的话，在中国，别人是不会随意挑战管理者的权威的。但在国外，还是更加强调平等。这种做法好的地方呢，能把每个人的主观能动性比较充分地调动起来。不好的地方是，要找到一个合适的方法，才能尽快在公司内部达成共识。企业呢，不是议会，可以讨论，但是形成决议之后，就必须要坚决地执行（10-11）。 |
| | 2005年我们遭遇了20年来公司第一个年度亏损，当时给我和公司带来的压力是非常大的。我们静下心来，认真反思和总结，到底哪些事情我们做对了，哪些事情我们没做对。接下来我们要怎么办，其实《鹰的重生》这个系列文章，更多的是团队、集体智慧的结晶。鹰的重生，就是我们要在困境中崛起。一个是反思找到问题，另一个是坚定信心，我们要重新站起来（10-12）。 |
| | 缺失的，如果是和十多年前比，TCL品牌的影响力可能是有弱化。因为早年我们那一批消费者，他们已经年纪大了，我们意识到这种差距，我们正在努力地改变（10-13）。 |
| | 原因呢，主要就是整个产业的环境发生了变化，“互联网+”在改变很多东西，现在的年轻人，在电视机前的时间，要比我们那个年代的人少得多。两年多前，我们提出双加转型战略，即智能加互联网、产品加服务。我们希望通过智能和互联网技术的嵌入，给我们电视用户提供电视节目以外的用户服务，让用户重新回到电视机前面，特别是年轻用户（10-14）。 |
| | 手机也是一样，我们做了重大调整，整个中国区的手机团队，全部换了。我们很快会发布中国区新的产品战略。就是要适应“80后”“90后”的消费者，我们希望通过双加转型战略，来重新打造企业新的能力（10-15）。 |
| | 我们生产的东西我也用，我回到家各种功能就来来回回倒腾，然后开会给他们提出意见（10-16）。 |
| | 企业文化是一种企业价值观，是一个共同的目标和追求。企业文化是一种工作习惯，它不是贴在墙面上的，是深入到员工心里的。遇到一个事情，他能自然想到，这才是真正的企业文化（10-17）。 |

续表

| 企业家编号 | 资料记录 |
|---|---|
| E11<br>张朝阳 | 我觉得直播也在转型，刚开始是秀场模式，当人人都可以发起直播的时候，可能就像微博的粉丝似的，大V就会生成一些内容，这些内容能带来一些价值。这就是从秀场模式向全民直播和带来价值直播的转变，所以我身体力行地来做这个事儿，也能体会一下，或者是引领一下（11-1）。 |
| | 我在读博士和做博士后的时候就看到了互联网的到来，同时也受到美国主流媒体宣传的影响，我是想做互联网的（11-2）。我这个西北人对赚钱始终不是特别感兴趣，但是对做成一件事情很感兴趣。所以当时我没有把互联网当作一个能赚很多钱的手段，而是感到这个事情非常有趣，可能是人类的未来（11-3），所以就做这个事儿。 |
| | 并不知道怎么管理高科技企业……尽管我是理工科出身的，但是在营销方面吸收了很多东西。所以那些年，营销上经常出奇兵（11-4）。 |
| | 我一般是在召开董事会之前，都已经与相应的人谈过了，然后知道谁可能是我最大的障碍，一个人或者两个人已经不能兴风作浪了（11-5）。他们有些人确实也不是特别坏，但是他们表现出中美文化巨大的隔阂……我当时花了四年的时间把我的董事一个一个请走……就是隐忍，我说我打的是太极拳，而不是拳击（11-6）。 |
| | 后来我就有点飘飘然了，主要是因为游戏的成功、畅游的上市、搜狗输入法的问世，2007年成为北京奥运会的官方网站。2008年搜狐好像处在一个鼎盛时期，实际上那个时候我的管理模式是有问题的，就是对产品技术不够重视，或者本人不够勤奋（11-7）。 |
| | 当你不关注产品技术的时候，营销就做得不错。你经常就会错过互联网的重大机会。第一次是做搜索引擎的机会，百度发展起来的时候我其实已经觉得晚了，那时候我还把流量给了百度，就是那个时候我们几个门户网站把流量都给了百度，才造就了百度。那就对这个反思才产生了搜狗（11-8）。 |
| | 现在就是扩张就得花钱，说其他社交网络做起来了使得这个收入很高，所以一花钱就收益不好，收益不好股价就低。但是我现在不关心了，因为游戏也赚了很多钱，我有钱花，不管股价了……如果你只关心股价那就没法扩张了，视频现在特别花钱，但我现在也必须得做啊（11-9）。 |
| | 创始人会成为一种天花板，所以作为创始人应该经常反思，自己哪些方面有一些系统性的缺失，就是重新要反思自己、改变自己，让自己的天花板再高一点（11-10）。 |
| | 现在的采访很少了，我不怎么接受媒体采访，而是花更多的时间去关注产品技术。你有义务去做一个艰难的决定（11-11）。 |
| | 我的管理有点像学院派，MIT的实验室，有实验室导师。反正每个人都去研究，空间比较大，你想做什么就做什么回来和我汇报，比较有创造力（11-12）。另外，我在美国待这么多年，好的是我比较公平，就是我承诺的事一般都会兑现的，这个是会得到一些好的口碑，不好的地方就是我要求太松了，不够严，对于干得不行的人没有及时地处罚或者解聘，或者说没有给足够的压力。这样干得好的人反而觉得我不公平。强调好人文化的时候，可能效率文化就受到了缺失（11-13）。 |

续表

| 企业家编号 | 资料记录 |
| --- | --- |
| E11 张朝阳 | 我们对于如何做一个好的互联网公司的知识储备是十分充分的，然后你就知道在什么地方用劲用力，你认真做，坚持下去就会成功，因为能认真坚持的人不多。认认真真做事情，消费者就一定会买你的账（11-14）。 |
| | 过去O2O的火爆、互联网金融的火爆，以及“互联网+”的火爆，我觉得都是媒体、投资人的自我陶醉的过程，而忽略了真正发生的事情，真正发生的事情是大数据和人工智能（11-15），以及社交网络的发展，这就给我们带来了机会（11-16）。 |
| | 君子爱财取之有道，如果我做一件事情，未来赚更多的钱，更快地赚钱，会让我感觉不好，那我就不会去做。比如，我绝不会去跟政府官员做太多的沟通，使他们出一个产业政策来有利于我们公司而不利于别的公司，我绝对不会做这种事情（11-17）。 |
| | 包括两场打击盗版，反正在我能做的范围之内，我会让中国的商业文明更加进步（11-18）。 |
| | 我现在不追求财也不追求名，既然我在一个商业机构，那我就要创造一个最优秀的商业机构，这是我的责任（11-19）。 |
| E12 刘永行 | （重工业）我提出这种想法之后，没有人赞同我，但是我仍要做，那就分家了（12-1）。 |
| | 三门峡的例子，在2004年和2005年，我去拜访他，当时谈了一个多小时，他说你说服了我，这个项目我给你。给了我之后就闯下大祸，当时一系列的……我们有十年的准备，饲料还有20亿没有用完，我用饲料去贷款。我们那个时候，建工厂建得快，当时效益一下就起来了，所以就有惊无险地度过了（12-2）。 |
| | 我们每次投资都不考虑融资，先不要考虑去找银行，这样安全。这样即使失败了也不会变成社会事件。所以这个要适度保守（12-3）。 |
| | 南川县，有个氧化类企业，期望交给我们做，当时政府不相信我们，要交给央企做。但是现在……没有达产。我们去年9月做一个100万元的项目，9月1日动工，今年4月投产。七个月，我们轻轻松松。我们只花了20亿元，占地只是别人的1/10。我们追求小数据（12-4）。 |
| | 我们和西方的差距就在于效率，而效率就是小数据（12-5）。 |
| | 我们不要跟风去做大数据，我们要知道大数据，应用大数据来做小数据（12-6）。 |
| | 中国这样的经济形势之下，如果我们随波逐流，就很容易走上邪路。<br>三门峡那个项目，陪伴我们的三任……全部双规，我们宁可慢一点。你要能增加税收，做成行业的样板，他不支持你才怪（12-7）。 |
| | 大自然既然让煤产在这里，那我们就要把煤在这里开发出来。我们运输就不用人工运输，就建了全世界最长的皮带（12-8）。 |
| | 有的地方建高一点，要能让动物穿过去，不影响生态。我们建了基地之后，动物来得多。为什么呢，因为水多了（12-9）。 |
| | 唯一缺的是水，我们和政府提出，这个恰好可以解决。用雪水修了个水库（12-10）。 |

续表

| 企业家编号 | 资料记录 |
|---|---|
| E12<br>刘永行 | 我们工厂一滴水都没有排掉，全部循环使用。这一环节的废料，我们用到下一个环节（12-11）。 |
| | 孤零零做一个产业，往往是很危险的，竞争力往往是不够的。所以我们希望做的是一个产业集群，从上游到中游到下游，有很多个企业。上一个企业生产的产品，是下一个企业的原料。上一个企业产生的废品，是下一个企业的原料，没有废品。这样我们对大自然的索取最少（12-12）。我们叫它六谷峰登。 |
| | 我们员工自己创造的第一条自动运输履带……（12-13）。 |
| | 一个模式是专业化模式，它可以做得很精很深，但它有一个缺点，它不能做产业集群。而且我们这样跨产业太多……一个企业要完成产业集群，需要很多能力。你倒着来做，你要冒这个风险（12-14），说服员工过来，让他们看到希望。 |
| | 价值观、投资观、管理观，现在我们在上面叠加了这些观点，顺势而不逐流。明道而非常路。做小事，把小事做得更小（12-15）。 |
| E13<br>沈南鹏 | 就很幸运，我觉得我后面很多事情都做对了，那做对了这种选择呢，有一些是自我的选择，但很多说实话是时代的大潮推着你这样做（13-1），包括当年去华尔街，以及后来回国创业。你需要一些很幸运的轨迹，帮助你走到后面。 |
| | 1999 年，在硅谷的帕拉阿图，7 月 4 日美国国庆放烟火，每一个硅谷的小镇家庭都富裕到能够自己开一个小的烟花派对。你就想为什么这么繁荣，硅谷背后其实就是创新经济、高科技。这一切正在改变整个美国，以至于美国人生活、工作的方式。你就想，既然这个能改变美国的生活方式，那一定会改变我们中国人工作、学习、生活的方式，这是一种冲动。 |
| | 我记得我们创办携程以后，第一次四个人同时到位，就开始研究，当时中国市场上已经运作了多年的呼叫中心，其实呼叫中心是很传统的。去呼叫中心看，发现技术手段极其落后，但我们对它们产生了巨大的兴趣。我们觉得这样一种模式，有很好的商业成功机会，只是做得还不够好，没有新的技术手段。 |
| | 那我们这样的互联网公司就应该和这样传统的服务平台嫁接，其实我感觉这是一个特别接地气的想法，这样的宏观战术做对了，其实后面的执行水到渠成。 |
| | 最好的创意往往在你做的生意当中，或者在事业的发展过程中发现了产业上下游的关系，发现了特别的客户需求，客户需求是一个初创期企业能够成功最重要的因素。我们当时坐在呼叫中心里面，就发现有一个需求，即中国旅游业市场上，或者酒店市场上有大量的商务旅行者，他们并不追求有多少豪华的大堂，或者室内装潢，他们在意的是我作为商务旅行者，能有跟他们相配的一些设施。他们对价格还是有一点敏感度的，目前我们的星级体系是不满足他们的需求的，于是这样一个产品在我们脑海中一下子就诞生了。 |
| | 其实说实话，我们都是没钱，没有原始资本，这跟第一代中国企业家完全不一样，所以我们必须依赖于外部资金，也就是风险投资。当然我们也知道，接受了风险投资，必定要给投资人带来回报，而且需要制造一个退出的渠道、路径。 |

续表

| 企业家编号 | 资料记录 |
|---|---|
| E13<br>沈南鹏 | 换了 15 年以前、10 年以前，在私募市场，在非上市市场当中，投资的规模毕竟有限，所以像携程这样的公司上市，还是有非常好的领先优势的。你有很多资本，去拓展之前没有的事业。 |
| | 我作为携程和如家的创始人，都受过风险投资的支持，其实挺好奇这个生意，感觉非常有意思，所以我一直在思考，我是不是应该做这个投资，作为我下一个职业。 |
| | 从 1972 年到 2005 年，已经有 30 多年的历史，每一个时代所谓的技术浪潮，它都抓住了，它能够在整个硅谷占据这么大的市场份额，变成所谓科技投资的代名词，这个深深吸引了我。 |
| | 我们没有选择，我们只能逼着自己不断思考，两年、三年、五年以后的行业发展怎么样。说实话可能做不出一个很完美的判断，那么可以尝试做一个判断，然后在这个行业里面做出一步到两步的一个布局。 |
| | 创业者背后的创业者。我们很清楚地知道自己的位置，这个也是我们风险投资和传统的并购基金很不一样的地方。因为我们相信在这个发展过程中，我们永远是司机旁边帮他看地图的那个人，司机永远是这个创业者。 |
| | 这两个公司的形式很不一样，一个是围绕着 CEO，必须有一个非常核心的创始团队和核心的高管团队，但是在创投行业，在私募股权投资行业里面，非常重要的文化叫合伙人文化，就是能够有一批有共同理念，通过共同的智慧，去做出更接近准确事实的这样一种判断。 |
| | 我们希望今天的创业者是什么样的？百年老店的建设者。首先我们自己作为一个投资人，有没有想法成为一个长期的投资人，也就是说，我不会因为今天市场有一个短期的套利机会去套利，而放弃我的投资基本理念。 |
| | 我也有一个愿望，希望能够作为红衫的全球领导者，能够带领这样一家全球机构，实践我们的全球品牌策略。 |
| | 50 年以前的商业世界是很难想象的，但是今天是可能的，但是要做好也很不容易。 |
| E14<br>刘强东 | 创业其实是因为外婆身体不好，她每天都要吃药，要去输液，但是全家都是农村的，只是希望能够赶紧赚点钱给外婆治病。 |
| | 我是中关村第一个小柜台，明码标价，全部产品都开发票，不讨价还价，其实这就是用户体验，我都是正价货，所以我可以给你开发票。 |
| | 很多老员工反对很强烈，有一些老员工因此走了，但是对我来讲从来没有真正所谓的压力，只是有点困扰。2001 年的时候，经营的思路都已经很清晰了，用户体验，成本，效率。 |
| | 最低的成本、最高的效率、最好的用户体验，只要你能做好这三件事，你一定能为这个行业创造巨大的价值。 |
| | 作为一个创业者，你永远要靠你的商业模式，什么是商业模式，就是如何赚钱，很简单。所以我投资物流的时候，也做过详细的测算，我坚信做了物流之后，成本不会上升，反而比使用第三方物流下降了。 |

续表

| 企业家编号 | 资料记录 |
|---|---|
| E14<br>刘强东 | 在京东创造用户体验以后，你发现无数的互联网公司都把用户体验放在了首位，这可以说京东是在互联网行业第一个大规模提出用户体验的。 |
| | 我们前段时间公布了内部腐败的案件，公布以后我们股价跌了很多。 |
| | 如何充分授权，授权是一种信任。 |
| | 我把这个样板间留着，叫作耻辱间，这是我们管理人员的耻辱，就你并没有把我们员工真正放到心上去。 |
| | 如果人工智能和机器人大量部署的时候，从我感情上我也无法做到让1万多员工必须走哦，用机器人代替，对我来讲心里的砍也很难迈过去。 |
| | 未来京东全面技术化，我们所有的产品将全部建立在技术的基础上，技术主要有两个，一个是自动化，另一个是人工智能。最后实现没有一个工作人员的电商公司，没有一个员工的金融公司，没有一个员工的保险公司。当然说出来还是有点夸张，研发人员还是要有的。 |
| | 随着云计算的成熟，我坚信，到阿尔法狗的时代，无人能够打败他。我觉得在这种情况下，把人工智能技术嫁接到商业技术上去，已经可行了。 |
| | 我觉得共产主义真的在我们这一代就可以实现……没人再为物质奋斗，大家都为感情去奋斗。我还是很乐观的。 |
| | 过去呢，我还是比较保守的……我不敢多线烧钱……如果10年前我胆子再大一点，多拿点钱，三条线同时亏，现在京东会是什么样，当然也可能成功了，也可能失败倒闭了，这只是一种思考。 |
| | 作为企业家，你必须要有梦想，但同时你又不能发疯，不能过热。 |
| | 中国的市场很特殊，中国的消费者很特殊，中国的法律环境，各种方面都是特殊的……如果你管理产值十几万元的民营，也不可以照搬任何一位管理大师的管理模式，只有靠自己十几年的思考钻研总结，不断地优化管理模式。 |
| E15<br>宋志平 | 国企就要做一个行业里面的领军者，对这个行业结构调整起到作用。不然你没什么意义（15-1）。 |
| | 我们今天没饭吃因为昨天没战略，如果今天不思考好未来，那么明天依然没饭吃（15-2）。 |
| | 收购的时候有两个大的事情，我收购了徐州海螺。两家最开始“打仗”，打得惨不忍睹，都亏了。收购当年，两家在一块赚了3亿多元（15-3）。 |
| | 第二个是向全世界讲了，宋志平真的做水泥，是很强烈的信号，有战略性意义（15-4）。 |
| | 浙江的水泥行业是很发达的，但是有200多家在做，都是坚持鸡头凤尾的思想。当时有四大天王，我把他们都请到一起，谈了一下午。第一个，透明，我不欺负你；第二个，留30%的股权；第三个，领导都不换（15-5），但是要接受中国建材的文化。一下午就都同意了（15-6）。 |

续表

| 企业家编号 | 资料记录 |
|---|---|
| E15 宋志平 | 我崇尚以人为本的管理，企业里最深层次的就是员工的心。当时国有企业的员工对企业冷漠了，要做的是点燃员工内心的火。我每年点一次（15-7）。 |
| | 不达标，不是技术，不是设备，是管理（15-8），是员工，他们心中的热情，他们的责任感。 |
| | 现在比较好的是我们不仅开工厂，还开始管工厂了。我们现在可以输出管理了（15-9）。 |
| | 我们现在叫智慧工业，可以无人化的。在建材领域，我们已经站在了全球的最高端。跨国公司现在买的都是中国建材的装备（15-10）。 |
| | 混合所有制，民企的活力引入国企（15-11）。 |
| | 国药集团等于复制了建材的模式。中国建材差不多用了十年的时间，国药集团大概用了五年。这五年，没有休过一个礼拜天。我这个频道换得很勤，但是没有换错过（15-12）。 |
| | 企业家必须要看到明天的事情，管战略、看未来，这是很重要的，因为别人不可能站在你这个高度，别人也代替不了你（15-13）。 |
| | 别人都只看见你的光鲜，看不见你做决策时候的煎熬。这是你必须付出的，因为这是你的职责所在（15-14）。 |
| | 我想的是，之前中国是世界的工厂，今后世界是中国的工厂（15-15）。 |
| E16 罗康瑞 | 做生意不能靠赌，赌可能赢也可能输。我为什么做这个决定，是我在20世纪90年代的时候房地产这个行业发展不好，但是我看好上海的未来，这个城市有增长，房地产一定会涨价，所以那个时候我就想，要是能打造一个地块，让大家能够到这边来休闲，或者能够跟朋友见面就好了。 |
| | 坦白说那个时候真的想过，如果失败了是什么样，我记得很清楚，最后要拍板的时候我向财务董事询问，我们做这个项目，失败以后我会不会破产，他说那肯定不会，我说那好，我们做吧。 |
| | 我从来没有认为是赌的，我非常有信心一定会成功。但是以防万一，我才问这样一个问题。 |
| | 金融是重要的，但是不能做一个企业的主力，只做那个就变成了炒卖。 |
| | 咏春拳理以中线为主，这是做人的定律，要是做人没有宗旨，做事是不会成功的。 |
| | 我父亲说一句，算了，这个儿子没用的，不要浪费时间，听到他那句话，我就下了决心，创业也定不能失败，所以创业前七年，我没有休息过一天，每天工作16~20小时。 |
| | 刚开始创业的时候，公司才五个人，也没办法去招聘有经验或者有很高学历的人，以为大家都不看好，大家都知道我是富二代，他们就相信这个公司不会维持太长时间的。但是我坚持了下来，营造了这样一个环境，能够吸引这些人才、留住人才，这个我觉得对企业的长期发展是非常重要的。 |

续表

| 企业家编号 | 资料记录 |
|---|---|
| E16<br>罗康瑞 | 年轻人其实最重要的是他们要了解自己，知道自己为什么要去创业，他应该要知道自己能做什么，不能做什么。之后，勤奋工作，能够吃苦，能够相信自己。 |
| | 要专注做自己有优势的。 |
| | 1985 年，政府对瑞安中心的这个地块进行拍卖，我就投了这个项目，这个地块当然让我赚了很多钱。但是那个时间有点特殊，国家在推进改革开放，刚刚起步，没人有信心，大家说，香港人都移民了，你还买这个做什么。 |
| | 打造新天地、创智天地，这些其实都是为了配合上海未来的发展。我的思想比较超前，那时候判断，上海发展需要这样的配套设施。 |
| | 做企业的人，看得见别人的需要，才能实现共赢。 |
| | 在瑞安集团整个发展当中，需要改进的是我们的投资组合，就是长期跟短期我们怎么去平衡，这条是非常重要的。过去我们太看重长期投资，好像现在我们资源很庞大，但是很多都没有短期投资的利润贡献高，所以需要一个平衡。我对目前这个世界形势有很多担忧，所以我希望稳健地来经营，所以需要小心一点，我现在担心随时有重大事件会在世界上爆发，那我们怎么准备好呢？ |
| | 你在胜利的时候，很容易被胜利冲昏头脑，我们那个时候买地是随意了一点，导致在一些二线城市的发展就不太理想，投了很多资金但是回报完全不好。还有一个非常严重的教训，2008 年爆发全球金融危机，那一年刚好我们有一个债券到期，375000000 美元，那个时候公司负债率才 16%，我自己还有 20 亿元人民币放在银行，但是谁知道雷曼兄弟一出事，整个世界的金融市场基本上停了下来，我没有美元去还债券，这个是很危险的，因为债券到期你不还很可能就破产了。 |
| | 我不是只想自己赚多少，这些项目能够留下来，作为一个整体对社会产生价值，我觉得是我的责任。 |
| E17<br>姜建清 | 我们不良贷款实际造成的损失大概为 15000 亿~16000 亿元，你说怎么管理，当然面临这么大一个不良资产的包袱，我确实是压力巨大，当时很多人问我，你睡得着觉吗，我说如果亏损几十亿元甚至几百亿元我可能睡不着觉，但当你面对这么大的窟窿的时候，你就不会睡不着觉了，因为不是你睡不着觉能解决问题的。 |
| | 我们当时是这样，第一就是严格控制新增不良贷款的发生，我是下过指标的。只要超过 2%就找你。任何人不能越雷池一步。 |
| | 我当时首先要疏导，大禹治水，堵是不行的，要疏导。 |
| | 这个基础设施基本没有信贷，对中国工商银行来说资产负债表上基本没有这部分信贷，这个最后给我们增加了万亿元以上的信贷投向，而且这个资产质量非常好。 |

续表

| 企业家编号 | 资料记录 |
| --- | --- |
| E17<br>姜建清 | 第二，那个时候没有住房贷款。个人住房按揭贷款300多亿元，当然还没有管好。所以我当时就搞了一整套的办法，就是第一必须管好…… |
| | 第二个就是处理存量贷款，存量贷款我用一句话来说，实际上就是要堵，要清淤。 |
| | 就是通过我们的管理，新增贷款质量开始好转，银行盈利开始增加，我们把大部分的盈利都用去核销不良贷款，大概在1999年剥离之后，从2000年开始到2004年、2005年，我们自己处理了2300多亿元不良贷款，就是拿盈利冲。 |
| | 第三就是堵漏，堵漏我觉得就是要完善各种管理制度，你不能一个人讲了算，包括我。 |
| | 我觉得银行在发展的过程中，必须与时俱进，其实从银行诞生之时来看，它的这个功能不断地在变化，它的内涵和外延是在不断扩大的。一步一步从一个传统的支付中介到融资中介，走向信息中介。 |
| | 我1995年在哥伦比亚大学学习的时候，访问了很多银行，它们那些比如客服中心对我有很大的影响。特别是1995年的时候，美国开始推出第一代的互联网银行，它那个当时叫第一证券安全银行，搞了一个完全虚拟的互联网的银行，那时美国媒体报纸天天报道，银行成为21世纪的恐龙了。 |
| | 我回来以后就搞了一个客服中心在上海，那实际上是全国真正意义上第一个客服中心。2000年到中国工商银行总行以后就推动了网上银行的发展，成立了电子银行部。 |
| | 我们当时就感受到场景是非常重要的，因为银行很多客户在使用信用卡消费之后，还是有贷款需求的，尤其是年轻的客户，但是为了借一笔钱他再到银行去，可能会不太愿意。再有他脱离场景单独去借一笔款，本身也带来了风险。他拿这笔钱去干吗了呢？当时我们推行了逸贷信用卡，当他用这个信用卡在商店POS机刷卡消费后，马上就可以收到一条信息，说您在商场消费了一台电视机，您是否需要消费贷款，然后利息是多少，如果同意的话就按下按钮，马上就成功。 |
| | 我在那本书的前言里用了丘吉尔的一句话：你对历史看得有多远，你就对未来看得有多远。 |
| | 中国随着经济的扩大，特别是加入了WTO以后，一定会融入到全球化这样一个进程中。在2000年前后的时候这个迹象还不太明显，特别是海外并购还不是那么普遍，但我们已经看到了这种趋势，所以我们要逐步走国际化道路。 |
| | 我们收购的都是中小银行，我们是三只手指拿田螺，可以说是十拿九稳，不要怕杀鸡焉用牛刀，用牛刀杀鸡特别稳。 |
| | 做商业银行的管理者，永远不能忘记审慎、稳健。 |
| | 做银行家像跑马拉松，你不能指望跑一百米一千米甚至一万米的时候掌声就响起来。 |

续表

| 企业家编号 | 资料记录 |
|---|---|
| E18<br>张磊 | 人生苦短，要做就做大的，就要把它做成永恒的。永恒是不可能的，再牛也要不断创新。 |
| | 我对护城河的理解是一个动态的，这个护城河的核心，我认为就是一句话，就是能不能不断地、疯狂地创造长期价值。 |
| | 很多传统企业是有优秀的基因的，全中国你去看，前十大女鞋品牌里面，有六个都是百丽的品牌，整个中国规模以上的女鞋销售，它一家公司就占了将近10%的份额。你去看运动领域，百丽的运动品牌叫滔搏，它又是中国最大的运动零售商，是阿迪达斯全球第一大零售商，耐克差不多全球第二大零售商，那这样好的公司它遇到的挑战是什么，也就是在科技时代、在互联网时代，怎么样能够更好地跟消费者进行沟通，更快地把消费者的意见反映在产品和供应链上面。 |
| | 我们做的事情是把一些数据打通，先不要说互联网化，首先要把信息化做好，把数据用好，充分利用好它的供应链，只不过用高科技的方式，更快速地把流行、时尚、消费者需求信息都传输到工厂，更快地反馈到产品上来，到店面，让店员更好地和消费者沟通，这一条链接，我相信我们是能够帮上忙的。 |
| | 虽然我们科技 1.0 创造了很多的首富，很多的亿万富翁，但我认为这不是解决中国发展问题的关键，中国发展问题的关键是让更多的已经被留在后面的人能搭上科技的便车，我想有尊严的工作不是靠收入再分配解决的，是我们要用科技、资本作为杠杆，使科技创新不再是一个摧毁者，而是一个和谐再造者。 |
| | 我认为是从加入 WTO 就开始了，更早的可以说是从改革开放开始的。真正的中国进行市场化竞争，是从加入 WTO 以后开始的。我认为现在只是这个大周期很早的阶段，21 世纪是属于中国的世纪，我们只是在很早期的一个冰山一角。为什么，因为你看看整个世界有几个国家像中国人民这么努力，这么拥抱创新、拥抱变化，世界上没有啊。 |
| | 企业家具备很重要的几点：第一，企业家要具有学习精神，而且能够打造学习型组织，好的企业家经常承认有自己不懂的东西，但是愿意去学。第二，我觉得企业家要有强大的能够聚人的能力，能把人聚集在一起。第三，企业家对自己的边界有清晰的认识，能看到自己适合什么。 |
| | 你要守正，君子不立于危墙之下，不能说那赚钱你就跑过去了，你得正。 |
| | 奇，就是你得跟别人不一样，不能说从众，大家都追这个风口你也追，君子和而不同，对吧。 |
| | 还有我们说的弱水三千，但取一瓢。 |
| | 我们是希望我们投得少一点，我们的精力多一点，我们的帮助多一点，我们一起成长。 |
| | 最后，我们中国人跟外国人还有一个非常不一样的地方，我们讲“桃李不言，下自成蹊”，意思是不要在乎短期你创造多少社会名誉，或者多少人知道你，关键问你自己有没有创造价值。 |
| | 我选择了一条与众不同的道路，这对我来说意义非凡。 |

续表

| 企业家编号 | 资料记录 |
|---|---|
| E19<br>王基铭 | 必须要把握好自己的位置，参谋不参政，咨询不决策，服务不添乱。 |
| | 我是有思想准备的，因为当年我已经63岁了，退休了以后，就在台下当观众，但是这个观众，跟台上是要有呼应的，当时让我做集团公司的顾问，我要把这三句话作为我的定位……还有两句是：不问不顾，有问必顾；开会有请必到，不请不到。我当时就把握着这五句话来摆好我的位置，转换好我的角色。 |
| | 没有担当，干什么事。 |
| | 20世纪90年代中期，中国的石化工业，特别是乙烯工业，正在崛起，但是乙烯工业的装备，国产化程度还是比较低的。<br>国家极力推进乙烯设备国产化，那个时候，一机部（中华人民共和国第一机械工业部）也希望乙烯的心脏——乙烯三机能够国产化，有所突破。我们作为投资方，跟制造厂怎么结合要有一个突破，当时我就想，总得有人来做，吃第一个螃蟹。 |
| | 当时大庆石化管设备的领导，他出于一种责任心，觉得这样有风险，而用进口的风险少，责任也少，但是我在这之前调查研究过，知道我们国家的制造水平，已经达到了可以自己来制造这个阶段了。这就到了大家撑一撑，进行突破的时候。所以当时的设备厂长说，谁负责这个？我就拍着桌子说，我来负责。我当时也是觉得作为领导，总要给他们撑腰，我说，我用乌纱帽做担保，出了事情，我来负责，吃官司我去，你们就把这个事情做好。当然，这是一种胆识，我组织了第三方有经验的一些技术人员到沈阳鼓风机厂，跟它们每一个环节对接，包括设计制造过程，每一道工序都严格按照质量标准去做，最后成功了。我就深深体会到了毛主席的一句话：世界上最怕认真两个字，任何事情，你只要认真，肯定是能够做好。 |
| | 希望我们国家在新的发展过程中，譬如在一些大项目上面，坚持国产化，这样我们的民族工业才能振兴，才能够发展。一定要严要求，既要有大胆的决策，又要认真地做过细的工作，要坚持质量标准，全过程、全面地进行质量管理。 |
| | 那要看下一步了，看煤的资源情况确定。我过去抓工作，考虑三个总的方面，总平面布置、总流程、总产品方案，你生产什么东西很关键，你生产的东西，没有市场空间，就没有成长性，所以产品方案很重要，同时我怎么做这个产品？用什么流程？那也是很有讲究的，从整个布置那就看出合理不合理以及对环境的影响。给以后的发展留没留有余地，是很有讲究的，你这里不精雕细刻，粗粗拉拉，将来就会留下很多后遗症，对三个总的方面，必须反复思考，亲自要过问拍板。 |
| | 参与那个金山工程，当时有一句话，叫头顶青天，脚踏海滩。当时我去的时候什么都没有，因为我是负责基建工程的副指挥，我就带了一些同志，先到金卫公社借了一个仓库，我们住下来，然后就是再去建一片临时的工棚，让施工的人员进去，这是住。当时还缺少办公的地方，不过我得到一个消息，上海当时不是有有轨电车吗？一些车厢要撤掉，那我就到市里面去找有关部门，他们很支持。我记得很清楚，300元一个车厢，搬到那里就可以办公了。 |

续表

| 企业家编号 | 资料记录 |
|---|---|
| E19<br>王基铭 | 条件非常艰苦，但是大家很开心，觉得这是为祖国争光，为毛主席争气。有一种自豪感，一种使命感，一种责任感，激发了大家。最艰难的是三期工程，就是想发展，自己筹集资金来建设。 |
| | 我觉得不能让工程停下来，然后就在大会上做了一个比喻，30万吨乙烯是一个母鸡，现在这个工程，这个母鸡第一个蛋已经在屁股口了，再要有一把米，这个蛋生下来，我们就能够活起来了。那个时候提出的口号叫：救救母鸡一把米。全厂职工，大家拿钱来支援这个工程，一下子筹集了2300万元，好多同志把积蓄都拿出来了。最感人的是小学的学生，戴着红领巾，他们捧了一个储蓄罐，把他们的压岁钱500元钱，拿到我厂长办公室交给我，说厂长，我们都来救救母鸡。我当时感动得眼泪都掉下来了，那是非常感人的，大家一定要把这个企业发展起来，一种强烈的凝聚力、责任感、使命感在推动着大家。 |
| | 三期工程我们是借债完成的，当时的负债我记得清清楚楚，有50多亿元，将近57亿元的债务，很危险了，当时上海石化总厂65000个职工，又是企业办社会，企业的负担很重。 |
| | 当时我们就把政企分开，把主业留下，非主业剥离出去。当时我记得65000个职工，38000个人留在股份公司，27000个人就要剥离出去。 |
| | 员工心里不乐意，我当时就跟有关的领导讲了，我也讲得比较绝，我说改革的成果，都是他们一起战天斗地换来的，现在有了改革的红利，他们都分不到，没法给他们交代，那我宁可不当董事长，一定要给他们买原始股，后来他们也终于同意了，心中一定要有老百姓，这一点我觉得很重要。这是当时国家的一个重要的决策，就是中石化、中石油、中海油，都要变成股份公司，都要在国际股票市场上市。 |
| | 那个时候朱镕基总理、吴邦国副总理，交代我们中石化一定要做好这件事情，那我们要用市场去换，一定要成功，只能成功，不能失败。要找到战略合作者、战略投资者，就找三大公司，埃克森、BP、壳牌。当时埃克森的总部，不在纽约，在达拉斯，他们顶层的董事长办公室，我就进去了，进去一看，雷蒙德坐在那里，一看他的头顶上，有一个大的油画，一幅老虎，血盆大口的老虎，一张油画，我当时脑子里一闪，他就像《智取威虎山》里面的座山雕，那我就是变成杨子荣打虎上山来了。要打动他们，我就跟雷蒙德先生谈，我就讲中方的优势，我们有多少炼油企业，有多少家乙烯工厂，我们有将近3万个加油站，有全国的网络，有码头、有油库、有输油管线，一个完整的全企业链，最后打动了他，他站起来了，握握我的手，说王先生，我愿意买你们中石化的股票。 |
| | 我觉得它从一个国内的公司变成了一个世界性的公司，它的眼光，它的视野，它看问题、考虑问题的格局，已经大大改变了。<br>国企有国企的优势，也有国企的不足，因为我们很大，职工有100万人，下面有四五十家的企业，二级企业，纵向很强，横向很弱。这就是大企业病，上贯下，但是部门之间协同性不够。我始终把一个企业看作一个系统工程，作为一个大公司，必须有自己的战略定位，有目标，有规划，必须按照规划，有一套工作程序、工作流程，这要成为一种自然的正常的工作。 |

续表

| 企业家编号 | 资料记录 |
| --- | --- |
| E19 王基铭 | 2000年股份公司成立以后，我跟党组主要领导讲，市场是我们生存的空间，要建立市场网络，就是要把我们的炼油厂、油库、加油站，变成一个系统的网络。这个网络建了之后，谁要竞争、进来是不容易的，所以人家没有意识到的时候，我们就大量地建加油站，一下子我们就有28000个加油站，最后用管线，管线就是我们的血管，把加油站连通起来，变成一个有机的生命网络。当时我说了一句不太好听，就是篱笆扎得紧，外面的狗就钻不进来，就是我们一定要把市场这个网络建立起来，这样就对市场形成一种影响力、控制力。 |
| | 那时候我们就扩大乙烯的生产，譬如乙烯原来是60万吨改造为100万吨。同时，把它做优做强，降低成本。我们沿江的这些炼厂，用原油管道既安全，运输成本也大大降低。另外，设备国产化、投资成本、运输成本等方面也在加强精细管理，中石化就通过这几年，大幅度地跨越进步。 |
| | 一般国外通用项目管理承包模式（PMC），就是找一家工程的管理公司，从设计、施工到将来投产，全交给它，业主很少有发言权、干预权、无法控制投资。还有一个就是我们中国传统的指挥部，要建立一支庞大的管理人员、专业人员队伍。等到项目建成了，这些人也就没有事情做了。这两个模式，怎么把它结合起来？我就根据多年的工程经验，提出来成立一个一体化项目管理组（IPMT），大的事情由它决策，然后采用项目承包管理模式，等于我们专业的公司，设计加采购加施工，最后由一个监理公司，代表业主来对全工程的进度、投资、安全、环保、质量进行监理。 |
| | 我觉得一个企业，必须要把自己的比较优势充分发挥出来，不要做成同质化的企业。中海油、中石油、中石化，全部是上中下游一体化的公司，但是各有特色，中石化必须把中石化的特色做出来，必须把我们的炼油化工销售市场这块做好。另外，商业模式上要有改变，过去是原油出厂，通过分销再到加油站，现在都是电商的模式，大家都用手机，手机一划就能加油，否则人家到你这里不能加油。 |
| | 我觉得关键是要有一种责任感，因为我觉得一个企业，应该追求四个字，基业永存。我在任时，我只是这个400米，接力中间的一步、一棒。当我接上这一棒的时候，我必须竭尽全力把它跑好，但是我也要为后面接棒人创造条件。 |
| E20 汪建 | 我不喜欢工业革命这100年的各种模式，工业和整个市场经济，让大家的物质欲望不断膨胀，我们能不能倒过来？生命的真谛是什么？ |
| | 那个时候我们就觉得，再不干就错过这个历史机会了，所以就希望国家来做，但还是有争议，所以我们就自己成立了华大基因，就自己干起来了。 |
| | 2007年的时候，第二次测序仪器的革命，它那个合成法，一下子就往前跳了百倍，觉得这是基因研究史上的一个革命性的突破。仪器上来，你就得扩大编制，我们在科学院的时候，你要做这么大的事情是不可能的。一个经费不可能，另一个是也没有场地。 |
| | 否定了，当时我们就觉得这个历史机遇可不能放弃。所以我们就跟领导说了，我们能不能出去闯一闯。 |

续表

| 企业家编号 | 资料记录 |
|---|---|
| E20<br>汪建 | 我们就从天津、南京、苏州、上海，一路这个“乞求”过来。但是对外说的是，找一个地方，能够这个面朝大海，背靠青山，四季花开，终于找到了。 |
| | 所以我们基因库叫永存永生，它的使命就三个字：存、读、写。先存，存什么？存湿库，万物都可以存；存干库，把它数字化。存读写以后，生命就不再是过去听天由命了。它完全就变了，那我把所有的东西都存起来，这就是一个巨大的、全新的产业。 |
| | 我们先提出几件事情来，这个出生缺陷能不能清零？肿瘤患者能不能有尊严地活下去？我们农业能不能做出一个未来农业来？全球人民能不能都有一个基因身份证，这个工业能不能做成一个像苹果机一样的全新的东西来？就这一个工业的产量，就不会低于任何一个现在的工业的产量。 |
| | 当我们扛着洋枪的时候发现，呼叫炮火资源、呼叫子弹的时候，那个子弹涨价了。那怎么打？那捷径就是去收购了。 |
| | 我没有商业模式，我从来不谈这个，我不喜欢工业革命这100年的各种模式。在这个领域里面，我们要践踏规律。 |
| | 最高层次就是人生观，你想怎么活着？你是不是想活120岁？是不是想变成金刚不坏？这是第一，第二就是科学，就是那个世界观，你怎么认同人生，是不是生老病死是可以掌控的？ |
| | 我现在进一步提出来，能不能把聋哑盲傻清零。能不能一个省一个省地规模清零？全中国清零，这是不是历史的丰碑啊。这历史的丰碑，经济利益是不是自然就在里面了？ |
| | 今天，实际上中国有一个巨大的、潜在的危机是什么？我们抓住的是工业革命的尾巴，其实北欧国家、西欧国家、美国，真正的注意力都转到人类的终极追求上去了，而我们没完没了地在工业上比画来比画去。我是坚决不同意的，我绝不对标他们。所以我现在倒过来讲生命的价值观，我有自己对生命的向往和信仰。这个向往和信仰我们自己能做到，相信我们的人也能做到。 |
| | 我们无非是把终极追求提前了，所以看着有点怪异，但是那是每一个人内心想要的。当这个癌症患者走来的时候，他想的是什么？虚荣心不重要了，钱财不重要了，活着才是硬道理。对吧，活得长是真正的硬道理。 |
| | 真正重要的只有生命，生命的意义、生命的质量、生命的长度。最后一句话，你们把它录下来：世界是你们的，也是我们的，但是归根结底，是给活得长的人的。希望寄托在健康身上。 |

续表

| 企业家编号 | 资料记录 |
|---|---|
| E21<br>施振荣 | 我当时创业的时候想的是不做历史的罪人。因为第一次工业革命，我们没有掌握这个机会，第二次工业革命是以电脑为主的，就是微处理器这个技术，既然我算是华人里面较早接触微处理器的，那我如果不积极，找志同道合的人一起来投入这个，那我就变成历史的罪人了。 |
| | 不得不思索如何应变，因为个人电脑很多重要的零件，在当地就能够装配，但是变成产业生态就不一样了。因此我才提出用微笑曲线分析这个产业链的变化，再加上很多面对它的一种策略上的方向，就是全球品牌，结合地缘。第二个是主从架构，整个集团有很多独立的公司，每一个公司他自己做主，你就是支持其他的公司来运作，就是主从架构。第三个就是流程方面的，我称为 Fast Food Business Model，速食式的产销模式，就是当地组装最新的个人电脑。 |
| | 实际上是在 1991 年以后，由宏碁跟美国启动的产业的改变，叫作“不做电脑的电脑公司”，这样的微笑曲线你只管右边，左边你就不要管了，电脑公司你应该专注在右边。 |
| | 经过 10 年的发展，宏碁两边都做就冲突了，客户冲突，内部管理也冲突，所以竞争力就慢慢在消失。为什么 2000 年，我就把左右两边分割开了，宏碁就专注在右边，纬创不叫宏碁了，专注在左边，左边就做研发跟制造。 |
| | 但是部署很重要，一般来讲变革的是观念，就是思维先翻转，然后行为才能够翻转，但行为翻转之前呢，机制要先翻转。思维不翻转的话，我们那个机制就对他不利了，思维翻转落实在行为上的人，其升迁的机会、工作的机会变多。这样人是环境的动物，环境最后成为一个机制，机制先翻转，行为才会翻转。 |
| | 我是一个中国人，我想的还是要有中国的文化底蕴在里面，传统的王道是以德服人，但很多人认为以德服人已经行不通了。怎样跟人家竞争呢？王道，为王之道，就是领导人之道，所以再提出 12 个字的定义：创造价值、利益平衡、永续经营。 |
| | 所谓王道呢，就是要考虑到如何创造价值，创造六方面的价值，要保持利益的平衡，西方赢者通吃，那东方就共融共存。赢者通吃有点霸道，主要理由就是西方的管理学，相对不是很富哲理、很长期的经营思维，但是有一套对的方式，把它系统化、工具化、案例化能让大家学习、复制。所以我个人也认为，我们把东方的管理哲学系统化、案例化、工具化是非常重要的。 |
| | 高科技产业要不断变革，找到能够创造价值、平衡利益的方法，即更王道的模式，是必要的。这个是企业经营必需的一个能力，而这个能力不是应该放在我身上，而是要传承下去，因为一个企业发展不年轻化，不可能永续。 |
| | 我们在公司里面分成两个东西：一个是 New Core Business，新的核心事业；另一个是 New Business，新的事业。 |

续表

| 企业家编号 | 资料记录 |
|---|---|
| E21<br>施振荣 | 为了迎接云时代的到来，提出了 Build Your Own Cloud，就是 BYOC 自建云。策略就是借助自身的优势（我们硬件很厉害），避开已经领先的。在美国，公共云做了很多，我一回到宏碁就提出新的一条路，从非主流切入。 |
| | 所以第一个出现的生态发展到最后一定是分散式的自建云。 |
| | 2000 年，我在启动变革的时候也给内部人说，换脑袋不然就换人。我希望组织有不断地换脑袋的能力。 |
| | 文化的传承，这个是一个很重要的基础，只是每次变革，企业文化没有什么改变，但是会重新诠释。时代虽然不同了，但是我们改变世界的热情没变，我们成立的第一天，就有这个热情，要改变世界。 |
| E22<br>王传福 | 对汽车行业来说是好事，但比亚迪会有一些压力。我觉得 2018~2020 年应该是互联网造车的关键年，产品不断出新，为接受这个挑战，比亚迪也做好了准备。我们有一些优势，如在 IT 技术方面，在整个汽车垂直整合的核心技术方面。 |
| | 在汽车方面，我们也接受了前辈的一些经验教训。坦率地说，我们公司做了很长时间的内部讨论，比亚迪其实原来是很封闭的，像诺基亚一样封闭，经过内部讨论我们做出了一些决定，就是我们要市场化。 |
| | 我们觉得还是要吸取诺基亚倒闭的经验教训，开放一点。我们知道互联网的短板，缺少的就是执行、硬件、制造，因此我们用一些强项，来补这些互联网的弱项，然后让它们如虎添翼。 |
| | 把大锅饭变小锅饭，这就是改善管理的一个最有效的措施。我们把每一个业务单元，以利润为中心切开，切成乘用车事业群，做我们所有的轿车、乘用车；然后是商用车，像我们做的 10 米以上的电动大巴排在全球第一；第三个就是轨道交通，这个是一个增长潜能巨大的（事业群），不只是在中国，包括“一带一路”沿线，一些发展中国家修地铁的负担很重，云轨就有很大的发展空间；我们已在香港上市的比亚迪电子，目前主要给三星、华为、摩托罗拉（提供电子设计、制作等服务），这个产业群做得也很大；还有一个就是电池，电池把它独立出来了，就这么五大事业群。 |
| | 其实这是一个大的战略，没有国家像中国这样，城市化是全球规模最大的，每年有 2000 万人口从农村到城市，城市出现了城市病，一个是空气污染，另一个是交通拥堵。 |
| | 在这个变化中，作为企业家能不能抓住这里面的商机，这就是我们未来制定战略的一个（重）要关注点。 |
| | 那中国不一样，中国它城市开始建了，我们就可以用地铁加云轨，因为地铁太贵，地面太堵，那就往空中走。比亚迪开发了一个中（小）运量的一个云轨。 |
| | 大家知道修地铁周期很长，一般都要六年时间，我们这个也就两年，能改善交通拥堵的情况，时效性更好，我们希望云轨能够再造一个比亚迪，同时希望云轨让中国的城市化变得可持续。 |

续表

| 企业家编号 | 资料记录 |
| --- | --- |
| E22<br>王传福 | 因此我们觉得企业家应该制定出一些很好的战略，这样企业才能够有进步，才能发展得更好。同时，我们崇尚技术，技术可以让企业家变得更聪明，或者让企业家的眼光变得更远，这也是比亚迪技术为王、创新为本的一个理念。 |
| | 我们觉得技术首先要为企业的战略服务，其次才为产品服务，很多企业可能认为技术就是为产品服务的，与管理无关，与这个 CEO 关系不大。我们认为技术首先要为战略服务，因为大家知道一个产品的失误，可能造成的损失也就是几千万元，一个公司的战略失误，耽误的可能是五年十年甚至会让一个企业死亡。因此我觉得战略，对产品、公司来说是最重要的。比亚迪有一个比较好的技术团队，源源不断地给企业领导人输送一些技术，让企业的决策，抓住这个方向。 |
| | 其实整个汽车的科学是一个实验科学，就是不断地验证、实验、修改，再验证、再实验、再修改，再验证、再修改。那么标准，欧标也好，国标也好，就相当于一个围墙，标准一设，围墙外的就是不良品，围墙内的就是良品，那我们就设定标准，实际上就是根据大的标准来设计，设计完以后再验证，发现有问题再改，一轮一轮的。 |
| | 这个就是要企业领导人很好地抓住，太早了就变成了先驱，先驱先烈，那么要踩住这个节点。其实我们有一个这个技术池子，总之有一批，像养了鱼一样。 |
| | 我觉得这个可能是当下，未来几年大的主题，但我们还是坚持一点，这个技术创新很重要。 |
| | 中国的发展实际上是一个机遇，中国发展中的问题实际上也是机遇，如果作为企业家能够抓住这个机遇，在解决中国问题的过程中既发展自己又承担社会责任，这是非常重要的，比亚迪一直在坚持这个观点。 |
| E23<br>季克良 | 看看我们国家白酒的分布状况，全国十七大名酒中的酱香型酒都产在长江以南，茅台、郎酒、珍酒这些，而好的浓香型名酒，正好产在长江和黄河中间的区域，譬如江苏的洋河，安徽的古井，河南的宋河，四川的五粮液、泸州、剑南春、水井坊等都在这条线上，往南也不行，往北也不行。清香型酒大多数产在黄河以北，除了汾酒之外，还有个宝丰酒在黄河以南。所以我敢讲，离开了茅台镇，生产不了茅台酒（23-1）。 |
| | 话又说回来，茅台镇的酒也不是说个个都是茅台，这个是和工匠精神有关系的。你技术不到位，那么你也做不成茅台酒（23-2）。 |
| | 艰苦奋斗的产业精神在起作用（23-3）。 |
| | 科学技术、科学研究是我们能够走到今天一个很重要的东西（23-4）。 |
| | 茅台酒生产工艺基本稳定，20 多年没有出过任何问题的时候，我感到我快要退休了，我已经 70 来岁了，我觉得这些话应该让后面的人知道，所以有了十二个坚持，还有茅台酒产量“中间高、两头低”，坚定不移（23-5）。 |
| | 开始的时候，慢慢变高，到三四次是最高，然后五次以后又慢慢下来，很自然的一条抛物线。要确保氧性微生物生长繁殖坚定不移，一定要让酒胚很疏松，溶氧率高，保证微生物能够生长繁殖。产量也好，质量也好，就有保障了（23-6）。 |

续表

| 企业家编号 | 资料记录 |
|---|---|
| E23<br>季克良 | 能用的一定要用，不能用的，会影响到微生物生长繁殖发酵的坚决不用（23-7）。 |
| | 减轻制曲工人劳动强度，改善劳动环境、条件，但后来感到机器还是不行，那我们坚决推掉（23-8）。 |
| | 这个是最体现工匠精神的，是集体的工匠。不像啤酒就是用一个锅，产一吨也好、两吨也好、五十吨也好，是一个样的。这个和工人的操作有关，工人积极性高一点，做得细一点，那如果工人有思想问题或有家庭纠纷，积极性不高，那做出来的东西就是不一样的（23-9）。 |
| | 没有机械化，所以早晨两三点钟就要上班了，一直干到下午两三点钟。特别是背糟子，很容易摔。我的体重大概 108 斤，但是我要背起码 150 斤（23-10）。 |
| | 我们应该是全国第一个提出勾酒的。当时领导看到我是大学毕业，文化程度高一点，就希望我去总结一下茅台酒的勾兑工艺（23-11）。 |
| | 因为我是学工程的，所以在管理方面是比较弱的，有几个科学的管理方法，像全面质量管理方法，我认为是非常有用的。我主张的是倒推法，譬如你不产酒，但你可以倒推过去，对工艺、环境、原料、设备等进行分析（23-12）。 |
| | 还有一个很笨的办法，我们强调机关干部也好、搞技术的同志也好、车间管理人员也好，要经常下一线。一方面是去学习员工好的素质，另一方面是去提醒、去纠正。我们这个土办法叫“走动式管理”。 |
| | 1997 年到 1998 年，亚洲金融危机对我们的冲击是比较大的。由车水马龙到了门可罗雀的程度，糖酒公司不来了、外贸公司不来了、靠批条找关系发财的人也不来了，压力很大。所以在这个时候，我们才真正地认识到要转变了（23-14）。 |
| | 过去以生产为中心，以质量为中心，到了 1998 年的时候，我们才真正认识到卖不出去产品什么都谈不上。我们没有营销队伍，说句良心话，当时只要有一个开票的、有一个收钱的、有一个发货的就行了，根本不用做市场。但到了那个时候真正知道了，所以我们自己也组建了营销队伍，要围绕着市场转，要围绕着消费者转，要有为消费者服务的部门，我们又成立了客户服务部，为他们服务（23-15）。 |
| | 1999 年，我们实现了 12 亿元的销售额，第一次召开经销商大会，那一次总结，我流泪了，我真的体会到经销商是上帝，消费者是上帝，没有他们根本谈不上发展、谈不上生产、谈不上发工资、谈不上发福利（23-16）。 |
| | 从计划经济转变到市场经济，一个是观念的转变，另一个是要适应市场经济建立相应机构（23-17）。 |
| | 我倾向于走进千家万户。根据不同的需要、不同的人群去设计不同档次的产品。比如 15 年、30 年、50 年、80 年的茅台酒让经济条件好的人消费，这也为国家做出了贡献，因为价格高，税收就高。普通的茅台酒则一定能够让工薪阶层喝得起。 |

续表

| 企业家编号 | 资料记录 |
| --- | --- |
| E23<br>季克良 | 改革开放对我们的推动作用是很大的。应该说，产量从1949年的70多吨到1972年的300多吨，再到1978年有1000吨，进步得很慢。2001年，我才想到如何实现毛主席、周总理提出的万吨遗愿。那个时候我们争取上市，所以把企业由工厂制变成了公司制后来变成了股份制，利用改革开放这个好时机，推动了企业的上市（23-19）。 |
| | 推动上市有两个目的：通过上市，由公众来监督，我认为更直接，另外，可以吸纳社会的力量来帮助我们发展（23-20）。 |
| | 我认为世界上所有的企业，能够长期存在的企业，一定是把质量放在第一位的。质量是产品的生命、是品牌的生命、是企业的生命（23-21）。 |
| E24<br>徐少春 | 当初我看到财务人员很辛苦，就想变成一只蝴蝶飞到窗口，飞到他们身旁，把他们从繁重的劳动中解脱出来。帮助他人，就是当时的初心（24-1）。 |
| | 电脑和会计的结合，让算盘退出了历史的舞台。我们过去有一句话，“用金蝶软件，打天下算盘”，让企业的经营管理者迅速决策，运筹帷幄，决胜千里（24-2）。 |
| | 到1998年，我们几家主要厂商集体宣布要向企业管理软件进军。不仅向客户提供财务软件，还要向客户提供进销存、人力资源、生产制造等软件，是全面的企业管理软件（24-3）。 |
| | 当时我还担心呢，我的办公室破破烂烂，他来会不会留下不好的印象，看不看得上。因为我们是创业公司，条件很艰苦，但是恰恰相反，就是这种创业的氛围和艰苦的环境，让他相信了我（24-4）。 |
| | 当然在管理方面还是很有帮助的。比如八人艇，八个人在一条船上，前面坐一个舵手，我们八个人必须一条心，即使一个人划得很好但其他人不配合那也没用，所以它就像一个团队（24-5）。 |
| | 2011年的时候，人员达到了11000人，招聘了大量的管理咨询顾问，也成立了一个很大的管理咨询团队。但是我发现市场环境发生了变化，这种一般的管理咨询已经不能够激发起企业的兴趣，互联网的转型成为一个趋势（24-6）。 |
| | 公司要加快向云计算转型，向互联网转型（24-7）。 |
| | 我后来展开了一系列转型的行动，比如，砸掉了我的笔记本电脑，我认为不需要笔记本电脑了，凭一部手机就可以移动办公。然后，诞生了我们云之家这个移动办公软件（24-8）。 |
| | 我和客户一起，把他的服务器砸了，我告诉他你不需要服务器了。真的不需要了，因为都在云端了，利用别人的数据中心，利用云服务，就可以管理公司了（24-9）。 |
| | 砸的时候是很痛快，但砸完之后发现一切为零，一片空白啊。我就跟他讲，要么就干下去，要么就走人，你不砸一个旧的世界，一个新的世界就不可能出来（24-10）。 |

续表

| 企业家编号 | 资料记录 |
| --- | --- |
| E24<br>徐少春 | 坚持信念、坚持信任和坚持行动。坚持走正道、行王道一定是正确的，那个时候我还不知道它就是良知，但本质上它就是良知（24-11）。 |
| | 我们一直在学习西方，但金融危机来了之后西方的管理也不灵了，反而让我有一个思考，我想我们一定要有中国企业的管理模式，中国要在世界上去分享我们自己的管理奥秘。这也是彼德·德鲁克的一个观点（24-12）。 |
| | 2008年我发起中国管理模式杰出奖的时候，见了成思危先生，他有一句话我印象特别深。“我们中国企业单靠西方的管理是走不通的，我们要有自己的管理模式，我们中国的、民族的，就是国际的，就是世界的”（24-13）。 |
| | 西方的管理技术，我并不排斥，它们确实有非常好的、优秀的内容，但是中国五千年的传统文化和文明，我们必须在世界上有一席之地（24-14）。 |
| | 事实证明，孔子的思想、孟子的思想、王阳明的思想，其实是21世纪人类走向新的文明的灯塔，不光是中国要唤醒良知，西方也要唤醒良知（24-15）。 |
| | 当今世界，新技术集中爆发，如互联网、人工智能、区块链等，个人的潜能得到极大的激发，这里既有善的力量，也有恶的力量。<br>大家看到了科技的力量，但没有看到致良知的力量；大家看到了“互联网+”的力量，但还没有看到“致良知+”的力量。<br>“互联网+”建立人与人的链接，“致良知+”将建立心与心的链接，新的商业文明会因为这两种力量而重新建设（24-16）。 |
| | 我觉得未来40年，中国很多企业家会成为哲学家，很多人会成为一个管理思想家。因为企业家这个群体是中国社会中一个很特殊的群体，他既带领员工提供最好的产品和服务，创造社会价值，同时也承载着一个使命，把工作变成一个道场（24-17）。 |
| | （主持人：你到底认同什么样的文化）<br>我们拥有了这种自信，因为我们找到了中华传统文化的根（24-18）。 |
| | 王阳明先生讲：“圣人之道，吾性自足，向之求理于事物者误也。”每个人都可以成为圣人，之所以不能成为圣人，是因为我们没有开发我们的心灵宝藏。2016年6月18日，我带着金蝶42名高管到贵州龙场，立下了要此生光明的志向（24-19）。 |
| | 别小看财务，小小的财务可以影响这个公司的走向。财务人员的职业道德，决定了财务信息的质量，加强财务人员致良知的学习，其实是在培养他们的职业道德。这也是我们3. 0战略的一部分，让阳光照进财务，让天下没有假账（24-20）。 |
| | 公司决定，向金蝶国际下属公司的每一名员工赠送888股金蝶国际的股票（24-21）。 |
| | 我是不愿意浪费一分一秒的，生命的意义就在于此。人生有视听、言动和身躯，这种快乐是小我，来自内心的快乐是大我，追求大我的过程，就是创造的过程（24-22）。 |
| | 我觉得这个时代波澜壮阔，是一个伟大的时代，我们不应该错过，应该在这样一个时代让自己的生命尽情地绽放（24-23）。 |

续表

| 企业家编号 | 资料记录 |
|---|---|
| E25<br>郑元豹 | 我们这里农田比较少，生活比较困难，我认为这个困难看起来是个坏事，实际上是个好事，就是这里的人被迫“走出去”。 |
| | 后来突然有个木工。厂长在家里做柜子，这个厂长拿出个东西问温州乐清有没有，说有多少，我买多少。什么东西呢，是一个电流器，他带过来给大家看，大家把这个东西拆掉，研究这个产品，很小很小的，但覆盖了我们乐清电器之都，几千家企业就需要这一家产品。 |
| | 后来乐清出了大问题，假冒伪劣。第一，没有做论证。第二，没有工程师。第三，没有技术标准，没有工艺标准，没有质量标准。假冒伪劣惊动党中央、国务院，重打温州。 |
| | 温州乐清的人都跑了，经济发展无人管，七部委给中央汇报，一年多向中央汇报无数次。后来邓小平同志讲，温州作为一个非公有经济发展的试点，让大家都回来，不要跑。 |
| | 白猫黑猫捉住老鼠就是好猫，不管你白猫黑猫，你捉老鼠就是好猫，你创造社会价值，就拿自己的利益。 |
| | 做一个小工厂，做几个产品，市场会越做越差，后来几个股东要求我组建一个集团。我们请专家过来，请北京的专家、上海的专家、浙江的专家，每一个专家都说不要去办这个事，前面有 17 家集团公司都是上规模的，上档次了，有品牌，有规模实力，有市场，所有的市场都被它们拿走了，你这卖给谁呢？ |
| | 我们改变人的思想观念、时间观念，一天八个小时，能不能上班就两个小时？我们实行承包制，生产一个产品需要多长时间，那么每个人八个小时的效益要做出来，每个人就都去努力了。三个月的时间，大家都拿到了 600 元。那六个月以后，每个人能拿到 900 元，管理上去了，这种收购国有企业的改制的管理效益就出来了，每个人都很高兴。后来收益一直提一直提，现在拿到 5000 多元了。 |
| | 我不需要低成本，我的管理是需要员工拿最多的工资。才能使我们公司有最大的效益。我专门研究员工的利益，跟员工共同去发展。 |
| | 第一个十年是靠兼并收购，第二个十年我们就扩大资产，这一次发生的企业担保链的经济风波，我们很早就进行了规避。15 年以前我就知道担保链要出大问题。 |
| | 资金不是越多越好，也不是越少越好，100 亿元能用好，而资金再多些企业却倒闭了，头脑发热，乱投资，费用加大，管理不完善，企业就没了。 |
| | 所以后来我跟他讲，你尽量给我信誉贷款，后来慢慢退出担保贷款。退出以后，都是信誉贷款。肯定银行不同意，他也不放心，后来我们扩大资产，在外面布局，在江西一个小企业拿了一块地，把工厂做起来了，把市场打开了。政府认为人民品牌发展的空间很大，给了我们很多优惠政策，让人民电器资产扩大，给银行做抵押，我们担保就彻底退出来了。 |
| | 这个市场布局，要像蜘蛛网这样的布局，才能保证市场的布控没有遗漏。市场要像蜘蛛网一样，东南西北各向都要联系起来。 |

续表

| 企业家编号 | 资料记录 |
| --- | --- |
| E25<br>郑元豹 | “一带一路”倡议对我们民营企业，对我们中国的经济是非常有利的，可以让我们的企业走向世界。那么我们有两条路，要么做强做大，要么做精做专。我们选择做强做大，所以我们整合同行业的企业来做强做大。 |
| | 大鱼吃小鱼存在于计划经济时代，市场经济呢，是快鱼吃慢鱼，那资本经济，要鲨鱼抱团。我们要跟央企合作，我们要跟国外企业合作，我们要跟政府合作，有很多的央企跟民营企业结合，民营企业的体制和机制灵活，成本比较低，效益比较好，所以国家需要发展混合经济。我们现在与20家央企都签订了战略协议合作，在电子方面帮助央企做采购管理、总包管理，大概节省十个点。 |
| | 这个时间成本，三百六十天过去了就没了，所以我们对时间的把控非常严格。同时，无效学习增加成本，有效学习降低成本，所以各个环节跟时间成本要结合起来。 |
| | 哪一部分有问题，你就细分管理，越细问题越好解决。 |
| | 现在培养二代非常困难，为什么非常困难，家庭问题，父母、老公、老婆的思想意见不同。家庭生活太好了，要下一代进出车间，不愿意进。不进车间，下面基层做不起来，底层是空的，那上面的位置实际上也是空的。 |
| | 所以有些企业的接班人做不起来，老爸还要出来。我比较传统，我有三个孩子，两个儿子一个女儿。我两个孩子在国外念书，回来进入车间，从车间一步一步上来，现在做到副总级别了。我的女婿跟我的女儿订婚以后，就到人民电器。 |
| | 这一条路，我们一定要走。金融权、所有权的分类，股东结构调配要合理，所有权你就拿分红，金融权你就拿利润，分开了。而且我把股权分散给后备干部，上市有股权，内部有股权，这样才能让我这个公司的二代轻松接班。 |
| | 那大树文化、根枝文化，是什么呢？树叶是员工，树身是中级干部，树根是高级干部，又要吸收营养又要扎实啊，所以说一个也少不了。 |
| | 我们人民电器，门口都是圆球，而很多企业放狮子头、老虎头，我心里没有障碍。人民电器，为人民服务，不要避邪。所以我后来将圆球作为企业文化，市场经济是个台球经济，一个球打起来，所有球转起来。 |
| | 那第二句话，市场经济千万不能伤害别人，要维护包容别人。方的都会伤害别人，因为有角。 |
| | 第三句话，圆，每一点都有支撑力，我们教育员工你只要做起来，每一点都摔不倒，才能有利益。 |
| | 做企业从来没有感觉累，事情越多越高兴，越有成就感。靠我们过去练武的毅力和精神，推动我们做一番事业。 |
| | 温州过去大多是家庭模式，后来是世界经济模式。现在我当了一个会长，创造了一个新模式，市场经济下温州人坚持狼虎共享精神，前面有狼，后面有虎，你在中间。智商、情商加胆商，我不怕狼，不怕虎，才能敢闯敢打。 |
| | 哪里有太阳，哪里有空气，哪里就有温州人，所以说温州人永远不倒。 |

续表

| 企业家编号 | 资料记录 |
|---|---|
| E26<br>柴永森 | 我跟他讲，中国有个词叫根深叶茂，后来他们翻译成根固枝容，我说为什么韩国工厂不会关，因为锦湖的根是在韩国，而且我们将来保持上市公司的地位不变，实现当地化发展人才经营。 |
| | 最后达成一致意见的时候，他说他知道中国有个典故，一双筷子，一根筷子很容易就掰断了嘛，一双筷子放在一起掰不断，我们双星轮胎和锦湖轮胎就是兄弟，在文化上达成一种共识了，所以推进比较容易，不是说双星把锦湖吃掉。 |
| | 不仅研究了中国对外收购不成功的案例，也充分研究了成功的案例，最成功的案例就是吉利收购沃尔沃，整个方法，整个顾问团队，而且特别是财务顾问就是吉利的原班人马。 |
| | 同时，结合双星的实情进行改造，吉利收购沃尔沃迈出的很重要的一大步就是联合开发，我们双方也会在这方面做很多的探索，包括渠道的融合、产品的相互支持和协同互补，以及人员的合作，我们都在大胆尝试。 |
| | 文化融合不是文化统一，不是锦湖简单接受双星的文化，或者双星接受锦湖的文化，不是这个概念。 |
| | 文化整合我认为是没有意义的事情，不同方向来的人，文化无法整合，所以当初我们提出了不管从哪儿来，只管到哪儿去的观点。 |
| | 什么叫认同？就是认同战略、认同制度，认同了你的以用户和市场为中心的绩效管理模式，每个人不同的想法，只要不违反这个，都是存在的。刚才您提到中韩文化，不是双星整合锦湖，或者锦湖整合双星，而是相互学习、相互协同、相互推进。 |
| | 所以我们为了改变这个观念，就把不好的轮胎全部收回来，谁做的让谁去砸，砸掉了多少条，有上万条，让员工感觉到与其把做出的不合格的轮胎砸掉，还不如在源头上做好，从一开始就把轮胎做合格。所以有很多员工也是含着眼泪在那儿轧。 |
| | 我们办公室没有沙发，过去只要是中层以上的干部的办公室都有沙发，为什么，可以睡觉？现在我们养成习惯了，不睡觉一气呵成，中午吃完饭就干工作。为什么我们这样呢？因为工厂的员工不休息，我在海尔也从来不睡午觉。 |
| | 我当时在内部讲，这就像一艘老船。我们只能在修修补补中不断地驶向远方，但更重要的是要抓住机会打造出新船。这艘新船，我们当初就叫它智慧之船，简单地说就是汗水型转向智慧型。 |
| | 所以我们当初提出一个新的发展理念，就是一切工作的出发点和目标要围绕第一，因为过去我们很多都是模仿别人，第一桶金已经掘完了。在整个行业中，当别人赚大钱的时候，双星赚小钱；当别人不赚钱的时候，或者赚小钱的时候，双星就亏损。 |
| | 第一个就是刚才讲的转观念。我们一定要成为领先的企业，一定要向第一学习。<br>第二个，就是挑模式，由以产能为中心，变成以订单为中心，没有订单就不去生产。<br>第三个，就是去产能，2013 年的产能，我们去掉了 90%。<br>第四个，就是创品牌，双星品牌在中国被评为第一，加上锦湖之后也是全中国最大的，进入全球前十。 |

续表

| 企业家编号 | 资料记录 |
| --- | --- |
| E26<br>柴永森 | 在花纹、配方方面，我们整合了全世界的研发力量，我们的全球化战略跟别人不一样，我们是三化，即营销当地化、研发全球化、制造国际化。 |
| | 第一，这个问题可以得到很好的解决。更重要的是为了使双星成为一个真正的世界一流企业，也可以提升中国人才在世界上的地位和形象。一个企业，不管走什么路，一定要服从企业的战略。 |
| | 如果用一句赵本山小品中的话来讲，我也想今天、明天、后天。今天怎么能够活下去？明天怎么样能够活得好一点？后天怎么能够活得更久一点？ |
| | 更重要的，向未来引领市场的轮胎在努力。特别是我们的不充气轮胎，在世界上还是比较有领先优势的。 |
| | 未来的竞争一定不是中国自主轮胎品牌的竞争，一定是跟国际品牌的竞争，我希望能够实现“空中超车”，尽可能超越竞争，不要在传统的、落后的产品上和非主流市场上竞争。我们要进入主流市场，这就是我们的一个策略。 |
| | 一方面，我们要努力学习国外先进的经验，如标准化管理、流程化管理。但是在中国，就像你刚才讲的，我们强调以人为本，原来在海尔的时候，我们经常讲企业的企，上面是个人，下面是个止字。如果企业不是以经营人为主，那企业就停止。 |
| | 现在企业管理如果用传统文化来讲，我想最终可以总结为四个字，内圣外王。内圣就是要强化我们的体系，强化人才的素质；外王就是要创立世界一流企业，特别是在外部发生重大转变的时候，要有睿敏和勇气来推动内部的变革。 |
| E27<br>梁建章 | 我其实是一个比较保守的人，但互联网的火实在是太旺了，竟然把我这种人也会烧起来。 |
| | 我们一开始比较成功的一个战略，就是不一定必须用互联网，所以我们开始的时候大部分是通过电话交易的。 |
| | 曾经有个口号，我们要像制造企业一样去做服务业。 |
| | 把客户关系管理、平衡计分卡、六西格玛等精细化管理理念引入企业，颠覆了旅游业一直以人力为主导的行业现状。 |
| | 其实我后来做的这些改变确实是非常困难的。组织机构调整对很多人都会有点影响。但确实是需要这么改变。我们从打价格战到平台化、移动化，都相应地调整了组织机构，跟整个公司的战略调整相配合。 |
| | 我认为无线应该是被全力关注的一个东西，在当时他们也不太理解。我很早就觉得无线是第一位的……我想无线一下子就占主导了，而且很明显将来主要就是无线。开发一个东西，无论是技术架构还是软件都需要半年或一年的时间。如果你错过了这个半年或一年，公司没有在当时全力去做无线，可能就错过了这样一个窗口。 |
| | 供应链整合以后我们可以投入更多的力量，价格、服务也更好。 |

续表

| 企业家编号 | 资料记录 |
| --- | --- |
| E27<br>梁建章 | 全球现在也就那么几家在竞争。谁的能力越强、谁的网络越广、谁的规模效应越大，谁就能成功。所以他们在完善他们的东西，我们在积极拓展全球化。肯定是赛跑，有对手才有意思。 |
| | 肯定是有挑战的。就中国来说，中国服务行业的公司还没有在世界上成功的先例，但如果要成功的话，携程是最有机会的，所以我们一定要最先去尝试这个东西。 |
| | 像普吉岛那个沉船事故发生的时候，我们基本上把携程自己的 SOS 服务当成是国家的一个平台来用。特别是在国外发生事情的时候，这个平台作用就非常大了。 |
| | 最根本的还是能不能进行全球领先的创新。 |
| E28<br>傅光明 | 原因当然很多了，最重要的一个原因就是鸡在当时是一个很珍贵的东西……舍不得吃，那个时候吃是最关键的，所以当时我想的就是我下去养鸡，解决人的吃的问题。 |
| | 那个时候跟现在不一样，我记得很清楚，就拖板车都不好意思，都会歧视你。那个时候我在武装部是配枪的，很神气的，突然下来养鸡，人家是看不起的。那个时候最艰难的，就是要放下面子，这是第一。第二要有非常大的勇气，要敢于担当、敢于吃苦、敢于拼搏，甚至是要敢于坐牢。 |
| | 当时做企业要面对很多压力，还要有坐牢的准备。 |
| | 那个时候我们去干什么？我引进一个设备。现在来看，我个人认为我们的企业当时引进这个设备是企业的一个重大转折点。因为那个时候全中国都没有用进口设备杀鸡的，全部是国产的设备，国产的设备非常不成熟。为什么要引进呢？因为当时我考虑搞食品必须是安全的，中国的设备那时候刚刚起步肯定存在一定问题，有问题是不安全的。 |
| | 肯德基找到我们，跟我们合作。肯德基要在中国发展，必须要用这样的设备杀鸡。肯德基找到我以后，实际上给了我们三样东西。第一个就是杀鸡的技术。第二个就是全世界养鸡的信息。让你知道全世界哪个地方养鸡养得最好，哪个地方养鸡养得最多。第三个就是给了订单。 |
| | 企业跟企业竞争，是企业跟产业集群的竞争。把养鸡做到像产业这么完整的，我是全世界第一个。 |
| | 为什么我们的产业链如此完整？在改革开放初期，有一部分人向钱看。为了钱可以丢掉一些东西，丢掉一些品质。我个人认为很多事情要自己控制。我现在告诉你，就是为了食品安全，宁可自己辛苦，也要把这些通通做下来。 |
| | 我们面向的不是肯德基、麦当劳。我们面向的是每个客户，市场需要什么，你要按照它来发展。我是面对市场，面对每个消费者。我们的产品出口日本，有员工认为出口日本的产品我们要做得好一点，我说不对，我一定要给中国人和日本人的产品都是一样的。我从来不同意给日本人要做好一点，给中国的就不好，中国人不是人吗？国内的跟国外是一样的，不能允许两个标准。 |

续表

| 企业家编号 | 资料记录 |
| --- | --- |
| E28<br>傅光明 | 养殖场发展初期很多工人闹情绪，撂下挑子就逃跑，没有标准，没有规范。我就把军人作风带进养鸡场，实行半军事化管理。奖勤罚懒，奖优罚劣。在实践过程中慢慢摸索出了一套员工管理之道。 |
| | 法则一，降低或避免情绪化成本。我们三十多年没有欠工人工资，如果你欠工人工资，工人生气，他就会制造很多问题，都是食品安全问题，特别是搞食品的。工资正常发下去，大家都很高兴，很顺利做事。我们肉鸡场一般聘用夫妻工，也是基于对情绪化成本的考虑。如果夫妻在一起，可能有一些事情就比较好解决。现在企业由于情绪化成本，它的损失不知道有多大。情绪化能带来很多效益问题。 |
| | 法则二，把农业看作高科技行业。管理智能化无非就是应用大数据、云计算。数据决定企业，数据决定发展、决定奖励、决定制度，现在我们企业也都是采用数据。任何国家农业不现代化，这个国家就永远不会强的。 |
| | 第二句话就是生产自动化。完全就是自动化，没有人去操作。第三句话很重要，就是食品安全体系化。食品安全完全用体系去控制。第四句话叫环保消防标准化，我进这个厂的时候就是环保按标准来、消防按标准来，这一方面做得很好。 |
| | 法则三，企业传承早谋划。我坚持三不投资。第一离开鸡不谈。任何赚钱的东西我不碰，我专一就养鸡。习近平同志总结了工匠精神，我们企业的工匠精神就是一辈子做一个事。我们要坚持百年养鸡。 |
| | 中国畜牧业协会白羽肉鸡联盟主席现在是我，所以我现在更多的是看看怎么做全国的事情，看看怎么做一些行业的事情。 |
| | 人是为希望而活，不是为工作而活。 |
| E29<br>刘积仁 | 这一路走下来，应该说过去没有学过MBA。但是我觉得一个变革的、动荡的、有多种机会的社会，会让你有更多的思考。正是因为这个问题很难得到解决，当你知道为了生存一定要找到一个解决方案的时候，就一定会走出来的。 |
| | 但是在中国卖软件，没有人买。我们当时就做了系统集成，什么概念呢？软件不要钱，但是我也不单纯卖软件，我可以做一套系统软件和硬件加在一起卖啊，那个时候中国人特别愿意为硬件来付钱。硬件利润率很高，所以我们当时也获得了很好的利润，因为大家愿意为硬件付钱，那我们的软件就不要钱了，把硬件和软件加在一起利润率可能就更高。 |
| | 但是这个硬件价格越来越便宜，摩尔定律不断发酵，软件价格越来越贵，所以我们就开始走向了另外一条路，我们要做解决方案。什么叫解决方案？就是软件跟行业的融合。也就是说，我的软件不仅是一个技术产品，最主要的是解决问题的方案。 |
| | 我是学计算机的，我觉得学计算机的人对任何东西的判断一个是基于逻辑，另一个是抽象和总结的能力。我觉得中国整个社会的发展过程，和全世界特别是发达国家的经历，一定会有一定程度的雷同。 |

续表

| 企业家编号 | 资料记录 |
| --- | --- |
| E29<br>刘积仁 | 我还有一个逻辑，就是当大家都想进入这个行业的时候，这个行业已经是过剩的时候了，就是充分过剩，比如当每个人都知道太阳能行业好的时候，它已经差不多了，基本上快结束了。 |
| | 未来的大健康，这是我们现在重点投入的领域，我们认为未来的医疗是技术驱动的医疗，是数据和医疗的充分结合，所以我们公司现在几千人都在进行医疗技术研发，就是为未来这种变革做准备。 |
| | 我们学计算机的强调逻辑，对逻辑的思考，可能让我们又敢冒进又很稳健，就是能够把两者结合。 |
| | 应该说这个落差把我的这种激情给激发出来了，我在想那个时候我要回来，如果像今天这样的研究环境我就不知道我做什么了，当时回来之后我就想要把原来做的工作延续下去。 |
| | 一个企业家不要老觉得社会不公平。你要干这个事，你就得适应环境的不公平。 |
| | 我们是通过教育，给年轻人梦想，给他未来，把他拉进来教育。我认为应该给年轻人机会，给他们创业的机会，在那个时候东北大学起到重要的作用，也使我后来自己办了大学。 |
| | 个人和公司的发展一定要把利益结合起来，所以当时我们就写了一个标语，叫追求个人与社会的同步发展。 |
| | 因为我们是从大学里面出来的，我们在企业内部创造的是一种大家尊重的文化、简单的文化、互相合作的文化。 |
| | 我认为东软坚持到今天，还有稳定的成绩单，跟我们提前投入研发，对未来的趋势有一个正确的判断有关。另外，我们很有耐心，等待那个机会到来，这是很重要的。 |
| | 对我个人来讲，这个传承不是我家族人员传承，而是让东软跟我一起奋斗的这些亲人传承，在不同的板块上给他们创建更多的生态。我认为一个事业可能需要一代一代的传承。 |
| E30<br>刘庆峰 | 科学家和企业家都是社会不可或缺的人才。但科学家幸福的地方我觉得是人生成功一次，一辈子都成功。企业家如果最后失败了就完全失败了，他必须不断地拓展和进步，不然就会被淘汰。创业、做公司确实是反人性的事情。 |
| | 当时吴仲基老先生，包括王仁华教授不断地告诉我们，中国语音技术相当于被人掐住了咽喉，语音是文化的基础和民族的象征，我们必须要产业化。为什么呢？只有产业化才能够有设备，才能够有待遇，才能留住最优秀的人才，所以我们那时候提的口号就是中国语音技术要由中国人做到全球最好，语音要掌握在我们自己手上。 |
| | 所以如果您现在到讯飞 20 楼，还能看到一句话——燃烧最亮的火把，要么就熄灭。我们那时候在花钱，在做源头技术整合，所以需要钱。短短半年时间，估值增加这么多，主要还是我们一心想把事业尽快做成，对于股权我们只坚持了一条，就是我们团队加在一起是相对第一大股东，所以原来的 51%是一家想要的，我们坚决不给，分 3 家，每家 17%，而我们团队合在一起接近 30%。 |

续表

| 企业家编号 | 资料记录 |
| --- | --- |
| E30<br>刘庆峰 | 每一小步的成功都是很不容易的，每一步都是曲折的，看起来是直线，其实是弯曲的直线，这是我们创业的一个真实感受，也是未来对自己的一个提醒，绝对不要以为未来的路会越来越顺，始终都是好的。 |
| | 复星是什么呢？郭广昌我觉得很大气，几乎不管。梁信军来开会，说你们对自己要求太严，工资发得太低了，我说我们不要，就是这种相互之间的信任关系给了我们很大的鼓励。而联想呢就是完全另外一种风格，每个月都派人来参加我们的月度会，柳总跟我们团队开会，讨论到晚上 11 点多，快 12 点，对于怎么跟政府打交道，柳总认为要用阳光健康的力量，但同时不要跟任何人走得太近，非常正确的政治智慧。从一个技术人员变成一个管理者，我觉得做一个企业家要不断地修炼，复星是典型的学哲学的，看得很开，联想是典型的产业伙伴，扎得很深，我觉得都很好，对讯飞都非常好。 |
| | 2010 年在中国语音界，我觉得一个大事件就是我们通过云平台自动收集数据，现在每天 45 亿人次，快到 50 亿人次的数据量。这个奠定了我们对英语、印地语、日语，包括现在韩语多语种合成、识别、翻译的基础，我们都做到了全世界最好。第二件事情，是 2014 年和 2015 年我们正式提出来的，让机器人从能听会说到能理解会思考，从语音和识别到机器学习和推理。 |
| | 我认为应该有刘备的心胸加曹操的本事。你得像曹操一样，能文能武能带兵打仗，否则别人看不上你，就那些顶尖科学家一定不把你放在眼里，他觉得你不是专家。同时，你还得有刘备的心胸，这两个结合。科技创业者，尤其是在早期创业的时候，要想有团队这种凝聚力，我觉得最理想的状态应该像韩信说刘邦。刘邦说我打仗不行，没有你这么强，韩信说公不善将兵，善将将。如果我们都变成善将将的人，我觉得这个公司可以做得很大，而自己又不是那么辛苦。 |
| | 我们 2008 年上市以后确定的 30 个常务副总监以上级别的高管，上市十年了，没有一个离开。这个在中国上市企业中很少，为什么能做到？我认为主要有三个原因：第一，大家有共同的产业梦想，就是我们认为能听会说，能理解、会思考，真的能够做成一个伟大的公司，而且能够改变世界。第二，我觉得特别重要的就是机制。股权和期权机制，所以我们讯飞的团队到现在为止从来没有为年终奖金、为股权分配了多少红过一次脸。第三，就是文化。我们希望简单真诚。但今天我觉得做得不好的是我们在从早期创业者几十个人、一两百个人发展到上万人的过程中文化建设不够透彻，尤其是面对残酷的市场竞争，没有把这个业绩导向机制传递得足够透彻。 |
| | 对讯飞，我们反复强调没有伟大的技术，只有伟大的产品，所以我们现在特别强调把核心优势变成产品优势，变成商业模式优势，变成客户资源优势，最后变成综合优势，这是我们这一两年重点发力的地方。 |
| | 我相信从手机的移动互联网到万物互联会有一批新的王者出现，我们希望跟未来的领导者一起构建一个开放的生态，所以我觉得平台和赛道是我们商业成功的逻辑。第二个事情是什么？我希望科大讯飞真的在核心技术上代表中国在全世界有话语权，马云原来也说过中国不缺挣钱的公司，缺的是一些真正伟大的公司，而中国伟大的公司中缺了一些源头技术，在全球有话语权的伟大公司，我希望讯飞这样做。 |

续表

| 企业家编号 | 资料记录 |
|---|---|
| E30<br>刘庆峰 | 第三个事情是管理能力，管理能力是战略任务集成能力。我觉得科大讯飞管理确实还是太弱，管理中有很多需要向其他公司去学，如内部的资源调度，内部的考核、分钱机制，包括媒体舆情的公关应对机制。我们在核心技术上如果算研究生，产业上算本科生，那么我们面对舆情还是小学生。 |
| | 其实我在创业之后，每年都在老家做个人捐赠。 |
| | 我经常激励自己的一句话就是做大事者不委屈，如果不是有更大的一个梦想，我觉得根本就不想去做这些事。 |
| | 我们在商业模式上不断探索，只不过我们不是像一些互联网公司靠砸大钱去发展，我觉得这也很令人佩服，但是我们其实还是更欣赏硅谷用源头技术创新开辟全新的蓝海。 |
| | 我相信只要我们顶天立地、开放合作、共创未来，我们所清楚预见的、热烈渴望的、真诚追求的最后一定都会自然而然地实现。 |
| E31<br>冷友斌 | 我们赚的钱，投资人的资金，这些全部投资在牧场和基地上了。我们这些人付出的辛苦，获得了这个市场的验证和洗礼。我记得我们员工都抱着哭了，说没有三聚氰胺，说我们这么多年做的一件正确的事儿，得到了市场的认证。 |
| | 这个行业如果不改变奶源，不改变原奶的品质，不规模经营，不科学饲养，永远不会有光明的一天。我看了美国的大型牧场，所以我们决定建这个规模化牧场，万头牧场。 |
| | 我们这个采用了一些以色列的技术、美国的技术、欧洲的技术，用高科技的手段来养牛。 |
| | 这条路我们走了十几年，我们从 2001 年开始布局奶源，2006 年开始建大牧场，到现在，我们差不多走了小 20 年的时间。做乳企，如果没有非常强大的基础、品质的保障，你想一步登天，那是不可能的。 |
| | 我们做产业链的时候，基本上没有人认可，大家都说飞鹤有病。说大家都做市场、做销售，他却回去养牛，做那些该农民干的活儿，说你自己来干，投入这么大的资金，有点儿吃力不讨好。 |
| | 当时有一个外资企业想要收购我们，那个时候也是我们比较困难的一个时期，因为我们的资金都投到了那个牧场上。当时确实有过动摇。后来那个价格出到了 48 亿元人民币，确实动摇了。我对高管们说咱们今天晚上都回家想一想，明天早晨再做决定，因为这个决定可能会导致我们终生的不痛快。第二天，我们的高管回来一商量还是不能卖，我们就咬牙把它挺过去。 |
| | 后来想一想，我们一生的心血都在这儿，那我们把它卖了以后，我们今后去干啥？回来再干乳业，那还不如就干这个。更主要的就是我们未完成我们自己的使命，没把这个品牌做成一个真正的中国品牌，没把这个婴儿奶粉做成国人信任的一个产品，就是不甘心嘛。 |
| | 虽然我们花十几年去做产业链、做基础，品质有保障了，但是品牌是代表一切的。品牌是代表质量，品牌代表诚信，品牌代表很多很多的信任。我们就是要做成在中国销售第一的品牌。 |

续表

| 企业家编号 | 资料记录 |
| --- | --- |
| E31<br>冷友斌 | 我从参加工作就在做这个，我不甘心我们这个国产奶粉全部被国外替代，所以我们就寻找突破口。 |
| | 后来我们做了大量的访谈，尤其是让一些导购员问消费者为什么选飞鹤？得到的反馈是其更适合孩子，所以我们就开始从另外一个维度跟消费者去沟通。 |
| | 飞鹤至今没有推出包括酸奶、冷饮液态奶在内的大而全的产品线，而是聚焦婴幼儿奶粉，深耕细分市场，并在这条赛道上做到极致。 |
| | 跟那个大包奶粉相比，我们的成本是它的一倍左右。大包奶粉大家都知道，就是国外买的这个大包奶粉兑水还原做成配方奶粉，它的营养成分和小孩儿的吸收程度跟鲜奶比还是有很大差别的，所以我们提倡用鲜奶配方，湿法工艺，这样新鲜和它的营养就完全保留下来了。 |
| | 在婴幼儿奶粉这个领域，我们要做专做细，然后做优，我们想做全世界的奶粉大王。我认为我们应走专业化路线。飞鹤的主业就是婴幼儿奶粉，我们未来的主业也是婴幼儿奶粉。我们希望飞鹤在产业链上，在科学研发上，在消费人群上，在服务上，在品牌价值上，有自己的突破。 |
| | 从欧洲到美国到日本，一个国家的婴儿奶粉很少有超过四个品牌的。我们中国有2000多个品牌。我觉着大浪淘沙，优胜劣汰。市场占有率这种格局会马上逐步形成。 |
| | 我认为中国的奶粉品质目前来讲是全世界最好的。最优质的产品在中国，在本土生产。 |
| | 我们中国的母乳率是全世界最低的，刚达到28%。剩下的全部要吃婴儿奶粉。虽然有风险，但是这么大一个国家还是需要一个好的品牌的婴儿奶粉。所以，不甘心。 |
| | 我们要改变消费者对国产奶粉的认知，从做生意方面来讲，大家不会选这个，这个是最难的。但它是一个刚需，它是改变一个民族、一代人命运的一个产品。 |
| E32<br>杨寿海 | 其实中国企业参与全球化竞争主要是靠两点，第一点是技术，第二点是市场。尤其是我们搞这种高科技的制造企业。我这一生可能最痛苦的就是在技术上。很多产品生产出来等于零，没有用，那要重新来研究。投资损失不算，时间损失就更不得了。 |
| | 像我们的吡啶碱，已经20年了，才把它搞成完整的产业链，它是要有沉淀的。这个过程非常艰辛，可以说是九死一生。 |
| | 吡啶碱不仅是农药的重要中间体，也是医药和兽药的重要中间体。我听我们化工界的一个老领导讲，原来国家要花3亿美元买美国和日本的技术，美国人不卖给我们中国人。我从1998年跟大学做产学研合作，我跟那个老师讲我出钱，你出脑子。第一步跟他合作，但是很可惜，方向搞错了。一次工业化实验，1亿元没有了。 |
| | 我现在不敢回忆我的过去。从技术创新、市场创新到生产创新，再到团队创新，没有一个地方不冒险。每年冒几次险，但是冒险也建立在可控的基础上，我肯定不会灰心。 |
| | 我们都是后来者。新的互联网加生物技术，使我们的产品，不是简单的仿制，而是创新。所以我们在国际上呢，要做品牌，要做成全产业链。 |

续表

| 企业家编号 | 资料记录 |
| --- | --- |
| E32<br>杨寿海 | 一个是环保，我们红太阳20年前就提出一个理念，叫环保治理是道德治理。我们红太阳有底线，不能靠污染出效益，这种钱很快就没有了。所以我们十多年来，在环保上投资已经超过20亿元。 |
| | 第二点，安全环保是我们搞化工、生物化工技术的企业的生命线。所以安全理念天天讲，日日讲，早会讲，晚会讲，要求每一个员工把安全性记在心。 |
| | 光讲不行，还要有制度和流程。更重要的一点，我们利用大数据、互联网把安全点全部连在一起。每一个安全点都在我的监控范围内。如果要发生事故，会事先预警。 |
| | 我做了一个总体布局，当时是想花20年时间打入国际市场。1997年我开始组建团队。实际上到国外去登记是个技术性很强的一项工作。他对环境、对生态、对人、对产品的影响要写出来，做出详细的数据出来。我们在国外做的GLP报告有1000多份，我们就拿着这个报告，从第三世界到第二世界，再到第一世界这么一直打。美国我们整整花了18年时间，澳大利亚花了13年，南美花了18年，现在已经获得了全球108个国家、1386件国际注册登记，不是就是通行证。 |
| | 在第二世界我就遇到了一次大的灾难。2001年澳大利亚需求量很大，对我们国家、对我们也很认可。我们把那个原料药卖给当地的一家剂型加工中心，结果这个加工厂出现了一些问题。它可能水分超标，不是含量超标，被外国公司查到了检测举报到农业部，结果就放大。但是我们出口到另一个国家、另一个客户，我们家里都有留样。所以他那儿送一份儿，我这儿送一份儿，拿到他们国家那个农业部去检测这个分样有没有问题。他们国家派了两个人到我们这个全球留样室，他们惊呆了，说你们中国人这么认真。他们两个专家拿回去检测达标，那不能怪我了，是他们地方工厂的加工问题。 |
| | 这场仗打完了，让跨国公司重新认识了红太阳，重新认识了中国人的志气、勇气和骨气。 |
| | 从农药到农业，再到农产品，将红太阳的绿色农资服务全球，让国际的绿色农产品健康中国。 |
| | 红太阳食品产业集团的第一愿景就是打造食品安全溯源的第一品牌。我们红太阳全球有1万多个农场主为我们提供源头产品。在国内，我们对全国的优质农产品也是非常了解的。所以这是我们核心的产业支撑。 |
| | 我们的白色污染就是塑料，黑色污染就是橡胶。每年有大量的废橡胶，而且还在增加。虽然我们国家之前有传统的方法在解决这个问题，但这种方法是传统的、落后的，二次污染太大，所以我们科研人员自主研发了世界唯一拥有自主知识产权的产业链。 |
| | 一个制造企业，一个现代企业，必须要有三个平台，加在一起才叫大平台。第一个是产业大数据互联网平台，第二个是知识平台，我们现在有97个研究院，1000多个研究人员，每年研究费用都占销售额的百分之三点儿。第三个是市场平台。我们把所有的销售公司，国内和国际的销售公司都变成跨境电商。这三个平台形成了红太阳一个新的管理价值链的生态圈系统。 |

续表

| 企业家编号 | 资料记录 |
|---|---|
| E32<br>杨寿海 | 做企业，光有钱、有人、有技术还不够，一定要创造一个比较完整的价值链或者说是产业链。 |
| | 这个树吐出的负氧离子是可以软化血管的，所以我要陶冶员工情操，提高员工思考能力，提高员工的工作效率，更重要的是要保证员工的健康，这是一种责任。 |
| | 我选择了一个小行业，但是我这个是国际化产业。我跟西方人长期合作，由合作到竞争到斗争，我们有很多先进的东西，但是我们也要接受西方工业经济时代创造的先进的、成熟的理念，现代产业必须要传统文化、现代文明、西方文化和中方文化四个方面的汇聚，创造特色的管理文化，才能在新时代中百战百胜。 |
| | 我们现在的员工，“80 前”我把他当兄弟姐妹教育，“80 后”我把他当儿女教育。所以他们跟我已经血浓于水了。按照公平、公开、公正的原则，选择了 186 员工接我的班，我们叫团队接班。 |
| | 光有团队接班不行，还要有经营机制变革。我们将母公司 1/3 的原始股股权分给他们，他们现在有 17 个人，至少已经有三个亿了。光有这个股份也不行，还要拿出来经营股和期股激励他们。 |
| | 因为我在基层做农业技术员，像我们这样一个县，每年有几百人中毒。每年都有很多人去抢救老百姓，这就是高毒农药的危害，我学这个专业我知道他对人类的危害，所以我提出来要搞低毒农药。后来我不当机关领导干部了，当时我的老领导说小杨大企业都搞不出来，你没有钱，你怎么能搞出这个东西来？我说农药就是我的责任，我学的这个专业，我就要把这个东西搞出来。 |
| | 有人说你为什么不搞房地产，我就不搞，我一平方米都没有搞。我就围绕这个主题一往无前。再大的困难去克服、去争取。我们这泱泱大国，每个人为国家分担一块，这个国家在世界上就强大了。 |
| | 红太阳文化根植于内心的涵养，无须提醒的自觉，在一定约束下的自由，没有贪心的善良，把荣誉作为毕生追求。红太阳人，任何一个人都按照这个来做，成功不过是时间问题，坚持到底就是胜利。 |
| E33<br>宋郑还 | 我法国工厂的一个总经理跟我说一个企业最怕的是找不到竞争对手，所以方向更加重要。 |
| | 这个真的是跑穿了鞋底。我当时穿的皮鞋到下雨天就会渗水，因为鞋底跑穿了。当时我跟员工讲，我们做什么不知道，无论如何要有志气。我们要么不做，做就要做第一。没人剥夺我们做第一的权利，那剩下来不就是在于我们自身的努力吗？ |
| | 好孩子做的这些东西门槛都不高，无非就是要坚持很多东西。一个就是要坚持创新，我们坚持了 30 年原发性的创新，真的是在做世界上没有的东西。 |
| | 这个灵感是来自于市场，来自对消费者需求的理解。比如，这个风靡世界的口袋车。这个灵感是怎么想出来的？一方面是收集到的用户信息，用户对于轻便出门的需求是很大的；另一方面来自我们阳澄湖的大闸蟹，这个螃蟹它平时横行霸道，但把它捆绑起来，小小的一个，仿生的灵感就来了。 |

续表

| 企业家编号 | 资料记录 |
|---|---|
| E33<br>宋郑还 | 质量是企业的一个生命线。从策划质量到新品开发的质量、制造的质量，再到售后的质量，整个的质量一条龙一定要把它打通。 |
| | 我们从一开始就有一个观念，我们是给孩子做东西。孩子是大家最宝贝的，小孩子什么东西都往嘴里放。有些化学的东西大人根本看不到，或者小孩子用的这个产品不舒服他不会讲，但你要能够为他着想。这才是一个负责任的企业，几十年做下来越做越精。 |
| | 所谓一流企业要做标准，实际上做标准不仅仅是做技术标准。只要产品能不断推陈出新，引领行业发展，这个情况下，其实你就在制定着一个行业的新标准。 |
| | 国际市场的通行证就在我们自己手里。我们完全可以用我们的研发创新，然后去找合作伙伴来打开国际市场。这个思路清楚以后，我们就在美国建研发机构，招兵买马，专门针对美国市场，研究美国人的消费需求。 |
| | 当时销售额两亿多美元的公司，竟然全公司只有两个研发人员，它没有造血功能。所以我们第一件事情就是开发产品，加大开发力度。 |
| | 国际化的中国公司一定要靠管理驱动。管理驱动的话，一定要有比较好的流程。梳理核心流程，通过 IT 技术来固化。让事情很流畅，端到端很流畅，优化。所以我们叫 GBES，好孩子卓越体系。 |
| | 真正要站稳国际市场的这个根基，必须要打造一个本土化经营的团队。 |
| | 用户关系运营的能力、社交的能力，这个非常重要。我们现在感觉自己非常不足的，就是怎么样建立好我们的会员制度，建立好我们的粉丝群，怎么样做好用户的社交运营，这些方面我们现在确实是很薄弱，但是我们感觉这个是未来的一个制高点。 |
| | 互联网将来是我们跟消费者一个最直接的纽带。消费者需要这样更便捷的消费模式。互联网的基础建设一旦开始起步，我们就应该跟上这一趋势，然后快速发展。 |
| | 我们现在有一个设计师平台，有独立的设计师，他们就是针对消费者的个性化需求，专门进行创作。另外一个就是市场。线上线下的消费通路、我们的会员体系，就成为商品和服务的提供通道。还有一个就是品牌，我们也可以提供给创业者、创业团队，把那些高科技的产品变为商品，对于不知道怎么去卖这些问题，我们都可以赋能。你给人家赋能，在别人的成功过程中获得自己的成功，这就是平台。在互联网时代中，我们做好了自己还不够，我们要去连接世界，连接比拥有更重要。连接的资源越多，我们的能量肯定就越大，更好地做平台的赋能。 |
| | 好孩子，就是关心孩子，服务家庭，回报社会。 |
| | 现在发现制造业改善的空间大得不得了。一个是技术，包括数字化，另一个是在管理上这个空间巨大无比。所以走出舒适区，我们来拼一拼。进步是逼出来的，中国制造向中国创造转变，中国速度向中国质量转变，中国的产品向中国的品牌转变，一定会走出新的格局。 |

续表

| 企业家编号 | 资料记录 |
| --- | --- |
| E34<br>蒋锡培 | 不管是做电缆还是做零食，宗旨都是为我们的客户、为我们的消费者提供更安全的生活环境，提升生活品质。 |
| | 像这一次这种跨界创新是我们过去没有尝试过的，在尝试的过程当中，势必有一些同事对于这样的创新是不是能够达到我们预期的效果有一些想法或者是疑虑，我认为这只是一个观念的不同。 |
| | 那个时候做钟表里面的零部件，就是发条，但是这个零部件要求很高。我也不知天高地厚，就听人家介绍买了两台设备，买点原辅材料就放在家里面，准备做闹钟里面的发条。 |
| | 后来我们就觉得心里非常难受，好不容易人家信任我们，给了我们这样的机会，而我们没有条件，没有能力做好，耽误了别人。实在是非常非常难过，也知道质量是何等的重要，质量就是企业的生命。 |
| | 我记得有一次我妻子说，我知道你现在有很大的困难，我们就种种地也不会苦到哪里，你是否就安心点。但是我哪听得进呢？ |
| | 我第二天就向亲朋好友借了近10万元。那个时候我已经负债很多了。有了这个本钱，我们把浙江、安徽等地的产品买过来，到无锡、上海去卖，以及长三角其他地方，同时我在宜兴市区找了两间门面开了一个经营部，叫先试点经营，后转化生产，逐步实现规模效益。 |
| | 商场里有句话是适者生存，但我认为智者能够创造适合自己生存的更好的条件。 |
| | 远东集团的这五次改制在中国企业中是绝无仅有的，远东创办以后，为了生存，为了发展，也要审时度势，也要与时俱进。 |
| | 这是一个大问题，无论是国家还是小家都要传承好，传承主要靠文化、靠精神，关键是做人，做人要真、要诚、要实。 |
| | 我记得我儿子上小学一年级的时候，我说你作业做好了没有？你还有不到十天就要开学了。他说做好了，我说你拿来我看看。我一看还有好多没有做，而且此前做的他说是当天写的。我说你玩你没有做，你说实话没关系，你还有时间把它完成，但是不能说谎。说谎是最糟糕的品质之一。 |
| | 年轻人起来了，未来肯定都是年轻人的世界。关键是看怎么样能够让年轻人更有担当，更有作为。还是要有更好的平台，还是要赋予其更多的责任。 |
| | 关键还是要招到全球最优秀的人才，所谓优秀，就是要有这一份利于他人的心，还有利于他人的本领。 |
| | 离开我们远东的这些员工，我是希望他们做好。做好是对自己、对社会负责，也是远东的骄傲。 |
| | 我们远东比较好的一个文化是对标学习，去看做得很好的企业。包括华为、阿里的人力资源管理，他们对人才的重视、培养团队投入的精力，是比我们高的。 |

续表

| 企业家编号 | 资料记录 |
| --- | --- |
| E34<br>蒋锡培 | 我们从访贫问苦到安置就业再到帮助创业，我们都在践行习总书记全面建成小康社会，残疾人一个也不能少的要求。 |
| | 我们逐步了解到身障人士这个群体多么地庞大，他们多么渴望能够有公平的机会，能够跟正常人一样上学、就业等。所以后来我们就在制度上明确，凡是身障人能够胜任的岗位要优先安排身障人。如果一个身障人有一份稳定的工作，他心里就有希望了，他这个家庭就稳定了。 |
| | 给别人端凳子坐，就是给自己端凳子，给别人倒水喝，就是给自己倒水喝。好人好自己。我们其实是很相信这个因果的，所以起心动念就要向善向上，掏心掏肺就要去爱别人，爱这个世界。 |

注：对原始访谈内容进行整理，内容有所删减，部分口语化表述未加修饰，资料中的“目前”“现在”等均表示访谈时。

# 后　记

呈现在大家面前的这部专著，是研究阐释党的十九大精神国家社科基金重大专项课题“新时代企业家精神培育的双螺旋驱动机制、路径及对策研究”（项目号：18VSJ084）的最终研究成果，是课题组集体智慧的结晶。

全书包括绪论和六章内容。各章撰写人如下：绪论由高闯、范合君撰写，第二章由褚福磊撰写，第三章和第四章由孙忠娟撰写，第五章由赵爱莉撰写，第六章由王欣撰写，第七章由关鑫、王凯撰写。全书由高闯和关鑫统纂，在成书过程中，山东大学管理学院徐向艺教授、南开大学商学院袁庆宏教授、中国社会科学院大学杨世伟教授、中国人民大学商学院赵晶教授、中国社会科学院工业经济研究所王钦研究员、中国企业联合会研究部刘兴国研究员等专家学者给予了悉心指导和帮助，谨表谢意。博士生宋佳宁、褚晓波、刘想、郑铮铮、王艳波、张莉艳、张清以及硕士生陈庆磊、李凯丰参加了调研、数据收集、问卷和模型设计以及部分初稿撰写工作，博士生赵聪慧和郑文丽参加书稿校对和部分内容的修改，付出了辛勤的劳动和智慧。

在研究过程中，相关政府机构和企业给予了许多方面的支持和方便。本书的研究参考了许多学者的研究成果。特别荣幸的是，本书得到了学校出版基金的资助，在此一并表示诚挚的谢意。限于水平，本书难免会有疏漏和不足，诚望诸位专家学者和管理者批评指正。

作　者

2023 年 5 月 19 日